Studien zum Weber-Paradigma

Herausgegeben von
G. Albert, München, Deutschland
A. Bienfait, Heidelberg, Deutschland
S. Sigmund, Heidelberg, Deutschland
M. Stachura, Heidelberg, Deutschland

Mit der Reihe „Studien zum Weber-Paradigma" soll ein Ort für solche Publikationen geschaffen werden, die sich in Interpretationen, theoretischen Weiterentwicklungen und empirischen Studien mit dem Werk Max Webers auseinandersetzen. Die Bezugnahme auf das Webersche Forschungsprogramm schließt dessen kritische Diskussion durch Vertreter anderer theoretischer Positionen mit ein. Institutionentheoretische Fortführungen, ethische und sozialontologische Fragen im Gefolge Weberscher Unterscheidungen wie auch neue oder alte Verbindungen Weberianischer Theorie mit philosophischen Strömungen werden diskutiert. Die „Studien zum Weber-Paradigma" sind einem undogmatischen und innovativen Umgang mit dem Weberschen Erbe verpflichtet.

Stephen Kalberg

Deutschland und Amerika aus der Sicht Max Webers

 Springer VS

Stephen Kalberg
Boston, USA

ISBN 978-3-658-02839-8   ISBN 978-3-658-02840-4 (eBook)
DOI 10.1007/978-3-658-02840-4

Die Deutsche Nationalbibliothek verzeichnet diese Publikation in der Deutschen Natio-
nalbibliografie; detaillierte bibliografische Daten sind im Internet über http://dnb.d-nb.de
abrufbar.

Springer VS

Übersetzung: Dr. Ursel Schäfer, Christiane Goldmann

Gedruckt auf säurefreiem und chlorfrei gebleichtem Papier

Springer VS ist eine Marke von Springer DE. Springer DE ist Teil der Fachverlagsgruppe
Springer Science+Business Media.
www.springer-vs.de

Inhaltsverzeichnis

Einleitung[1]

Die Vereinigten Staaten und Deutschland sind moderne, demokratische, urbanisierte und kapitalistische Gesellschaften. Zwischen der Unterhaltungs- und Kulturindustrie beider Länder gibt es sehr viele Übereinstimmungen und der Zuschnitt der Fernsehtalkshows ist mehr oder weniger identisch. Amerikanische Filme beherrschen die deutsche Kinolandschaft, und deutsche klassische Musik und Oper sind vielerorts in Amerika zu hören. Auch die Bildungseinrichtungen gleichen sich. Tausende von deutschen Austauschstudenten kommen jedes Jahr nach Amerika, und Tausende von amerikanischen Studenten besuchen deutsche Schulen und Hochschulen.

Doch bei näherem Hinsehen treten starke Unterschiede zwischen der deutschen und der amerikanischen Gesellschaft zutage. Viele davon sind unter der Oberfläche verborgen und zeigen sich erst dem, der länger im Lande lebt. Die Gruppendynamik ist eine andere, und ebenso werden die Grenzen zwischen öffentlichem und privatem Bereich verschieden gezogen (vgl. Kalberg 2000a). Arbeit, Freizeit und Familie sind in beiden Ländern auf je eigene Weise strukturiert, und welche Beziehungen zwischen diesen Bereichen für ideal gehalten werden, weicht von einander ab. Zudem sollte der Staat nach Mehrheitsmeinung der Amerikaner nicht ,bevormundend' auftreten und auch kein ,Sozialstaat' sein. Doch wie viele Europäer so erwarten auch die Deutschen, dass der Staat eine Reihe von ,Absicherungs- und Vorsorgefunktionen' übernimmt.

Im Bereich der Politik zeigen sich ebenfalls signifikante Unterschiede. Im Vergleich gesehen sind die großen politischen Parteien in Deutschland links der Mitte angesiedelt, in Amerika hingegen rechts der Mitte. Im Allgemeinen zeichnen sich die Parteien in Deutschland durch strafferc Organisation aus. Hinsichtlich des Einmarschs im Irak 2001 und des Eingriffs der Nato 2011 in Libyen befanden sich die Amerikaner am einen und die Deutschen am anderen Ende des politischen Spektrums.[2]

Auch in anderen gesellschaftlichen Sektoren lassen sich erhebliche Unterschiede ausmachen. So sind religiöse Einstellungen in den Vereinigten Staaten verbreite-

---

[1] Die Einleitung wie auch alle Einleitungen zu den einzelnen Abteilungen wurde übersetzt von Christiana Goldmann und durchgesehen vom Verfasser.
[2] Eine Reihe früherer außenpolitischer Meinungsverschiedenheiten werden erörtert in Kalberg 1989b; siehe auch Kapitel 5.

ter und die Zahl der regelmäßigen Kirchgänger ist höher. Amerikaner neigen dazu, ihre langfristigen Zukunftsaussichten optimistisch zu beurteilen, während Deutsche eher pessimistisch, ja ängstlich sind. Die eine Nation praktiziert weiter die Todesstrafe, die andere lehnt ihre Verhängung ab.

In diesem und in anderen Aspekten haben beide Gesellschaften ihre Eigentümlichkeit bewahrt, und das trotz der übergreifenden, vereinheitlichenden Tendenzen, die eine gemeinsame demokratischen Regierungsform, die industrielle und postindustrielle Organisationsform der Arbeit und die Urbanisierungsprozesse mit sich bringen. Max Webers historisch-vergleichende Soziologie ist für eine kausale Erklärung dieser Unterschiede bestens gerüstet.

Weber (1864–1920) ist heute vor allem bekannt als einer der wichtigsten Begründer der modernen Soziologie und als ein Geistesriese der interdisziplinären Forschung. Er hat ein erstaunlich weites Feld bearbeitet. Wie, so seine Frage, lässt sich die Einzigartigkeit des neuzeitlichen Westens generell herausstellen, wenn nicht zum einen durch Vergleiche mit dem mittelalterlichen und antiken Abendland und zum anderen mit China, Indien und dem Nahen Osten? Außerdem ist Weber davon überzeugt, dass der westliche Modernisierungsschub einen spezifischen Typus von Kapitalismus erzeugt hat, der vom Kapitalismus, wie man ihn allgemein antrifft, signifikant abweicht. Warum hat sich in Westeuropa und Nordamerika früher als in China und Indien ein Industriekapitalismus mit einer starken Mittelschicht entwickelt?

Obgleich Fragen dieses Formats seine Forschung bestimmten,[3] interessierte sich Weber ein Leben lang für verschiedenste Aspekte seiner eigenen Gesellschaft und der in den Vereinigten Staaten von Amerika. Seine elfwöchige Amerikareise im Jahr 1904 hinterließ bei ihm einen unauslöschlichen Eindruck und lieferte ihm bis zu seinem Tod die Anregung zu einem breiten Spektrum von Themen.

Dieses Buch handelt zunächst von den strengen Forschungsmethoden- und verfahren, die Weber in seinen historisch-vergleichenden Texten (Kapitel 1) angewandt hat. Danach werden (Kapitel 2 bis 7) die verschiedenen Möglichkeiten erörtert, Webers theoretische Vorstellungen und Verfahren heute in einer Weise zu nutzen, dass einzelne Fälle aufgeschlossen und so einer Kausalerklärung zugeführt werden. Seine Vergleiche zwischen der deutschen und amerikanischen Gesellschaft treten hier in den Vordergrund.

Wie viel erklärende Kraft in Webers *Art der Analyse* steckt, wird sich durchgängig in der Untersuchung wichtiger Aspekte dieser beiden Gesellschaften zeigen. Seine Absage an die Monokausalität wird ebenso deutlich werden, wie die Art und Weise, in der seine Soziologie zum einen Vergangenheit und Gegenwart eng ver-

---

[3] Zu Webers meisterhafter Zusammenfassung der Einzigartigkeit des Westens siehe 1988d.

zahnt und zum anderen Handlungsmuster im vielschichtigen Kontext regelmäßigen Handelns verortet.

Wie in diesem Buch behauptet wird, lässt sich Webers Rüstzeug aus theoretischen Vorstellungen und Verfahren so anwenden, dass die Ursachen hinter den Entwicklungen erschlossen werden. Daher werden hier zwei miteinander verbundene Ziele verfolgt: Diese Untersuchung bezweckt die hohe Reflektiertheit der Weberschen Forschungsmethoden zu vermitteln und durch ihre Anwendung deren Nutzen auch für die Gegenwart vorzuführen.

Seine Art der Analyse ist selten angewandt worden.[4] Tatsächlich hat sich die Rezeption von Webers Werken sehr oft damit begnügt, seine klassischen und bekannten Begriffe (z. B. Klassen und Stände, Charisma, Macht, die Nation, der Staat und die ‚drei Typen der Herrschaft') zu thematisieren. Seine Soziologie verspricht aber sehr viel mehr als eine Reihe von Typologien. Seine Beiträge zu einer weitreichenden und strengen vergleichend-historischen Methode sollten umfassender gewürdigt werden. In diesem Sinn umreißt dieses Buch Webers wichtigste Leistungen und liefert eine Vielzahl von Beispielen, die zeigen, wie ausgesprochen erklärungskräftig seine Forschungsverfahren und -methoden sind (siehe auch Kalberg 2001a).

Es muss von Anfang an betont werden, dass diese Studie weit mehr als einen flüchtigen Blick auf Webers Oeuvre bietet. Jedes Kapitel legt eine differenzierte Analyse vor, keine Momentaufnahme oder eine Zusammenfassung. Wie für seine Soziologie allgemein gilt, wird auch hier einer Vielzahl tiefliegender und kontextueller Handlungsorientierungen, darunter auch kulturellen, mehr Aufmerksamkeit geschenkt als Beschreibungen von Oberflächenphänomenen, das Aufdecken eines Ursachengeflechts hat Vorrang vor reduktionistischen und monokausalen Erklärungen, Einzelfälle – sowie die vielfältigen Ursachen hinter ihrer Entstehung und ihrer Entwicklung – rangieren vor der Formulierung allgemeiner Gesetze. Wie dieser Band belegen wird, hält Weber gar nichts von einseitigen Fortschrittgeschichten, neoevolutionären Gewissheiten, von Theorien, die in Zyklen und Stufen denken, von ahistorischen Begriffen, von weitgehend inhaltsleeren Abstraktionen und einer Nivellierung von Unterschieden jeglicher Art. Immer wieder deckt er Widersprüche und Dilemmata auf.

Sein Einfluss auf die Sozialwissenschaften bleibt weitreichend, tief und nachhaltig. Webers in unzählige Sprachen übersetzte Werke haben seit mehr als 100 Jahren auf der ganzen Welt ununterbrochen Konjunktur. Sie demonstrieren anhaltend, wie relevant und nützlich sie sind; selbst seine heftigsten Kritiker bewundern seine Leistungen. Gleichwohl hat sich Weber den Ruf, ein ‚schwieriger Theoretiker' zu sein, wohl verdient. In diesem Band wird keine Mühe gescheut, die zentralen Merkmale

---

[4] Hier wird man vor allem an die Arbeiten von Reinhard Bendix denken.

seines historisch-vergleichenden Ansatzes vorzustellen und ihren Nutzen für die empirische Forschung in verständlicher Weise darzulegen. Die Grundzüge und Stoßrichtungen dieses Bandes werden in einer Übersicht zu den einzelnen Kapiteln zusammenfassend dargelegt.

Im 1. Kapitel wird mit Blick auf seine Art und Weise, Vergangenheit und Gegenwart eng zu verbinden, eine Reihe von Webers zentralen Begriffen und Forschungsstrategien bestimmt. Obwohl er allgemein als Begründer der historisch-vergleichenden Soziologie anerkannt wird, sind seine tatsächlich eingesetzten Verfahren nur selten so präsentiert worden, dass ihre analytische Kraft und ihre Nützlichkeit klar zutage liegen. Seine Forschungsstrategien sind keineswegs dadurch ausgeschöpft, dass auf die bekannten Bestandteile seiner Methodologie (man denke an die Idealtypen, den methodischen Individualismus und die Methode des Verstehens) oder auf einzelne Aspekte seines Werk Bezug genommen wird (wie die These der protestantischen Ethik, das Charisma und seine Veralltäglichung, die Unterscheidung zwischen Klassen und Ständen sowie die Dichotomie zwischen charismatischer und bürokratischer Herrschaft). Da Webers Forschungsverfahren tief in seinen fragmentarischen und unvollendeten Schriften verborgen sind, müssen sie rekonstruiert werden. Nur dann wird ihre *Nützlichkeit* offensichtlich werden. Eine Vielzahl von grundlegenden Begriffen und Voraussetzungen wird eingeführt werden.

Dieses Kapitel konzentriert sich vor allem darauf, wie Weber die Verzahnung von Vergangenheit und Gegenwart analysiert. Es betont die ungewöhnlich historische Detailfülle in seinen Schriften und erörtert, warum alle Interpretationen abzulehnen sind, die behaupten, Webers ‚Geschichtsbild‘ verzeichne eine umfassende ‚Bürokratisierung‘, unvermeidliche ‚Entzauberung‘ und lineare ‚Rationalisierungsprozesse‘. Dieses Kapitel wendet sich auch gegen solche Kommentare, die a) Weber so darstellen, als sei die Geschichte für ihn zweigeteilt – charismatische Herrschaft soll die Vergangenheit kennzeichnen, während in der Gegenwart Bürokratien am Ruder sind – und solche, die b) meinen, seine Schriften stellten eine Evolutionstheorie dar. In Kapitel 1 wird gezeigt, dass alle diese Interpretationen nicht über ein pauschales Niveau der Analyse hinauskommen, was sich nicht mit Webers detaillierten, vielschichtigen und empirisch verankerten Texten verträgt. Schließlich und endlich stellt Kapitel 1 heraus, dass die Methodologie Webers vielfältige Ursachen in Anschlag bringt. Der ‚Idealismus‘, der in *Die protestantische Ethik und der Geist des Kapitalismus* erkennbar ist, sollte nicht als repräsentativ für sein historisch-vergleichendes Forschungsverfahren betrachtet werden (siehe Weber 1988b: 205f.; Kalberg 2001a).

In den Kapiteln 2 bis 7 wird Webers historisch-vergleichende Soziologie angewendet. In allen Kapiteln wird versucht, die zentralen Merkmale der deutschen und amerikanischen Gesellschaft anhand vielfältiger Ursachen zu erklären. Auf diese

Weise werden die analytische Kraft und die empirische Spannweite seiner Methodologie deutlich gemacht. Darüber hinaus unterstreichen diese Kapitel wiederholt die Bedeutung einer legitimierenden ‚Tiefenkultur', das unausweichliche Eingebundensein des Handelns in Handlungsmuster, und die Art und Weise, in der Vergangenheit und Gegenwart in Webers Schriften eng verwoben sind. Seine Forschungsstrategien werden oft solchen gegenübergestellt, die für jüngere bekannte Schulen typisch sind.

Die Ursprünge und die Verbreitung des ‚Kulturpessimismus' im Deutschland des späten 19. und des frühen 20. Jahrhunderts werden in Kapitel 2 untersucht. Dabei wird die Lebenssphäre der Ökonomie, der Politik und der Arbeit in den Blick genommen, und die starke Polarisierung von öffentlichem und privatem Raum sowie der mächtige Einfluss des Luthertums untersucht. Vergleiche mit den Vereinigten Staaten konturieren den Fall Deutschland und die Gegenüberstellung mit mehreren jüngeren Schulen, die eine historisch-vergleichende Soziologie treiben, beleuchten die Eigentümlichkeit der Weberschen Vorgehensweise.

Im Kapitel 3 wird der besondere soziale Ort untersucht, den die Arbeit in der heutigen deutschen Gesellschaft einnimmt. Dieser ‚Weberschen Konfigurationsanalyse' zufolge erklärt sich dieser soziale Ort aus der Konkurrenz verschiedener Sphären: von Arbeit, Freizeit und Privatem. Auch hier wieder dienen die Vereinigten Staaten als Vergleich, um die Eigentümlichkeit der deutschen Zustände aufzuzeigen.

Kapitel 2 und 3 durchstreifen ein weites Feld. Dennoch enthalten die Studien zum Kulturpessimismus im Deutschland des Fin de siècle und die Verortung der Arbeit in der deutschen Gegenwartsgesellschaft eine gemeinsame Komponente. Beide Kapitel stützen sich auf Webersche Begriffe und Forschungsverfahren, demonstrieren ihre Reichweite und verfolgen ein einziges Ziel: In aller Klarheit darzulegen, wie sich die Anwendung von Webers Vorgehensweise für Kausalanalysen eignen.

Die Kapitel 4 bis 7 ziehen Webers Begriffe und Verfahren für eine bestimmte Aufgabe heran: Sie sollen die grundlegenden Achsen herausarbeiten und bestimmen, die für die substantiellen Unterschiede in der *politischen Kultur* Deutschlands und Amerikas aufkommen – nämlich die Überzeugungen und Werte, die der normalen politischen Praxis *zugrunde liegen*. Ausgerichtet ist diese Abteilung an der Suche nach der bestimmenden Binnenstruktur des politischen Lebens in Deutschland und in den Vereinigten Staaten. Trotz vieler Gemeinsamkeiten – man denke an das Wirtschaftssystem, die Urbanisierung, Formen demokratischer Regierung, an Bildungs- und Unterhaltungseinrichtungen und die Organisation der Arbeitswelt – bringen substantielle Varianten in diesen beiden Ländern bis heute eine ihnen eigentümliche politische Kultur hervor. Webers Soziologie verfügt auf einzigartige Weise über eine Erklärungskraft, die dergleichen Unterschiede aufzeigt und verständlich macht.

Kapitel 4 erforscht Amerikas politische Kultur mithilfe zweier aussagekräftiger Rahmen, die zum einen der klassischen Analyse von Alexis de Tocqueville und zum anderen Webers einsichtsvollen, aber nicht so bekannten Aufsätzen entnommen ist. Der spezifische Ansatz der beiden Theoretiker wird erörtert. Wie es Weber mit seinen Begriffen und Verfahren gelingt, die Achsen und Parameter dieser politischen Kultur freizulegen, wird ebenso detailliert dargelegt wie seine eigentümliche Analyse der religiösen Wurzeln der bürgerlichen Gesellschaft in Amerika.

Kapitel 5 untersucht vom Standpunkt der Weberschen Soziologie, zu welchen außenpolitischen Missverständnissen es in Bezug auf ,den anderen' kommen kann. Internationale Konflikte werden oft als Folge gegensätzlicher ökonomischer, geopolitischer und innenpolitischer Interessen erklärt. Obgleich die kausale Bedeutung dieser Kräfte hier nicht angezweifelt wird, sollte ein weiterer Faktor nicht vernachlässigt werden: die politische Kultur eines Landes. Eine unterschiedliche politische Kultur kann selbst unter Verbündeten der Grund für immer dem gleichen Muster folgende Feindseligkeiten sein – vor allem wenn diese Konflikte sich durch widerstreitende Interessen verstärken. Unterschiedliche Staatsauffassungen und der Ort des ,ethisch-politischen Handelns' in der politischen Kultur Deutschlands und Amerikas werden in diesem Kapitel als mitverantwortlich für eine Reihe außenpolitischer Missverständnisse betrachtet.

Kapitel 6 beschäftigt sich mit den ,moralischen Werten', die im Präsidentschaftswahlkampf von 2004 eine große Rolle gespielt haben. Die Erbschaft weit zurückreichender religiöser Werte, die bis heute einen festen Ort im politischen Gefüge Amerikas haben, trat im Wettstreit zwischen George W. Bush und John Kerry deutlich zutage.

Kapitel 7 untersucht die politische Kultur in Deutschland zu Zeiten Webers, die politische Kultur im heutigen Amerika und die politische Kultur, die Weber mit seinem berühmten Albtraum vom ,stahlharten Gehäuse' thematisiert. Wiederum zeigt sich, dass die Begriffe und Verfahren seiner historisch-vergleichenden Methodologie einen kraftvollen theoretischen Rahmen liefern, der es uns ermöglicht, die Grenzen der jeweiligen politischen Kultur scharf abzustecken. Ferner werden in diesem Kapitel die religiösen Wurzeln der politischen Kultur in den Vereinigten Staaten eingehender zur Sprache kommen.

Zwei Anhänge beschließen diesen Band. Im ersten wird kurz die Reise beschrieben, die Weber 1904 in die Vereinigten Staaten führte. Außerdem werden viele seiner Beobachtungen zur politischen Kultur Amerikas zusammengefasst. Und nicht zuletzt wird dargelegt, wie diese Reise seine Gedanken zu zahlreichen Aspekten der politischen Kultur Amerikas beeinflusst hat. Vielleicht verdanken sich seine vielen Einsichten zum Teil auch dem Umstand, dass er die Perspektive eines ,Außenstehenden' eingenommen hat. Der zweite Anhang rekonstruiert das amerikanische Weltbild. Obwohl er sich stark auf Weber stützt, werden noch andere Quellen herangezogen.

I

Begriffe und Forschungsstrategien

Einleitung

Dieses Kapitel beschäftigt sich mit einer Reihe methodischer Bestandteile der historisch-vergleichenden Soziologie Max Webers. Ihr besonderer, sie von anderen Schulen abgrenzender Tenor wird durch die Erörterung der ihr zugrundeliegenden Voraussetzungen und ihrer wichtigsten Verfahrensweisen deutlich gemacht. Die Konzentration auf Webers enge Verflechtung von Vergangenheit und Gegenwart hilft, diese zentralen Merkmale einzuführen.

Zunächst werden in diesem Kapitel einige von Webers Kernbegriffen und zentralen Forschungsstrategien dargelegt.[1] Danach wird untersucht, in welcher Weise, ihm zufolge, Vergangenheit und Gegenwart eng miteinander verzahnt sind. Das Kapitel verwirft das bekannte Weber zugeschriebene Geschichtsbild: Geschichte als unvermeidliches Zulaufen auf eine allumfassende Bürokratisierung – ein ‚stahlhartes Gehäuse' – und als gerader Weg hin zu ‚Entzauberung' und ‚Rationalisierung'. Es greift zudem die vielen Interpreten an, die behaupten, Weber habe den Gang der Geschichte in dichotome Begriffe gezwängt und ihn als Entwicklung weg vom Zeitalter charismatischer Führergestalten hin zur heutigen Epoche der ‚Zweckrationalität' und starren Bürokratien betrachtet. Und schließlich stellt es sich gegen diejenigen, die meinen, Webers Soziologie sei im wesentlichen eine Evolutionstheorie, d. h. ein Oeuvre, das eine positive Bewegung hin zu Fortschritt und ‚Universalismus' nachzeichnen.

Die *abstrakte* Analyseebene von der all diese Kommentare ausgehen, findet, so hier die These, in Webers empirischen Schriften – *Wirtschaft und Gesellschaft*, *Wirtschaftsgeschichte*, *Agrarverhältnisse des Altertums* und den *Wirtschaftsethiken der Weltreligionen* – kaum einen Widerhall. Webers Texte, die in detaillierter Forschung wurzeln, bewegen sich auf einer ganz anderen Ebene: Weber betont die Handlungsmuster von Personen in einer großen Menge von Gruppen, das ständige Eingebundensein von Gruppen in den *Kontext* weiterer Gruppen, eine Vielheit von *Idealtypen*, die dieses regelmäßige Handeln beschreiben, eine Reihe gesellschaftliche Bereiche (wie Religion, Wirtschaft, Recht und Herrschaft), die Bedeutung von sozialen Trägern, Macht und Ideen sowie weitgespannte und vielfältige Kausalitätsbeziehungen.

---

[1] Für eine ausführlichere Darstellung siehe Kalberg 2001a.

Diese Grundelemente von Webers angewandter Soziologie legen die *Ebene der Analyse* fest, die für seine empirische Forschung charakteristisch ist, und beschreiben diejenigen Begriffe in seiner Soziologie, die eng Vergangenheit und Gegenwart verknüpfen. Diese werden auch dadurch innig verbunden, dass Weber die Kontingenz des Geschichtsgangs ebenso betont wie die Paradoxien, die Ironien und die unvorhergesehenen Folgen, die stets seine Entfaltung begleiten. Ihm zufolge treten im Ganzen der Geschichte mit großer Regelmäßigkeit komplexe Verflechtungen, nicht vorhersehbare Entwicklungen und heikle Gleichgewichte zwischen den vielen Gruppen auf.

Es ist, wie dieses Kapitel zeigt, unbedingt festzuhalten, dass er sich weniger mit dem bloßen Auftreten von regelmäßigem Handeln beschäftigt, und stattdessen stärker das soziale Umfeld betont, innerhalb dessen sich Handlungsmuster erweitern (oder nicht) und kausal bedeutungsvoll werden. Handlungsregelmäßigkeiten kommen nie isoliert vor, sondern treten in Konstellationen auf und interagieren kontinuierlich – und zwar in einem Ausmaß, dass das Hervorbringen einer einzigen Wirkung äußerst unwahrscheinlich wird. Multikausale Modelle genügen deshalb nicht, um gehaltvolle Erklärungen zu liefern. Dazu ist für Weber ein weiterer Schritt unerlässlich: Der *Kontext* ist ebenfalls zu berücksichtigen, d. h., eine Menge von regelmäßigen Handlungsorientierungen müssen ebenso in Betracht gezogen werden wie ihre miteinander verbundenen – oder dynamischen – Wechselwirkungen.[2] Für ihn gilt: „… die Gesamtheit *aller* Bedingungen … [musste] so und nicht anders ‚zusammenwirken‘, um den konkreten Erfolg so und nicht anders zustande kommen zu lassen" (1985a, S. 289).

Aus diesem Grund sollte von Anfang an das gesamte Vokabular sämtlicher Denkrichtungen – ob nun idealistischer, materialistischer, strukturalistischer, instrumentalistischer, utilitaristischer oder dezionistischer Couleur –, die monokausal argumentieren, fallengelassen werden, denn nur so ist die kausale Methodologie Webers angemessen zu verstehen. Sowohl dieses Vokabular als auch jede Kausalkettenforschung und ‚Rational-Choice-Theorien‘ vernachlässigen, auf welche Weise im *Kontext* vielfältiger Handlungsorientierungen *neue* Wechselwirkungen entstehen. Zudem wird dieses Vokabular Webers Ansicht von der ‚Gesellschaft‘ nicht gerecht, die durch vielfältig in Wechselwirkung tretendes – aber auch potentiell unabhängiges – regelmäßiges Handeln bestimmt ist.

---

[2] Auch diese Gegenstände werden detailliert behandelt in Kalberg 2001a.

Kapitel 1

Geschichte und Gegenwart im Werk Max Webers: Begriffe und Forschungsstrategien[1]

Max Weber besteht für jede soziologische Gegenwartsanalyse entschieden auf der Bedeutung der Geschichte. Selbst wenn er versucht, eine *bestimmte* Gegenwart zu kennzeichnen und zu erklären, achtet er stets auf die vielfältigen Verknüpfungen von Geschichte und Gegenwart. So schreibt er: „Ueberall ist das tatsächlich Hergebrachte der Vater des Geltenden gewesen" (1976: 15). Auf der anderen Seite scheinen zentrale Züge von Webers Soziologie, jede enge Verflechtung von Geschichte und Gegenwart in seinem Werk in Frage zu stellen. Zwei bekannte Merkmale fallen hier sofort ein: seine Kennzeichnung unseres eigenen Zeitalters – des ‚modernen okzidentalen Rationalismus‘ – als grundverschieden von früheren sowie seine Hervorhebung der Fähigkeit charismatischer Führer, die Gegenwart von der Vergangenheit jäh abzuheben.

Weber richtet seine Aufmerksamkeit wiederholt auf „die besondere *Eigenart* des [...] modernen okzidentalen Rationalismus" (1988d: 12). „Unser europäisch-amerikanisches Gesellschafts- und Wirtschaftsleben", legt er dar, „ist in einer spezifischen Art und in einem spezifischen Sinn ‚rationalisiert‘." (1985d: 525.) In seiner systematischen Untersuchung der östlichen und westlichen Zivilisationen weist er nach, dass Kernaspekte westlicher Gesellschaften anderswo nicht zu finden sind. Dazu gehört z. B. ein von Verfahrensweisen gekennzeichnetes Rechtssystem, die in Bezug auf eine rational gesatzte Verfassung und universell anwendbare Gesetze entwickelt worden sind und die von Fachjuristen sowohl ausgeführt als auch interpretiert werden (2010: 619; 2011: 349f.; 1988d: 11). Nur in diesem Teil der Welt hat die bürokratische Herrschaft geschulter Beamter, die ihre Aufgaben ‚objektiv‘ verrichten, jede größere Organisation durchdrungen (2005b: 229). Ebenso erlangte ein in formaler Rationalität wurzelnder ‚rationaler Kapitalismus‘ sowie die systematische Organisation freier Arbeit weite Verbreitung (1988d: 4–9). Als eigentümlich für den modernen Westen betrachtet Weber auch die Parlamente mit ihren regelmäßig gewählten Abgeordneten und die für den Verfassungsstaat typische ‚formale Rationalität‘, welche dazu führte, Familie, Sippe, Nachbarschaft und traditionale Herrschaftsformen als vorherrschende politische Organisation abzulösen (1988d: 3f.).

---

[1] In Zusammenarbeit mit dem Autor übersetzt von Frank Welz und Oliver Häußler.

Obgleich Weber also die Besonderheit des modernen Westens klar anerkennt, beschäftigt sich seine Soziologie nie ahistorisch mit dieser Epoche. In empirisch fundierten und detaillierten Untersuchungen veranschaulicht er durch Angabe von Vorläufern und Hinterlassenschaften wiederholt die Art und Weise, in der die Geschichte den ‚modernen okzidentalen Rationalismus' fortlaufend durchdringt. Als Beispiel: Richard Baxters Puritanismus des 17. Jahrhunderts führte schließlich zu einem ‚Geist' des Kapitalismus, einem ‚modernen Wirtschaftsethos', das noch die amerikanische Industriegesellschaft von heute tief beeinflusst (siehe 1988c), und Luthers Beharren auf der Autorität des Staates blieb in Deutschland bis in die Mitte des 20. Jahrhunderts bemerkbar (2005b: 656ff.; 1988e: 202–302).

Die von Weber betonte Fähigkeit charismatischer Führer, sich lange bestehenden und fest verwurzelten Traditionen entgegenzustellen, vermittelt jedoch auch den Eindruck, seine Soziologie begreife Geschichte und Gegenwart als voneinander klar geschieden. In der Tat haben verschiedene führende Interpreten darauf hingewiesen, dass seine Schriften davon handeln, wie charismatische Persönlichkeiten sogar mit sozialen Handlungen brechen, die an heiligen Traditionen orientiert sind. Viele haben Weber überdies als den ‚großen' Theoretiker des historischen Wandels betrachtet, demzufolge die revolutionäre Gewalt charismatischer Herrschaft sich wiederholt mit den Beharrungskräften abwechselt – Tradition und Sitte auf der einen, büro-kratische Herrschaft auf der anderen Seite – bis in den modernen Industriegesell-schaften die Ausdehnung der Bürokratie schließlich die ‚übernatürliche' Kraft des Charismas begrenzt und entmachtet. Obgleich eine Anzahl von Abschnitten in *Wirt-schaft und Gesellschaft* (1976, 1999, 2001a, 2001b, 2005b 2010), in der *Wirtschafts-geschichte* (2011), der *Wirtschaftsethik der Weltreligionen* (1989a, 1989b, 1989c, 1996a, 2005c) und den *Agrarverhältnissen im Altertum* (2006a) so scheinen könn-ten, als würden sie solche Darstellungen stützen, passt die genaue Darstellung der Beziehung von Geschichte und Gegenwart in Webers äußerst *kontextbezogener* So-ziologie nicht zu einer solchen einseitigen Charakterisierung. Sogar das unver-mittelte Auftauchen des Neuen, davon geht er aus, – sogar die übernatürliche Macht des Charismas – kappt nie vollkommen die Verbindung zur Vergangenheit (2001b: 368ff.; siehe 1989a: 93). Sogar die mächtigen sendungsbewussten Propheten des Al-ten Testaments waren in ihrer Entwicklung im allgemeinen auf die Existenz eines „gewisse[n] Minimums […] intellektueller Kultur" angewiesen (2001b: 246f.).

Aus diesen kurzen Bemerkungen wird klar, dass die Beziehung zwischen dem historisch Vergangenen und der Gegenwart in Webers Soziologie alles andere als einfach ist. Ihre Komplexität ergibt sich aus seinem Beharren auf einem engen Zu-sammenhang von Geschichte und Gegenwart, obgleich er, wie gesagt, die Einmalig-keit jeder Gegenwart und die revolutionierenden Auswirkungen von charismati-schen Führern betont. Jede Wiedergabe seiner Sicht der Geschichte als eine, in der die Kräfte des Charismas sich mit den Mächten der Tradition abwechseln, ist als zu global zurückzuweisen – wie auch jede Darstellung von Webers Werk als Analyse einer evolutionären Entwicklung die unausweichlich im modernen Westen kulminiert. Eine adäquate Untersuchung dieser Thematik muss sich vielmehr auf eine weit weniger allgemeine Diskussionsebene begeben, und zwar auf eine, auf der verschiedene Kernbestandteile seiner Soziologie genau untersucht werden. Die vorliegende Studie versucht, sich in dieser Weise der Beziehung zwischen Geschichte und Gegenwart in Webers Werk zu nähern. Sie untersucht einerseits grundlegende Aspekte seiner Methodologie und andererseits eine Vielfalt angewandter Forschungsstrategien und -verfahren, wie sie in seinen historisch-vergleichenden Texten zum Einsatz kommen. Nur eine solche detaillierte Diskussion kann diesem Schlüsselthema in Webers Soziologie gerecht werden.

Deren grundlegende Forschungsstrategie, zu der ganz unmittelbar Idealtypen und gesellschaftliche Ordnungen gehören, steht im Zentrum dieser Erkundung. Diese heuristischen Konstrukte versehen Webers Texte, wie deutlich werden wird, *gleichzeitig* mit einer klaren analytischen Dimension und einer tiefen Verankerung in der empirischen Wirklichkeit. Überdies stellen diese grundlegenden Komponenten eine Soziologie dar, die sich allen Schulen, die versuchen, die Gesellschaft als holistische Einheit zu erfassen, genauso unmittelbar widersetzt wie allen Ansätzen, die globale Dichotomien wie Gemeinschaft und Gesellschaft, Tradition und Moderne sowie Partikularismus und Universalismus benutzen, um den vermeintlich evolutionären Gang der Geschichte darzustellen. Und schließlich bilden Webers Idealtypen und gesellschaftliche Ordnungen Hauptbestandteile einer umfassenden *multikausalen* Forschungsstrategie, die prinzipiell ,idealistische', ,materialistische' und alle weiteren monokausalen Ansätze zurückweist. Auch dies führt in seinen Texten zu einer starken Verflechtung von Vergangenheit und Gegenwart.

Dabei wurzelt diese Zusammenfügung in Webers Soziologie nicht nur in diesen Konstrukten – Idealtypen und gesellschaftlichen Ordnungen –, sondern auch in einer Anzahl von zentralen Kausalfaktoren: Historische Ereignisse, Macht, soziale Träger und Ideen verflechten in seinen Texten Geschichte und Gegenwart aufs engste. Diese Kräfte umreißen, kombiniert mit Idealtypen und gesellschaftlichen Ordnungen, eine Verfahrensweise, die auf der *Einbettung* sozialen Handelns in *Kontexte* sozialen Handelns besteht. Dabei variieren diese Kontexte im Hinblick auf den Grad ihrer inneren Kohäsion. Zuweilen mögen sie ,stabiler' sein, großteils aus traditionalem Handeln bestehen und daher in einer umfassenderen Weise von der Vergangenheit durchdrungen sein, zuweilen lassen sie sich am besten als ,offener' und im Wandel befindlich charakterisieren. In solchen Kontexten können charismatische Heroen durch die schiere Kraft ihrer Persönlichkeit sozialen Wandel hervorrufen. Der stark kontextbezogene Charakter von Webers Soziologie wie auch die zentrale Rolle, die dem deutend Verstehen zufällt, wird im Schlussteil behandelt werden.

Jede eingehende Erforschung der Beziehung zwischen Geschichte und Gegenwart in Webers Soziologie muss zunächst zwei grundlegende Fragen stellen: nach dem Ziel seiner Soziologie sowie nach Eigenart und Gebrauch des Idealtypus. Eine kurze Skizze seiner Ziele zu Beginn wird Webers Soziologie von Durkheimschen holistischen und Parsonsschen *Grand-Theory*-Traditionen unterscheiden und für alle weiteren Ausführungen den Weg ebnen. In ähnlicher Weise wird sich ein solides Verständnis von Webers zentralem heuristischen Konstrukt – dem Idealtypus – als unabdingbar herausstellen, um zu erkennen, wie Vergangenheit und Gegenwart in seiner Soziologie miteinander verwoben sind. Diese Untersuchung der Idealtypen stellt die Beziehung zwischen den Disziplinen der Geschichte und der Soziologie in den Mittelpunkt. Auch wenn beide die empirische Wirklichkeit erkunden, gehen sie, gemäß Weber, unterschiedlichen Aufgaben nach.

1   Das Ziel von Webers Soziologie[2]

Weber richtet seine Forschung auf klar definierte Fragestellungen und auf die Kausalanalyse von spezifischen Fällen und Entwicklungen oder, wie er sagt, auf das ‚historische Individuum'. Er schlägt vor, dass die kausale Erklärung von Einzelfällen und -entwicklungen oberstes Ziel der Soziologie sein sollte:

> Die Sozialwissenschaft, die *wir* treiben wollen, ist eine *Wirklichkeitswissenschaft*. Wir wollen die uns umgebende Wirklichkeit des Lebens, in welches wir hineingestellt sind, *in ihrer Eigenart* verstehen – den Zusammenhang und die Kultur*bedeutung* ihrer einzelnen Erscheinungen in ihrer heutigen Gestaltung einerseits, die Gründe ihres geschichtlichen So-und-nicht-anders-Gewordenseins andererseits. (1985b: 170f.; siehe 1976: 5)

Immer wieder untersucht Weber die *Einzigartigkeit* eines Falles oder einer Entwicklung und versucht die kausalen Determinanten dieser Einzigartigkeit zu identifizieren. Daher wendet er sich vehement gegen die zahlreichen positivistischen Lehrmeinungen seiner Zeit, die versuchten, allgemeine Gesetze der Geschichte und des sozialen Wandels zu definieren, um dann alle spezifischen Entwicklungen daraus abzuleiten. Er weist entschieden die Haltung zurück, dass die Sozialwissenschaften darauf abzielen sollten, „ein geschlossenes System von Begriffen zu bilden, in dem die Wirklichkeit in einer in irgendeinem Sinne *endgültigen* Gliederung

---

[2] Dieser Abschnitt greift teilweise auf mein Buch zurück (2001a: 117–24).

zusammengefaßt und aus dem heraus sie dann wieder deduziert werden könnte" (1985b: 184; siehe S. 153f., 171ff., 179ff.). Und er widerspricht entschieden der Ansicht, Gesetze implizierten Kausalerklärungen. Weil konkrete Wirklichkeiten und einzelne Fälle nicht aus ihnen abgeleitet werden können, sind Gesetze nicht imstande, ein Wissen von der Wirklichkeit zu liefern, welches Kausalerklärungen erlauben würde. Aufgrund ihres abstrakten und allgemeinen Charakters besitzen Gesetze keinen Erklärungswert – selbst wenn ein ‚geschlossenes' und ‚vollständiges' System von Gesetzen (eine theoretische Möglichkeit, die Weber verneint) formuliert werden könnte.[3] Aus einem solchen System würde nicht mehr als ein Lexikon resultieren. Je abstrakter und allgemeiner Gesetze sind, desto weniger sind sie sogar in der Lage, Erklärungen für individuelle Fälle bereitzustellen. Diese können in Webers Soziologie kausal nur durch „ganz ebenso individuelle Gruppierungen" erklärt werden (1985b: 174; siehe 178ff.).[4]

Diese Blickrichtung auf das ‚historische Individuum' führt Weber dazu, den Gebrauch von Analogien besonders vehement abzulehnen. Daher kritisiert er scharf jegliche Analogie zwischen antiken, mittelalterlichen und modernen Institutionen (z.B. Kapitalismus, Sklaverei), einfach weil sie den je unverwechselbaren Kontext vernachlässigte, in welchem jede dieser Institutionen existierte. Auch Analogien zwischen biologischen und sozialen Ebenen vermeidet er gänzlich.[5] Mit Parallelen, historischen Konstanten, universalen Entwicklungsstufen wie auch Analogien und Gesetzen lassen sich keine Erklärungen individueller Fälle generieren. Diese ‚abstrakten Vereinheitlichungen' erfüllen einen instrumentellen Zweck auf dem Weg zu dem Ziel, kausale Zusammenhänge zu ermitteln: Sie können nur als *Mittel* der Aufklärung und Unterstützung von Vergleichen dienen, die darauf ausgerichtet sind festzustellen, wo Ähnlichkeiten zwischen zwei sozialen Phänomenen aufhören und Unterschiede beginnen. Abstrakte Begriffe können für Weber nur dann als heuristische Instrumente benutzt werden, wenn sie fest in der empirischen Wirklichkeit verankert sind: „Das Bestehen eines Zusammenhangs zwischen zwei historischen Ereignissen läßt sich nun einmal nicht in abstracto, sondern nur so zur Anschauung

---

[3] Weber verneint diese Möglichkeit aufgrund der Wertbezogenheit, unter welcher jegliche Wirklichkeit notwendigerweise beobachtet wird. Siehe weiter unten.

[4] „Die Kausalfrage ist, wo es sich um die *Individualität* einer Erscheinung handelt, nicht eine Frage nach *Gesetzen*, sondern nach konkreten kausalen *Zusammenhängen* [...] Wo immer die kausale Erklärung einer ‚Kulturerscheinung' – eines ‚*historischen Individuums*' [...] – in Betracht kommt, da kann die Kenntnis von *Gesetzen* der Verursachung nicht *Zweck*, sondern nur *Mittel* der Untersuchung sein. [...] Die Erkenntnis des Generellen ist uns in den Kulturwissenschaften nie um ihrer selbst willen wertvoll." Siehe auch 1985c: 12–25; 1985a.

[5] Zu Webers Widerstand gegen den Gebrauch von Analogien vgl. 2006a: 323f., 696, 747; Roth 1971: 256f.

bringen, dass eine in sich geschlossene Ansicht über die Art, wie dieser Zusammenhang sich konkret gestaltet habe, vorgetragen wird." (1986: 98; 1985a: 237). Diese
Ebene konkreter Kausalität durchzieht Webers geschichtsgesättigte Soziologie.
Gleichwohl vermeidet er in seinen historisch-vergleichenden Texten im allgemeinen die narrative Geschichtsschreibung und behält weitgehend eine *idealtypische* Analyseebene bei. Denn er hält den Idealtypus für seine Absicht, die *„individuellen* [...] bedeutsamen Zusammenhänge" und Einzigartigkeiten zu definieren,
am besten geeignet: „Wir [... betrachten] absichtlich den ‚Idealtypus' wesentlich –
wenn auch nicht ausschließlich – als gedankliche Konstruktion zur Messung und
systematischen Charakterisierung von *individuellen*, d. h. in ihrer Einzigartigkeit bedeutsamen Zusammenhängen – wie Christentum, Kapitalismus usw." (1985b: 201;
siehe S. 170f., 202). Wie ist dies zu verstehen? Welches ist die unentbehrliche Rolle
des Idealtypus in Webers Soziologie und wie verbindet er Geschichte und Soziologie? Diese Fragen bringen uns zum zentralen Element seiner Methodologie.

2   Geschichte und Soziologie: Der Idealtypus in Webers Methodologie

Obwohl die Kausalanalyse von spezifischen Fällen und Entwicklungen das Ziel von
Webers Soziologie bildet, weist er alle Verfahren prinzipiell zurück, die sich allein
auf eine historische Beschreibung in Erzählform konzentrieren. Gleichwohl nimmt
die historische Erzählung eine wichtige Rolle in seiner Soziologie ein: Sie liefert die
empirische Grundlage für seine Idealtypen.
    So bindet er die Soziologie eng an die Geschichte und unterscheidet sie *gleich-
zeitig* von ihr. In der Beschreibung der Beziehung zwischen diesen ‚Disziplinen'[6]
besteht Weber darauf, dass sie einen gemeinsamen Gegenstand – die empirische
Wirklichkeit – und ein gemeinsames Ziel teilen: die kausale Erklärung spezifischer
Fälle. Jedoch müssen Soziologie und Geschichte hinsichtlich ihrer jeweiligen Aufgaben klar auseinandergehalten werden. Zur Soziologie gehören Begriffsbildung
und Konzeptualisierung, die ihr unabdingbare Aufgabe aufgrund der Unmöglichkeit
sind, die empirische Wirklichkeit so zu erfassen, ‚wie sie wirklich gewesen ist'. Weber weist der Geschichte eine komplementäre und gleichermaßen unentbehrliche
Aufgabe zu: eine gründliche Untersuchung der Einzigartigkeit des spezifischen Falles zu unternehmen, sobald jener begrifflich klar gefasst worden ist. Indem Weber
eine Soziologie verficht, die explizit auf Geschichte angewiesen, und eine Geschichte, die explizit auf Soziologie angewiesen ist, bezieht er daher beide Diszipli-

---

6 Natürlich waren die Disziplingrenzen zur Zeit Webers weit weniger festgelegt und weit weniger legitimiert als heute.

nen aufeinander und besteht auf ihren verwobenen und voneinander abhängigen Charakter, selbst wenn er betont, dass sie arbeitsteilig klar getrennt werden. Für Weber gilt:

> Die Soziologie bildet – wie schon mehrfach als selbstverständlich vorausgesetzt – *Typen*-Begriffe und sucht *generelle* Regeln des Geschehens. Im Gegensatz zur Geschichte, welche die kausale Analyse und Zurechnung *individueller, kultur*wichtiger, Handlungen, Gebilde, Persönlichkeiten erstrebt. Die Begriffsbildung der Soziologie entnimmt ihr *Material*, als Paradigmata, sehr wesentlich, wenn auch keineswegs ausschließlich, den auch unter den Gesichtspunkten der Geschichte relevanten Realitäten des Handelns. Sie bildet ihre Begriffe und sucht nach ihren Regeln vor allem *auch* unter dem Gesichtspunkt: ob sie damit der historischen kausalen Zurechnung der kulturwichtigen Erscheinungen einen Dienst leisten kann. Wie bei jeder generalisierenden Wissenschaft bedingt die Eigenart ihrer Abstraktion es, daß ihre Begriffe gegenüber der konkreten Realität des Historischen relativ inhalts*leer* sein müssen. Was sie dafür zu bieten hat, ist die gesteigerte *Eindeutigkeit* der Begriffe. (1976: 9f.)

Daher ist die Soziologie allein aufgrund ihrer Aufgabe der Begriffsbildung von der Geschichte unterschieden. Zentral für sie stehen Idealtypen. Wenn Webers Verknüpfung von Geschichte und Soziologie also verstanden werden soll, muss nun eine Untersuchung der Analyseebene, die jene implizieren, ihrer Bildung und ihrer Hauptmerkmale sowie der Arten, auf welche sie die Bestimmung empirischer Fälle anleiten, unternommen werden.

2.1   Die Idealtypen I: Webers Forschungsstrategie[7]

Die Idealtypen verankern Webers Soziologie in der empirischen Wirklichkeit und nicht in einem Theorieschema. Sie suchen nicht, eine epochenübergreifende Differenzierung, Universalisierung oder evolutionäre Prozesse zu erfassen, noch zielen sie darauf ab, einen globalen Wandel von ,traditionalen' zu ,modernen' Gesellschaften oder von der ,Gemeinschaft' zur ,Gesellschaft' in den Griff zu bekommen. Mit der begrifflichen Erfassung der regelmäßigen Orientierungen des sozialen bzw. sinnhaften Handelns zielen Idealtypen weder darauf, eine erschöpfende Beschreibung der empirischen Wirklichkeit zu liefern, noch darauf, allgemeine Gesetze oder Theorien zu bilden.

Webers *verstehende* Soziologie wählt das soziale Handeln Einzelner als ihre Grundeinheit und versucht den subjektiven Sinn zu verstehen, den diese Einzelnen ihrem Handeln geben. Gleichwohl sieht er das soziale Leben nie als einen ,endlosen Strom' vereinzelter und unverbundener Handlungsorientierungen. Statt dem sozia-

---

[7] Ich stütze mich hier erneut auf Kalberg 2001a. Siehe darin für eine ausführlichere Diskussion S. 117–98.

len Handeln des isolierten Individuums gilt seine Aufmerksamkeit den verschiedenen Arten, auf welche Individuen *gemeinsam* in Gruppen handeln. Er geht
davon aus, dass Handlungsorientierungen, die Individuen gemeinsam teilen, die Geschichte durchdringen. Weber definiert sogar das Anliegen des soziologischen
Unternehmens hinsichtlich des Handelns von Individuen in abgrenzbaren Gruppen
und der Identifizierung von *Handlungsregelmäßigkeiten*: „Es lassen sich innerhalb
des sozialen Handelns tatsächliche Regelmäßigkeiten beobachten, d.h. in einem
typisch gleichartig *gemeinten Sinn* beim gleichen Handelnden sich wiederholende
oder (eventuell auch: zugleich) bei zahlreichen Handelnden verbreitete Abläufe von
Handeln: Mit diesen *Typen* des Ablaufs von Handeln befasst sich die Soziologie"
(1976: 14; siehe S. 9f.; 1985b: 165). Zudem kann regelmäßiges Handeln in seiner
Soziologie nicht nur von Werten und Normen herrühren, sondern auch von affek-
tuellem, traditionalem und sogar von zweckrationalem Handeln.[8] Die vielfältige Art
und Weise, in der das Handeln aus seinem willkürlichen Ablauf *herausgerissen* und
in *sinnhaft* basierte Regelmäßigkeiten transformiert wird, stellt eines der zentralsten
und grundlegendsten Themen seiner Soziologie dar, besonders in *Wirtschaft und Gesellschaft* (1976, 1999, 2001a, 2001b, 2005b 2010).[9]

Die *Idealtypen* erfassen also Regelmäßigkeiten sinnhaften Handelns. Dies gilt
selbst dann, wenn sie, was häufig vorkommt, in seinen Texten statisch und sogar
verdinglicht erscheinen – und das kann soweit gehen, dass Webers Beachtung des
deutenden Verstehens des Handelns zuweilen kaum zutage tritt. Weit davon entfernt,
seinen methodologischen Individualismus und seine Betonung der vier Typen sozialen Handelns abzulösen, erfassen Idealtypen (z.B. die Familie, die Marktwirtschaft
und die bürokratische Herrschaft) jedoch stets die *sinnhaften Handlungsregelmäßigkeiten* von Individuen in Gruppen – und nichts weiter. Webers Idealtypus ‚Calvinismus' zum Beispiel kennzeichnet schlicht regelmäßiges Handeln von Individuen
(z.B. eine Ausrichtung auf methodische Arbeit und einen asketischen Lebensstil).
Das gleiche gilt für den ‚Beamten' (mit Orientierung auf Zuverlässigkeit, Pünktlichkeit und unpersönliche Aufgabenerfüllung) und den ‚charismatischen Führer'
(Heroismus und die Zurückweisung der Alltagsroutine).

Weil jeder Idealtypus Handlungsorientierungen mit einem gewissen Grad an
Dauerhaftigkeit und Stabilität darstellt, indiziert jeder einzelne eine klare Resistenz
gegenüber willkürlichem Handeln wie auch gegenüber je anderen Handlungsregelmäßigkeiten. Daher ist die Wahrscheinlichkeit des Fortbestands bestimmter kontinu-
ierlicher Handlungen und der Ausschluss anderer Handlungen im Hinblick auf jeden

---

[8] Siehe zu Webers vier Typen sozialen Handelns: 1976: 12f.

[9] Dieses Hauptthema, das *Wirtschaft und Gesellschaft* durchzieht, – woraus und wie soziales
oder *sinnhaftes* Handeln entsteht – ist in der Sekundärliteratur kaum beachtet worden.

einzelnen Idealtypus offensichtlich. Die durch Idealtypen festgelegten Handlungs-orientierungen sind sogar mit einem ihnen inhärenten kausalen Schub- und Durch-haltevermögen ausgestattet beziehungsweise, wie Weber sagt, mit einer gewissen *Eigengesetzlichkeit.*

Das Erfassen von sinnhaften Handlungsregelmäßigkeiten durch die Idealtypen hält Webers historisch-vergleichende Soziologie von beiderlei fern: von isolierten Handlungsorientierungen wie auch von einer holistischen Betrachtungsweise, die auf soziale Evolution, soziale Differenzierung und die Frage nach sozialer Ordnung ausgerichtet ist. Die vielfältigen Quellen empirischer Handlungsregelmäßigkeiten und der Versuch, den bestimmten Gehalt ebensolchen Handelns zu verstehen – ob überwiegend traditional, affektuell, wertrational oder zweckrational –, erregen eher seine Aufmerksamkeit als globale Entwicklungen. Am allerwenigsten sind Ideal-typen dazu in der Lage, zu allgemeinen Gesetzen zu führen.

Wie werden Idealtypen, Webers wichtigstes heuristisches Werkzeug in seinen historisch-vergleichenden Texten, gebildet? Welche sind ihre Hauptmerkmale?

2.2 Die Idealtypen II: Ihre Bildung und Hauptmerkmale

Die Bildung der Idealtypen lässt sich am besten erörtern, indem man sich zuerst Webers Sicht der empirischen Wirklichkeit zuwendet.

Der Eindruck einer übermäßigen Fragmentierung, welcher durch den ausgepräg-ten Handlungspluralismus und die enorme Themenvielfalt seiner Soziologie gefördert wird, scheint sich in seiner grundlegenden Sicht der Realität zu bestätigen. Eher als ‚ganzheitlich' oder ‚organisch' oder als ein begrenztes System vorgegebener Struktu-ren oder Gesetze, an die sich das Individuum anpasst oder in die es ‚hineinsozialisiert' ist, betrachtet Weber die basale soziale Wirklichkeit als einen unendlichen Fluss konkreter Ereignisse, unverbundener Geschehnisse und einzelner Vorfälle. Inmitten dieses Labyrinths sind die Individuen mit einem Chaos unerschöpflicher Gegeben-heiten konfrontiert, welches sie in einem endlosen Strom fragmentarischer und zu-gleich miteinander verschlungener Erscheinungen überflutet. Sieht man genau hin, und besonders, wenn nach Ursachen gefragt wird, dann fließen alle sozialen Phäno-mene ineinander. Weil keine wissenschaftliche Untersuchung die konkrete Individua-lität der empirischen Welt jemals voll erfassen kann, ist eine erschöpfende Darstellung der Geschichte, ‚wie es wirklich gewesen ist' – worauf Otto Ranke hoffte –, nicht möglich. Folglich ist es völlig ausgeschlossen, eindeutige und ‚natürliche' Unterschei-dungsmerkmale, die dieser Realität selbst innewohnen, zu entdecken. Alle ‚Gesetze' sind notwendigerweise unvollständige Vereinfachungen. Die Komplexität, die Unend-lichkeit und der verschlungene Charakter der empirischen Realität hindern sogar die sorgfältigsten Bemühungen von Historikern oder Sozialwissenschaftlern wirksam daran, jemals etwas von dieser sich ständig verändernden Realität in ihrer vollen Komplexität zu ,erkennen', nicht einmal ein ausgewähltes Stück derselben.[10]

Daher dienen Begriffe für Weber zur *Unterstützung* der Forschung und nicht zur vermeintlichen Abbildung der Wirklichkeit. Auswahl und Anordnung ergeben sich unvermeidlich. Statt imstande zu sein, die Außenwelt nachzubilden oder ein besonderes Phänomen zu bestimmen, sind Idealtypen konstruierte ,Utopien', die allein darauf abzielen, empirische Untersuchungen zu ermöglichen. Daher gibt Webers Idealtyp zum Beispiel des ,Beamten' oder des ,Kalvinisten' weder die Handlungsorientierungen eines bestimmten Kalvinisten oder Beamten genau wieder noch die aller Beamten oder Kalvinisten (1976: 9ff.). Wie bildet man Idealtypen?

Als Mittel für den „[…] Zweck der Erkenntnis der unter individuellen Gesichtspunkten bedeutsamen Zusammenhänge" heben Idealtypen jene Aspekte des empirischen Falles hervor, die für den Forscher von besonderem Interesse sind (1985b: 208f.; siehe S. 190). Mittels gedanklicher Vereinfachung gewinnt der Untersuchende so festen Halt bezüglich der diffusen empirischen Wirklichkeit. Der Idealtypus einer auf ein spezifisches soziales oder kulturelles Phänomen ausgerichteten Handlungsregelmäßigkeit kann sogar – weil die Gesichtspunkte, unter denen Phänomene für Sozialwissenschaftler interessant werden, über ein weites Spektrum variieren – unterschiedlichste Formen annehmen (1985b: 190ff.; siehe S. 202). Denn divergente Standpunkte erfordern unterschiedliche Idealtypen. Dieses Grundaxiom der ,Wertbezogenheit' wie auch Webers Überzeugung, dass jede Epoche die Geschichte aus der Perspektive bestimmter Werte untersucht und ständig neue Standpunkte auftauchen, schließt die Formulierung vollständiger Typologien, umfassender Stufenmodelle oder umfassender bzw. ,geschlossener' Systeme von Idealtypen, welche die Wirklichkeit in einem Begriffsschema erfassen, aus. Es beugt des weiteren der Konstruktion universaler Einheitlichkeit ebenso vor wie einem allgemeinen Theoretisieren à la Marx, Parsons oder den ,Weltsystem'-Theoretikern.

In seiner Untersuchung der Weltreligionen zum Beispiel merkt Weber an, dass seine Darstellung religiöser Ethiken in dem Sinn ,unhistorisch' bleibt, dass sie systematischeren und kontinuierlicheren Entwicklungslinien folgt, als sie jemals im Laufe

---

[10] „Nun bietet uns das Leben, sobald wir uns auf die Art, in der es uns unmittelbar entgegentritt, zu besinnen suchen, eine schlechthin unendliche Mannigfaltigkeit von nach- und nebeneinander auftauchenden und vergehenden Vorgängen, ,in' und ,außer' uns. Und die absolute Unendlichkeit dieser Mannigfaltigkeit bleibt intensiv durchaus ungemindert auch dann bestehen, wenn wir ein einzelnes ,Objekt' – etwa einen konkreten Tauschakt – isoliert ins Auge fassen, – sobald wir nämlich ernstlich versuchen wollen, dies ,Einzelne' *erschöpfend in allen* seinen individuellen Bestandteilen auch nur zu beschreiben, geschweige denn es in seiner kausalen Bedingtheit zu erfassen" (1985b: 171; siehe auch S. 165–85; 206f., 213f.; 1985a: 254ff.; 2005b: 132ff.).

ihrer tatsächlichen empirischen Entwicklung vorgekommen sind. Gleichwohl darf diese ‚Vereinfachung', gerade weil sie nicht in einer willkürlichen Art und Weise durchgeführt wurde, weder als ‚rein subjektiv' noch als ‚Geschichtsfälschung' bewertet werden. Vielmehr leitet sein Interesse an einer ganz spezifischen Fragestellung – die Art und Weise, in der Religion die *praktische* Lebensführung von Gläubigen beeinflusst –, ausdrücklich seine Forschungen an und stellt das Auswahlkriterium für die Bildung von Idealtypen zur Verfügung. Seine gesamte Analyse behält diesen Fokus bei und deshalb sind die von ihm zugrunde gelegten Annahmen stets klar (1989a: 116ff.). Andere Forscher mit ähnlichen Interessen könnten dann Webers Idealtypen replizieren. Für jede ‚Weltreligion' untersuchte er eine Reihe von Quellen ausdrücklich aus dieser begrenzten Perspektive und integrierte seine Ergebnisse in eine in sich konsistente und angegebene ‚typologische Vereinfachung' (1989c: 479ff.).

Jedoch sollte der Idealtypus keineswegs als ein ‚Durchschnittstyp' verstanden werden. Er beinhaltet weder die einfache Zusammenfassung von Elementen, die empirischen Phänomenen gemeinsam sind, noch die bloße Klassifikation von Ereignissen. Obgleich seine Konstruktion durch und durch in der empirischen Wirklichkeit verwurzelt ist, ist sie einerseits durch eine ‚einseitige Steigerung' der Eigenart der für die anstehende Forschungsaufgabe bedeutsamen Handlungsorientierungen gebildet und andererseits durch eine Synthese dieser charakteristischen Handlungsregelmäßigkeiten zu einem in sich vereinheitlichten und logisch stringenten Konzept verdichtet (1985b: 190f.). Nachdem der Soziologe eine Anzahl historischer Fälle untersucht hat, formuliert er Idealtypen aufgrund ‚historischer Urteile, die auf Erfahrungsregeln' basieren. Während bei der Bildung des Idealtypus im Ausgang von empirischen Beobachtungen eine induktive Vorgehensweise verfolgt wird, leiten deduktive Verfahren die logische Anordnung der verschiedenen Handlungsregelmäßigkeiten in ein einheitliches und präzises Konstrukt. Gleichwohl schließt die empirische Verankerung von Idealtypen es ebenso aus wie ihr historisch relatives Wesen, sie als ‚abstrakte' oder ‚verdinglichte' Begriffe zu verstehen (1985b: 191–209). Weber erklärt, dass „Begriffe vielmehr gedankliche Mittel zum Zweck der geistigen Beherrschung des empirisch Gegebenen sind und allein sein können" (1985b: 208). Statt der historischen Erzählung oder den globalen, nicht-empirischen Konzepten holistischer Gesellschaftstheorien herrscht in Webers gesamten historisch-vergleichenden Texten eben die angegebene Forschungsstrategie vor. Wie wendet er Idealtypen an?

2.3   Die Bestimmung empirischer Fälle

Wenn Idealtypen einmal als klare Begriffe gebildet sind, die regelmäßige Handlungsorientierungen erfassen, verankern sie Webers Soziologie in grundlegender Weise: Sie ermöglichen die präzise Definition empirischer Fälle. Jeder kann als

Orientierungsinstrument eingesetzt werden, das dann einen ‚Standard' zur Verfügung stellt, mit dessen Hilfe gegebene Handlungsregelmäßigkeiten ‚gemessen' werden können. Durch Einschätzung ihrer Abweichung können diese empirischen Fälle
klar definiert werden:

> Das konstruierte Schema hat natürlich nur den Zweck, ein idealtypisches *Orientie-*
> *rungsmittel* zu sein [...] Die Konstruktion ermöglicht es, da, wo sich eine historische
> Erscheinung einem von diesen Sachverhalten in Einzelzügen oder Gesamtcharakter
> annähert, deren – sozusagen – typologischen Ort durch Ermittlungen der Nähe oder
> des Abstandes vom theoretisch konstruierten Typus festzustellen. Insoweit ist die Kon-
> struktion also lediglich ein technischer Behelf zur Erleichterung der Übersichtlichkeit
> und Terminologie. (1989c: 479ff.)

Anstatt die Wirklichkeit zu ‚greifen', schafft der Idealtypus, als ein logisches Konstrukt – oder interpretatives Schema –, das sinnhafte Handlungsregelmäßigkeiten erfasst, klare Bezugspunkte und Orientierungslinien, an denen ein gegebener Aus-
schnitt der empirischen Realität verglichen und gemessen werden kann. Eine
Untersuchung der Art und Weise, in der die zu überprüfenden Handlungsorientierungen diesem Konstrukt nahekommen oder davon abweichen, enthüllt die charakteristischen Merkmale des empirischen Falles und definiert ihn eindeutig: „[Der
Idealtypus hat] die Bedeutung eines rein idealen *Grenz*begriffes, an welchem die
Wirklichkeit zur Verdeutlichung bestimmter bedeutsamer Bestandteile ihres empirischen Gehaltes *gemessen*, mit dem sie *verglichen* wird" (1985b: 194; siehe 1985d:
535). Und:

> Alle Darstellungen eines ‚*Wesens'* des Christentums z. B. sind Idealtypen von stets und
> notwendig nur sehr relativer und problematischer Gültigkeit, wenn sie als historische
> Darstellung des empirisch Vorhandenen angesehen sein wollen, dagegen von hohem
> heuristischen Wert für die Forschung und von hohem systematischen Wert für die Dar-
> stellung, wenn sie lediglich als begriffliche Mittel zur *Vergleichung* und *Messung* der
> Wirklichkeit an ihnen verwendet werden. In dieser Funktion sind sie geradezu unent-
> behrlich. (1985b: 198f.; siehe 1985c: 130)[11]

Durch den Gebrauch dieses heuristischen Mittels treten zum Beispiel Diskrepanzen
in Bezug auf die von einem Forscher vorgenommene Konzeptualisierung wirtschaftlichen Handelns im Kapitalismus als rein zweckrational deutlich hervor und es wird
ersichtlich, dass sie auf ‚Irrtümern' beruht: auf der Wirksamkeit von Traditionen,
Werten oder Emotionen und auf „falsche[r] Information, tatsächliche[m] Irrtum,

---

[11] „Die Terminologie und Kasuistik hat [..] in gar *keiner* Art den Zweck und kann ihn nicht
haben: erschöpfend zu sein und die historische Realität in Schemata zu spannen. Ihr Nutzen
ist: daß jeweils gesagt werden kann: was an einem Verband die eine oder andere Beziehung
verdient oder ihr nahesteht" (1976: 154).

Denkfehler[n] [und] persönliche[m] Temperament" (1976: 10). In ähnlicher Weise können die typischen Attribute monarchischer Herrschaft in empirischen Fällen – in China, Japan, Indien, im Nahen Osten, Alten Ägypten und im Westen – isoliert und durch den Vergleich mit dem Idealtypus des Patrimonialismus scharf definiert werden. Weber legt diese allgemeine Verfahrensweise explizit dar: „[Sie] geht [..] von den rationalsten Formen aus, welche die Realität annehmen *kann*, und sucht zu ermitteln, inwieweit gewisse theoretisch aufstellbare rationale Konsequenzen in der Realität gezogen wurden" (1989c: 479ff.).

In allen solchen Fällen beinhaltet diese Anwendung von Idealtypen als *Messstäbe* einen Vergleich von beobachtetem sozialen Handeln mit den idealtypischen Darstellungen von Handlungsregelmäßigkeiten (1989a: 118f.). Der Idealtypus ist für Weber unverzichtbares Konstrukt für den Zugriff auf die „unendliche Mannigfaltigkeit des Historischen" (1989a: 125). Überdies ist es ohne diese als Standard dienenden heuristischen Instrumente unmöglich, vergleichende Gedankenexperimente durchzuführen, mittels deren systematisch versucht wird, kausal wirksame Handlungsregelmäßigkeiten zu isolieren (1985b: 202ff.).

Zusammengenommen dienen Idealtypen zur Erleichterung (a) des Zugriffs auf die diffuse empirische Realität, (b) der Anordnung und der klaren begrifflichen Erfassung des bestimmten untersuchten empirischen Falles und (c) der Identifikation wichtiger kausaler Handlungsorientierungen. Diese Vorgehensweise steht in striktem Gegensatz zur bloßen Erzählung wie auch zu allen Schulen der Soziologie, die die ‚Gesellschaft' als Ausgangspunkt nehmen. Sie bilden Webers Hauptinstrument zur Erfüllung der Aufgabe der Soziologie: Begriffsbildung und Konzeptualisierung. Gerade weil betont wird, dass Arbeitsteilung die Geschichte klar von der Soziologie trennt, dienen beide ‚Disziplinen' demselben Ziel: der Kausalerklärung spezifischer Fälle und Entwicklungen. Weil Begriffsbildung und die gründliche historische Untersuchung beide eine gemeinsame Grundlage – die empirische Realität – teilen und beide unverzichtbar sind, wenn dieses gemeinsame Ziel verwirklicht werden soll, besteht Weber auf der Verflochtenheit und der wechselseitigen Abhängigkeit von Geschichte und Soziologie.

Obgleich die Idealtypen für die Beziehung zwischen Geschichte und Soziologie im Werk Webers zentral bleiben, dient die Diskussion hier nur einem begrenzten, wenngleich unverzichtbaren Zweck. Sie steuerte schlicht eine Reihe notwendiger einführender Bemerkungen für das Hauptthema dieser Studie bei: die verschiedenen Weisen, in denen in Webers historisch-vergleichenden Arbeiten – trotz seiner Betonung einzigartiger Merkmale der Gegenwart und der ‚revolutionierenden' Fähigkeit charismatischer Führer – *Geschichte und Gegenwart* eng verwoben sind. Wie sich letzteres im einzelnen verhält, ist nun in Bezug auf eine Reihe grundlegender Bestandteile von Webers Soziologie zu untersuchen.

3   Die Verflechtung von Geschichte und Gegenwart in Webers historisch-vergleichender Soziologie

Im Zentrum von Webers Soziologie stehen Idealtypen und gesellschaftliche Ordnungen.[12] In seinen historisch-vergleichenden Schriften finden sich beide als Schlüsselmechanismen zur Verflechtung von Geschichte und Gegenwart. Beide dienen als Werkzeuge, die dem Soziologen helfen, solche ‚Hinterlassenschaften', ‚Vorläufer' und ‚Vorbedingungen' zu ermitteln, die Geschichte und Gegenwart zusammenrücken lassen. Wie sie dies tun, wird im Folgenden anhand verschiedener Beispiele demonstriert.

Dabei führt die Erörterung der Art und Weise, auf die Webers Texte Vergangenheit und Gegenwart fest zusammenfügen, zu wichtigen Fragen: Warum bleiben einige Regelmäßigkeiten des sozialen Handelns über eine lange Zeit bestehen? Was erklärt beispielsweise jenseits der ‚Eigengesetzlichkeit' von Idealtypen und Lebensbereichen die Dauerhaftigkeit der historischen Hinterlassenschaften? An dieser Stelle wird sich unsere Untersuchung von Webers Soziologie nun ausführlicher den Kausalfaktoren zuwenden, die aus seiner Sicht geschichtliche Entwicklungen vorantreiben: historische Ereignisse, soziale Träger, Macht und Ideen. Wie Idealtypen und Lebensordnungen dienen auch diese Kausalkräfte dazu, Geschichte und Gegenwart in seinen historisch-vergleichenden Untersuchungen zu verbinden.

3.1   Grundkomponenten von Webers Soziologie: Idealtypen und gesellschaftliche Ordnungen

Webers Idealtypen und gesellschaftliche Ordnungen beweisen, dass Regelmäßigkeiten des sozialen Handelns für ihn ihre bestimmten und einflussreichen Auswirkungen noch in Epochen haben können, die sich von ihren Anfängen weit entfernt haben. Der Modus, in dem die von ihnen mit umfasste weitreichende Multikausalität dies tut, muss nun untersucht werden. Webers zentrale Gedanken zu geschichtlichen Hinterlassenschaften und Vorbedingungen der je späteren Gegenwart deuten nicht minder stark auf ein enges Ineinandergreifen von Vergangenheit und Gegenwart in seinen Texten. Ihre Allgegenwart in seiner Soziologie wird ebenso untersucht wie die Art und Weise, in der das Konstrukt der gesellschaftlichen Ordnungen eine Bestimmung dessen erleichtert, wie Hinterlassenschaften und Vorbedingungen aus der Vergangenheit, oft auf nicht sichtbare Weise, tief in die Jetztzeit eindringen.

---

[12] Weber benutzt ebenso die Begriffe *Lebensbereiche, Lebensmächte, Lebensordnungen, Lebensgebiete* und *Lebenssphären*.

3.2 Die Verflechtung von Geschichte und Gegenwart I: Idealtypen

Webers Idealtypen, die sich ebenso gegen das Verfahren der Erzählform wie gegen dasjenige holistischer Gesellschaftslehren richten, implizieren eine Vorstellung der Gesellschaft als eine von Individuen in abgrenzbaren Gruppen konstruierte. Diese radikal multikausale Sicht behauptet nachdrücklich die enge Verflechtung von Vergangenheit und Gegenwart. Wie sieht das im Einzelnen aus?

Ausgehend von Idealtypen nimmt Webers Soziologie bereitwillig sowohl die träge, alles umfassende Tradition als auch ununterbrochene Bewegung und stetigen Fluss zur Kenntnis. Als heuristische Konstrukte, welche die Regelmäßigkeiten sozialen Handelns erfassen, stoßen die Idealtypen fortwährend aneinander, verbinden sich zuzeiten zu Allianzen und stehen zuzeiten in antagonistischen Beziehungen. Inwieweit mannigfache Allianzen gebildet werden, ja auch Koalitionen, die einen starren Traditionalismus oder sogar eine allumfassende gesellschaftliche Geschlossenheit hervorrufen, oder inwieweit andererseits soziale Fragmentierung vorherrscht – all dies bleibt für Weber ausschließlich Gegenstand empirischer Untersuchung. Obgleich seine Texte häufig von Fällen handeln, die man begrifflich so beschreiben könnte, dass einem bestimmten Lebensbereich entstammende Handlungsregelmäßigkeiten sich über eine ganze Reihe von Bereichen ausdehnen, werden keine theoretischen Schlüsse hinsichtlich einer allgemeinen empirischen Tendenz zu Koalitionen, sozialer Harmonie oder Traditionalismus gezogen. Ob normative Integration, ‚Anpassungssteigerung' oder eine ‚Wertgeneralisierung' stattfinden, ist für ihn kein theoretisches Thema der Soziologie; vielmehr bleibt es von Fall zu Fall zu untersuchen (siehe Parsons 1966, 1971a).

Alle von Grundaxiomen ausgehenden Schulen – sei es nun vom Postulat des ‚unvermeidlichen Konflikts' oder von ‚sozialer Ordnung und Gleichgewicht'– sind gemäß Webers offenen Verfahrensweisen abzulehnen. Doch wichtiger ist hier, dass seine multikausale Soziologie, basierend auf den Idealtypen, das enge Ineinander von Geschichte und Gegenwart problemlos anerkennt. Handlungsregelmäßigkeiten mancher Gruppen können schnell als fortdauernd, ja sogar als sich ‚eigengesetzlich' beziehungsweise sich in Bezug auf die ihnen inhärente Problematik entwickelnd erkannt werden, während andere sich als vergänglich erweisen. Eine Soziologie, die auf zahlreiche kausalwirksame, konkurrierende und in Wechselbeziehungen stehende Regelmäßigkeiten des Handelns setzt, kann ‚Überreste' früherer Handlungsregelmäßigkeiten problemlos erkennen.[13]

Wie vereinbar eine auf Idealtypen gegründete Soziologie auch mit der Anerkennung dessen sein mag, dass das geschichtlich Gewesene, trotz der enormen, von cha-

---

[13] Weber spricht von *Resten, Überbleibseln, verbliebenem Rest.*

rismatischen Führern hervorgerufenen Metamorphosen, über Jahrtausende hinweg
in der Gegenwart fortleben kann – ja, das ganze Ausmaß, in dem Webers historisch-
vergleichende Arbeiten Vergangenheit und Gegenwart verflechten, lässt sich nur
durch die Untersuchung eines anderen fundamentalen, Geschichte und Gegenwart
verbindenden Mechanismus verstehen: *gesellschaftliche Ordnungen*.

3.3   Die Verflechtung von Geschichte und Gegenwart II: Gesellschaftliche
Ordnungen

Anders als oft angenommen wird die Aufgabe der Soziologie – Begriffsbildung – für
Weber nicht allein durch die Idealtypen erfüllt. Die gesellschaftlichen Ordnungen,
die seinen historisch-vergleichenden Arbeiten unterliegen, unterscheiden seine Soziologie nicht nur weiter von der Geschichtswissenschaft, sondern bilden auch einen
wesentlichen analytischen Mechanismus, der für ihn Geschichte und Gegenwart verbindet. Obgleich nun auch die gesellschaftlichen Lebensbereiche mittels Idealtypen
zu erfassen sind, fallen jene indes keinesfalls mit letzteren zusammen. Inmitten der
„unendlichen Mannigfaltigkeit von nach- und nebeneinander auftauchenden und
vergehenden Vorgängen, ‚in' uns und ‚außer' uns" (1985b: 171), bieten ‚Lebensordnungen' ebenso wie ‚Idealtypen' der Forschung modellhafte Richtlinien zur Bestimmung und begrifflichen Erfassung bedeutsamer Kausalfaktoren.

Obwohl Spannungen und Konflikte allgegenwärtig sind, darf Handeln für Weber
nie als willkürlich verstanden werden. Handlungsregelmäßigkeiten bilden sich in
allen Gruppen und sie lassen sich nicht nur unmittelbar in Idealtypen begrifflich erfassen, sondern auch vermittelt in einer begrenzten Anzahl gesellschaftlicher Ordnungen. Anstatt in Bezug auf ein globales Konzept ‚Gesellschaft'[14] oder andererseits
in Bezug auf das atomisierte Individuum angelegt zu sein, liegen Webers historisch-
vergleichenden Arbeiten Idealtypen *und* eine Vielfalt von Lebenssphären zugrunde.

Seine analytische Abhandlung *Wirtschaft und Gesellschaft* beschreibt die Lebensordnungen am deutlichsten. Dieses kolossale Werk der historisch-vergleichenden Soziologie expliziert Regelmäßigkeiten des Handelns von Menschen in verschiedenen Gruppen, die wiederum als klar abgegrenzten Lebensbereichen zugehörig
verstanden werden: der Stand, die Familie und Sippe, die Religion, das Recht, die
Herrschaft und die Wirtschaft. Zu jeder Ordnung gehören eine Reihe von Idealtypen: die Wege der Erlösung in der Sphäre der Religion (durch z. B. eine Institution,
gute Werke, Mystik und Askese), die Typen des Rechts (z. B. traditionales und lo-

---

[14] Ganz zu schweigen von solch allgemeinen Fragen wie der nach dem Ursprung der gesellschaftlichen Ordnung oder der Evolution der Gesellschaft.

gisch-formales), die Entwicklungsstufen der Wirtschaft (z. B. die natural-, geld-, plan-, marktwirtschaftliche und kapitalistische Wirtschaftsform), die Typen der Herrschaft (charismatische, patriarchale, feudale, patrimoniale und bürokratische), die Typen universaler Organisationen (Familie, Sippe und Nachbarschaft) und die wichtigsten Stände (wie die Intellektuellen, die Bauern, die Beamten und der Feudaladel).

Aufgrund breit angelegter empirischer Vergleiche, die quer durch die Geschichte von der Antike bis zur Gegenwart gehen und vom Osten bis zum Westen reichen, schließt Weber in *Wirtschaft und Gesellschaft*, dass Handlungsregelmäßigkeiten mit Bezug auf diese Lebensgebiete und ihre jeweiligen Idealtypen häufig vorkommen. Ontologische Annahmen spielen dabei keine Rolle. Als Verfechter einer auf Empirie basierenden Soziologie richtet er seine Aufmerksamkeit auf solches Handeln, das wiederholt empirisch bedeutsam war. Angesichts der „sinnlosen Unendlichkeit des Weltgeschehens" lehnt er den Versuch ab, *sämtliche* Handlungsorientierungen zu erfassen; die gesellschaftlichen Ordnungen in *Wirtschaft und Gesellschaft* zielen nicht darauf ab, ‚erschöpfend', ‚vollständig' oder ewig gültig zu sein.[15] Folglich könnte eine bestimmte Zivilisation oder Epoche durch Lebensgebiete oder Idealtypen gekennzeichnet sein, die in *Wirtschaft und Gesellschaft* nicht berücksichtigt sind.

Dabei ist zu betonen, dass die Lebensmächte und ihre Idealtypen Weber zufolge ein Inventar empirisch bedeutsamen soziologisch signifikanten sozialen Handelns geben – und nichts weiter; dieses heuristische Konstrukt ist allein als ein nützliches Orientierungsmittel zu verstehen. Entworfen wurde es, um den Forscher zu unterstützen, (a) kausal bedeutsame empirische Handlungsorientierungen zu isolieren und zu definieren, und (b) willkürliches und diffuses empirisches Handeln begrifflich klar zu fassen. Diese Analytik ermöglicht es, qualifizierte Forschungsfragen im Blick auf Kausalzusammenhänge zu formulieren.

Folglich sind die Lebensordnungen weder dienlich, eine evolutionäre Theorie zu entwerfen, noch Verbindungen irgendwelcher Art zwischen empirischen Geschehnissen zu postulieren, die über ihre Idealtypen hinausgehen. Weber vertritt den Standpunkt, dass die Stufen eines jeden ‚Entwicklungsmodells', das aus diesen Idealtypen konstruiert wurde, niemals so verstanden werden dürfen, als erfassten sie den Gang der Geschichte, noch als konstituierten sie ‚zwingende Kräfte', und gewiss nicht so, als stellten sie eine gesetzmäßige und universale Tendenz der gesamten Geschichte dar, die eine Abfolge unveränderlicher Stufen durchlaufe (1985b: 203ff.).

---

[15] Webers Prinzip der Wertbeziehung verbietet einen solchen Versuch. Siehe 1985b: 170ff., 180f. Zu Webers Kriterien der Auswahl der Lebensordnungen vgl. Kalberg 2001a: 147f., Fn. 20.

Wenn man die *Typen legitimer Herrschaft* beispielsweise aus der Perspektive eines Wandels von ‚materialer' zu ‚formaler' Rationalität betrachtet, lassen sie sich in einem *Entwicklungsmodell* arrangieren, das von der charismatischen und traditionalen Herrschaft hin zur rational-legalen Herrschaft führt. Gleichwohl sollte diese Art der begrifflichen Erfassung nicht zu der Schlussfolgerung verleiten, dass eine solche Transformation auch tatsächlich empirisch stattfand.[16] Genauso wie seine anderen soziologischen Untersuchungen kann auch *Wirtschaft und Gesellschaft* niemals so verstanden werden, als zeichne es eine lineare historische Expansion von zweckrationalem und wertrationalem Handeln nach, noch so, als beschreibe es eine allgemeine soziale Evolution, in der ‚partikularistische' durch ‚universalistische' Werte ersetzt werden.[17] Zum Kern seiner historisch-vergleichenden Soziologie zählen vielmehr die Idealtypen, gesellschaftliche Ordnungen und Entwicklungsmodelle. Ob der Gang der Geschichte in einer bestimmten Epoche oder Zivilisation einem bestimmten Entwicklungsmodell folgte – oder von ihm abwich –, bleibt für Weber stets Angelegenheit einer detaillierten empirischen Untersuchung durch Spezialisten, besonders durch Historiker (1985b: 205).[18]

Wie seine Idealtypen beinhaltet auch Webers Orientierung auf eine Reihe von Lebensordnungen eine breit angelegte Multikausalität. Der Kern dieser Analytik – die von ihr artikulierten *pluralistischen* Quellen des sozialen Handelns – ermutigt Soziologen, in ihren empirischen Untersuchungen eine Vielfalt von Handlungsregelmäßigkeiten in Betracht zu ziehen, anstatt einfach nur beispielsweise religiöse Vorstellungen, die Wirtschaft oder den Staat. Tatsächlich widersetzt sich Webers Soziologie prinzipiell jedem Versuch, einer bestimmten Lebenssphäre oder einem

---

[16] In einem frühen Aufsatz legt Weber dies überzeugend dar: „Aber ein schweres Mißverständnis des Forschungs*zieles* […] ist es, wenn man die Konstruktion von ‚Kulturstufen' für *mehr* hält, als ein Darstellungsmittel, und die Einordnung des Historischen in solche begrifflichen Abstraktionen als *Zweck* der kulturgeschichtlichen Arbeit behandelt […]; und ein Verstoß gegen die Forschungsmethode ist es, wenn wir eine ‚Kulturstufe' als etwas anderes als einen *Begriff* ansehen, sie wie ein *reales* Wesen nach der Art der Organismen […] oder wie eine Hegelsche ‚Idee' behandeln, welche ihre einzelnen Bestandteile aus sich ‚emanieren' lässt, und sie also zur Konstruktion von Analogie*schlüssen* verwenden" (1988d: 517). Zu Webers Ablehnung aller „logischen Entwicklungen in der Art Hegels" siehe z. B. 2004c: 325.

[17] Natürlich sieht Weber *bestimmte* empirische Entwicklungen in Richtung universalistischer Werte (z. B. in der griechischen Polis, den mittelalterlichen Städten, im Prüfungssystem in China und in der modernen Bürokratie). Doch kann aus seinen soziologischen Untersuchungen kein fortschreitendes, beständiges und gesetzmäßiges evolutionäres Kontinuum von einer antiken Ära des Partikularismus zu einer modernen Epoche des Universalismus abgeleitet werden. Siehe z. B.1988b: 60ff.

[18] Hier unterscheide ich mich strikt von Parsons, der Webers ‚Denken als im Grunde evolutionär' ansieht, und ebenso von den Versuchen Tenbrucks und Schluchters, Weber im evolutionären Lager zu platzieren. Siehe Parsons 1963; Tenbruck 1975; Schluchter 1979.

Idealtypus eine generelle kausale Priorität zuzusprechen. Auf analytischer Ebene entsteht so keinerlei Vorrang von Regelmäßigkeiten des Handelns, die bestimmten Idealtypen oder Lebensordnungen zugehören.[19]

Wie die Idealtypen fasst auch die auf Lebensbereichen basierende Grundlage von Webers Soziologie Geschichte und Gegenwart als eng verflochten. Eine enorme Vielfalt empirischer Untersuchungen ermöglicht es Weber, davon auszugehen, (a) dass jedes Lebensgebiet als mit einer kausalen Durchsetzungsfähigkeit ausgestattet verstanden werden muss – mit einem unabhängigen oder ‚eigengesetzlichen' Entwicklungsvermögen, welches in ihm innewohnenden Fragen und Problemen gründet[20] –, und (b), dass sich die jeweiligen gesellschaftlichen Ordnungen in unterschiedlichen Geschwindigkeiten und in nichtparalleler Weise entwickeln. Regelmäßigkeiten des Ablaufs sozialen Handelns sind in manchen Lebenssphären von Bestand, während sich andere von kurzer Dauer erweisen. Dieses Grundprinzip von Webers Soziologie – die ‚ungleichmäßige' Entwicklung der Lebensordnungen – erfasst die enge Verflechtung von Geschichte und Gegenwart.

Weber verwarf den evolutionären Standpunkt ‚paralleler Entwicklung' zumindest schon in der *Protestantischen Ethik*. In dieser klassischen Arbeit bestritt er Sombarts Ansicht, dass die Entwicklung des Grundcharakteristikums der modernen Wirtschaft, des ‚ökonomischen Rationalismus', durch Bezug auf einen *allgemeinen* geschichtlichen, alle Lebensbereiche umfassenden Fortschritt der Rationalität erklärt werden könnte. Gemäß dieser Position könnte Webers Untersuchungsgegenstand, der ‚Geist des Kapitalismus', einfach als Teil einer solchen allgemeinen Entwicklung verstanden werden. Weber beobachtete jedoch eine nichtparallele his-

---

[19] Zum Beispiel impliziert die Orientierung sozialen Handelns auf die Sippe, analytisch gesehen, eine kausale Bedeutung, die derjenigen der modernen kapitalistischen Wirtschaft ebenbürtig ist. *Empirisch gesehen* können in gegebenen Fällen bestimmte Handlungsregelmäßigkeiten natürlich einen deutlich größeren, ja sogar überwältigend größeren Einfluss haben als andere. So stand die Sippe in China beispielsweise, teils als Ergebnis ihrer Festigung durch den Konfuzianismus, dem Entstehen des modernen Kapitalismus wirkungsvoll entgegen. Im mittelalterlichen Okzident jedoch, teilweise als Ergebnis ihrer Schwächung durch das Christentum und die Entwicklung einer „beschworene[n] ‚commune'" in den Städten, misslang es der Sippe, der Rationalisierung des Handelns im wirtschaftlichen Bereich entgegenzustehen. Vergleichbar muss das am Recht orientierte Handeln für Weber auf analytischer Ebene gegenüber dem an der Wirtschaft orientierten Handeln als ebenbürtig betrachtet werden. Im *empirischen* Fall ist das Recht insbesondere dann stark, wenn es durch die Religion unterstützt wird: „Die Herrschaft religiös stereotypierten Rechtes bildet eine der allerwichtigsten Schranken für die Rationalisierung der Rechtsordnung und also der Wirtschaft" (2001b: 368; siehe 1999: 121f.).

[20] Zum Beispiel die Frage der Theodizee in der Religion (vgl. unten), die Frage nach der Legitimität von Befehlsgewalt in der Herrschaftsordnung, die nach der sozialen Ehre im Bereich der Stände usw.

torische Entfaltung des ‚Rationalismus' in verschiedenen Lebensbereichen. Die Rationalisierung des Rechts zum Beispiel – im Sinne einer Steigerung der begrifflichen Klarheit und Differenzierung des Rechtsinhaltes – erreichte ihren Höhepunkt im römischen Recht des späten Altertums, blieb jedoch am stärksten zurück in einer Reihe von Ländern, in denen die Rationalisierung der Wirtschaft am weitesten vorangeschritten war. In England, wo das Common Law vorherrschte, war dies am offensichtlichsten. Auf der anderen Seite blieb das römische Recht überall in Südeuropa mächtig, in einer Region, in der der moderne Kapitalismus sich erst vergleichsweise spät entwickelte. In ähnlicher Weise entstand die säkularisierte Philosophie der Neuzeit, wie sie sich in der Aufklärung zeigt, nicht in den Ländern, in denen der Kapitalismus am frühesten entstand, England oder Holland, sondern in Frankreich – lange bevor die Industrialisierung in diesem Land einsetzte. Und schließlich hält Weber die ‚praktisch rationale' Lebensführung, die in der Berechnung der eigenen weltlichen Interessen ihren zentralen *modus operandi* hat, in den Mittelmeerländern für viel ausgeprägter als in jenen Ländern, die sich am frühesten industrialisierten (1988b: 60ff.).

Wie schon bemerkt findet dieser Fokus auf gesellschaftliche Ordnungen – und das damit gegebene *Potenzial*, auf der Grundlage ihrer Idealtypen regelmäßiges soziales Handeln zu erfassen – seinen klarsten Ausdruck in *Wirtschaft und Gesellschaft*, wenngleich nicht minder nachdrücklich in Webers dreibändiger Monumentalstudie zur *Wirtschaftsethik der Weltreligionen* (1988d, 1989a, 1989b, 1989c, 1996a, 2005c). Seine Vorgehensweise widersetzt sich prinzipiell allen Schulen des gesellschaftlichen Holismus wie auch allen evolutionären Ansätzen. Indem die Soziologie Webers Orientierung des sozialen Handelns von Individuen in Gruppen betont, bringt sie eine ‚Vorstellung von Gesellschaft' zum Ausdruck, in der manche Handlungsregelmäßigkeiten Bestand haben, ja sogar tief in nachfolgende Epochen eindringen können, während andere sich als vergänglich und ohne bedeutende kausale Wirung erweisen.

Nicht jedoch allein, weil er auf diese nichtparallele, ‚ungleichmäßige' Entwicklung der verschiedenen Lebensmächte aufmerksam macht, führt der grundlegende Bezug von Webers Soziologie auf gesellschaftliche Ordnungen umstandslos zu einer begrifflichen Erfassung der Art und Weise, in der Handlungsorientierungen der Vergangenheit anhaltenden Einfluss auf das Handeln in der Gegenwart ausüben. Die gesellschaftlichen Ordnungen tun dies zudem durch die Offenlegung der Art und Weise, in der historische *Hinterlassenschaften und Vorbedingungen* in der Gegenwart fortbestehen. Weber besteht darauf, dass solche Einflüsse in Betracht gezogen werden müssen, wenn bestimmte Handlungsregelmäßigkeiten in der Gegenwart kausal erklärt werden sollen. Für ihn gilt auch hier: „Überall ist das tatsächlich Hergebrachte der Vater des Geltenden gewesen" (1976: 15).

3.3.1 Hinterlassenschaften: Ordnungsimmanente Zusammenhänge[21]

Die gesellschaftlichen Ordnungen in *Wirtschaft und Gesellschaft*, die Weber bei Falluntersuchungen stets im Auge behält, dienen als heuristische Hilfsmittel dazu, bereichsspezifische empirische Hinterlassenschaften zu identifizieren.[22] Solche Erbschaften beispielsweise im *religiösen* Bereich im Okzident können als Vermächtnis des antiken Judaismus an den Katholizismus und Protestantismus verstanden werden: Beiden ist die Vorstellung eines monotheistischen Gottes eigen und, insbesondere dem Protestantismus, eine zutiefst antimagische Spannung (2005c: 5ff.; 1989a: 258). Daher hinterließen die biblischen Propheten nicht nur dem frühen Christentum ein markantes Vermächtnis: „[D]ie ganze Deutung der Sendung des Nazareners [wurde] vor allem durch die alten Verheißungen an Israel bestimmt" und „der Schatten dieser Riesengestalten [reicht] durch die Jahrtausende bis in die Gegenwart hinein" (2005c: 350). Die Legalitätsethik des jüdischen Rechts wurde beispielsweise „in die puritanische Ethik rezipiert und hier in den Zusammenhang der modern-‚bürgerlichen' Wirtschaftsmoral gestellt" (2005b: 668).

Auch in der *rechtlichen* Sphäre werden empirische Hinterlassenschaften mit Hilfe der *Wirtschaft und Gesellschaft* eigenen Analytik sichtbar. Zum Beispiel hatte der Schwur beziehungsweise der ‚Selbstfluch' bis zum logischen Formalrecht Bestand, und die charismatische Gesetzgebung dauerte, in Gestalt von Lenin und Mao, auch in unserem eigenen Jahrhundert fort. Weber erklärt:

> Die charismatische Epoche der Rechtsschöpfung und Rechtsfindung ragt [...] in zahlreichen Institutionen in die Zeit rein rationaler Rechtssatzung hinein und ist noch heute nicht überall ganz beseitigt. Noch Blackstone nennt die englischen Richter eine Art lebendes Orakel, und tatsächlich entspricht wenigstens die Rolle, welche die decisions als unentbehrliche und spezifische Form der Fleischwerdung des Common Law spielen, in diesem Sinne derjenigen des Orakels im alten Recht. (2010: 458 f.)

Überdies beeinflussten die „rationalen Traditionen des römischen Rechtes" nicht nur das kanonische Recht, sondern auch das moderne formale Recht, und das kanonische Recht wurde „für das profane Recht [...] einer der Führer auf dem Wege zur Rationalität" (2010: 545, 547; siehe S. 581–85).

---

[21] Ich stütze mich in diesen Abschnitten über ‚Hinterlassenschaften' und ‚Vorbedingungen' abermals auf Kalberg 2001a. Siehe S. 220–33 dieser Studie für eine detailliertere Untersuchung dieser Themen.

[22] Anders ausgedrückt, und wie schon angemerkt, bringt *Wirtschaft und Gesellschaft* als Webers systematische Abhandlung seinen auf Lebensgebieten basierenden Bezugsrahmen am deutlichsten zum Ausdruck. Dies gilt jedoch gleichermaßen, wenn er Kausaluntersuchungen in den „Agrarverhältnisse[n] im Altertum", der *Wirtschaftsgeschichte* und der *Wirtschaftsethik der Weltreligionen* durchführt. Viele der Beispiele in diesem und dem nächsten Abschnitt, die nur dem Zweck dienen, die Wichtigkeit von Hinterlassenschaften, Vorläufern und Vorbedingungen für Weber anzuzeigen, stammen aus diesen Untersuchungen.

3.3.2   Hinterlassenschaften: Zusammenhänge zwischen gesellschaftlichen Ordnungen

Des Weiteren stellt Weber mit seiner Vorgehensweise heraus, wie Handlungsregel-mäßigkeiten einer Lebensordnung einer Epoche sich auf eine ganze Reihe von Ordnungen einer nachfolgenden Ära ausdehnen, was für ihn ein empirisch weit ver-breiteter Vorgang ist. Wie dieser sich vollzieht, wird mittels des Lebenssphären-Kon-struktes deutlich. Wiederum können nur wenige Beispiele aufgeführt werden.

Im Fall der *Hausgemeinschaft* bedingte das Prinzip des Besitz- und Verbrauchs-kommunismus ebenso wie die Solidarität gegenüber der Außenwelt eine gemein-same Verantwortung gegenüber Gläubigern. In Form des Konzeptes der Gemein-schaftshaftung hinterließ diese Vorstellung ein Vermächtnis, das zur zentralen Quelle der Rechtsformen des modernen Kapitalismus wurde (2001a: 119). Die Treue, ursprünglich in der Sippe angelegt, kam in allen Weltreligionen wieder zum Vorschein (2001a: 121–26). Webers Analytik enthüllt ferner, dass auf *Herrschaft* orientiertes Handeln das Zeitalter seiner Entstehung bei weitem überlebte und in neue Lebensbereiche eindrang. Mehrere Erbschaften hinterließ zum Beispiel der Feudalismus. Am auffälligsten überlebte sein starker Sinn für eine Würde, die in persönlicher Ehre sowie den Grundhaltungen des Ritterstandes wurzelte. Jene be-einflusste in späteren Zeiten die okzidentalen Ministerialen, das englische Gentle-man-Ideal und sogar das Ideal des puritanischen Gentlemans. Für all diese Schich-ten „lag das ursprüngliche spezifisch mittelalterliche Orientierungszentrum [...] im feudalen Rittertum" (2005b: 369).[23] Auch der alte politische Feudalismus in China wirft lange Schatten, indem er die Entwicklung der Standesethik des Konfuzia-nismus in den klassischen und nachklassischen Epochen entscheidend begünstigt (1989b: 200f.). Selbst unser eigenes Zeitalter ist von verschiedenen Herrschafts-typen durchdrungen, die ihre Ursprünge in vergangenen Epochen haben und doch „auf Schritt und Tritt in ihren Rudimenten auch in die Gegenwart hineinreichen" (1989b: 120).

Das Konzept der gesellschaftlichen Ordnungen in *Wirtschaft und Gesellschaft* liefert auch das Orientierungsmittel, das die Ausbreitung der Handlungsregelmäßig-keiten eines Lebensbereichs eines Zeitalters über eine Vielzahl von Bereichen einer nachfolgenden Ära erfasst.

---

[23] Weber merkt darüber hinaus den Einfluss der puritanischen kühlen Zurückhaltung und ruhi-gen Selbstbeherrschung auf den amerikanischen und englischen Gentleman der Gegenwart (siehe Kalberg 2012: 297ff.) an. Dieselbe Selbstbeherrschung betrachtet er als eine Wurzel der modernen militärischen Zucht. Siehe Weber 1988b: 117 u. S. 117, Fn. 4.

3.3.3 Das Ausmaß der Durchdringung

Weber führt wiederholt das Durchhaltevermögen der Handlungsregelmäßigkeiten an, die in *universalen Organisationen* ihren Ursprung haben. Sie behaupten ihren Einfluss über Jahrhunderte hinweg in vielen gesellschaftlichen Bereichen. Pietät und Gehorsam gegenüber den Älteren, die ihren Ursprung in der Hausgemeinschaft hatten, kamen in einigen Weltreligionen als Ahnenverehrung und in patrimonialen und feudalen Herrschaftsformen als Pietät und Loyalität gegenüber dem Herrscher und Fürsten wieder zum Vorschein (2005c: 380).

In bestimmten empirischen Fällen gingen zwei oder mehr etablierte und mächtige Lebensbereiche Verbindungen ein und erlangten eine so starke Hegemonie, dass ihre ineinandergreifenden Handlungsregelmäßigkeiten eine gesamte Zivilisation über Jahrhunderte und sogar Jahrtausende hinweg beeinflussten. Webers gesellschaftliche Ordnungen und ordnungsspezifische Idealtypen erlauben die präzise Identifikation solcher Fälle. Einer derselben liegt zum Beispiel für China vor, als die patrimonialen Herrscher eine Allianz mit dem Konfuzianismus und der Sippe bildeten, in Indien, als die hinduistischen Brahmanen sich mit den Kshatriya Fürsten und Königen verbunden haben, und in den Vereinigten Staaten, als die kalvinistische Arbeitsethik sich mit einer starken „business class" und dem modernen Kapitalismus zusammenschloss.

Die historischen Hinterlassenschaften alleine können jedoch die Art und Weise, in der vergangene Handlungsorientierungen in Webers Kausalanalysen direkten Einfluss auf regelmäßiges soziales Handeln in der Gegenwart nehmen, nicht voll erfassen. Ein weiteres, häufig angewandtes Konzept – die *Vorläufer und Vorbedingungen* – zeugt ebenso davon, wie vergangene Handlungsorientierungen gegenwärtige beeinflussen.

3.3.4 Vorläufer und Vorbedingungen: Ordnungsimmanente Zusammenhänge

Webers Aufmerksamkeit auf Vorbedingungen – und ihre klare Identifikation – in der *religiösen* gesellschaftlichen Ordnung ist offensichtlich. Er führt die verschiedenen Arten an, in denen rituelle Gesetze, die im Bundesbuch der Israeliten aufgestellt worden waren und die Interessen der Kleineigentümer und der Armen ebenso repräsentierten wie auch das heilige *berith* mit Jahwe, feste Präzedenzfälle schufen, die dann die Reden der Propheten des Alten Testaments prägten. Statt zu beanspruchen, neue Gebote in der von Jesus benutzten Form zu verkünden – ,Es steht geschrieben, aber ich sage euch' –, übernahmen die Propheten vielmehr alte Gebräuche, die levitische Lehre (Amos 2: 4; Jesaja 24: 5) und rechtliche Urteilssprüche als Quellen ihrer Moralität. Die levitische Gewohnheit des Schuldbekenntnisses und der Sühne bildete zum Beispiel die Grundlage für die Verkündung der Propheten, dass Jahwe bei jedem Verstoß gegen die sittlichen und sozialethischen Gebote gewaltiges Leid heraufbeschwören würde (2005c: 643f., 654f., 669f., 689ff.).

Das Charisma des großen Kriegers und des legendenhaften Ritters, die beide trotz Gefahren und Entbehrung Erfolg und ebenso Linderung außergewöhnlicher Not versprachen, diente im Lebensbereich der *Herrschaft* als ein Vorläufer des Königtums: „Das Königtum wächst aus charismatischem Heldentum heraus" (2005b: 470ff.). Im Fall der Nabi-Ekstase bildete das Charisma, das die klassischen israelitischen Propheten vorankündigte, eine Vorbedingung für eine andere seiner Formen (2005c: 384ff.; siehe 608). Ebenso war das Bildungssystem unter patrimonialer Herrschaft, das vor allem Kenntnisse in der Verwaltung, der Buchführung und des Rechts förderte, ein Vorläufer für das in der modernen Bürokratie herrschende Berufsideal (2010: 366f.).

3.3.5   Vorläufer und Vorbedingungen: Zusammenhänge zwischen gesellschaftlichen Ordnungen

Die Bestimmung kausal bedeutsamer Vorbedingungen durch Bezug auf interaktive Beziehungen zwischen Lebensordnungen stellt auch eine normale Vorgehensweise in Webers historisch-vergleichenden Arbeiten dar. Seine *Rechtssoziologie* bringt dazu anschauliche Beispiele. Die formalen Qualitäten des römischen Rechts und der juristischen Ausbildung lieferten Vorläufer für die patrimoniale Justiz wie auch, im Verbund mit den Werten des Naturrechts, für die Entwicklung eines universalistischen Legitimationsrahmens zugunsten der bürokratischen Herrschaft (2010: 581f.). Indem es beharrlich die Grundrechte des Menschen zum Ausdruck brachte sowie feste Regeln und Rechtstechniken für geschäftliche Transaktionen ebenso wie Verfahren zur Vertragsdurchsetzung zur Verfügung stellte, bot das logisch-formale Recht „die Vorbedingungen für das freie Schalten des Verwertungsstrebens des Kapitals mit Sachgütern und Menschen" (2005b: 678) und förderte dadurch die Entstehung des modernen Kapitalismus (2010: 307f., 333f.).

Für Weber können auch *Stände* bedeutende Wegbereiter abgeben. Getragen durch den Intellektuellenstand stellte die Aufklärung die Menschenrechte neben den Glauben an die Vernunft der Individuen und begründete damit nicht nur ihre Opposition zum patrimonialen und feudalen Recht, sondern schuf auch einen Vorläufer für die Institutionalisierung von abstrakten Normen in der Rechtssphäre (2005b: 678). Eine sehr wichtige Konstellation von Handlungsorientierungen in der Entwicklung des modernen Kapitalismus – die ‚rationale und innerweltliche Ethik' – hing selbst wiederum vom Auftauchen einer *bürgerlichen* Schicht ab:

> Im Occident ist das Entstehen der rationalen innerweltlichen Ethik an das Auftreten von Denkern und Propheten geknüpft, die, wie wir sehen werden, auf dem Boden *po-*

litischer Probleme eines sozialen Gebildes wuchsen, welches der asiatischen Kultur fremd war: des politischen Bürgerstandes der *Stadt*, ohne die weder das Judentum noch das Christentum noch die Entwicklung des hellenischen Denkens vorstellbar sind. (1996a: 537)

Ebenso trat sowohl der Paria- als auch der Kleinbürgerintellektualismus nie in Ostasien und Indien auf, weil „das Gemeingefühl des Stadtbürgertums, welches für den zweiten, und die Emanzipation von der Magie, welche für beide Voraussetzung ist, fehlt" (2001b: 275). Schließlich kann auch eine Verschmelzung von Lebenssphären eine bestimmen: Zum Beispiel entstand in Indien mit dem ‚Sippencharisma' die interessante Kombination von einer universalen Organisationsform (Sippe) und einer Herrschaftsorganisation (patriarchal). Diese Verschmelzung bildete einen entscheidenden Vorläufer für die Entwicklung der Brahmanenkaste wie für das Kastensystem als Ganzes (1996a: 110f.).

Obwohl die gesellschaftlichen Ordnungen von *Wirtschaft und Gesellschaft*, gerade als Idealtypen, lediglich als heuristische Werkzeuge zu verstehen sind, die unerlässliche Orientierungsmittel für Kausalanalysen darstellen, bringen sie eine nichtholistische Soziologie zum Ausdruck, die eine tiefe Verflechtung von Vergangenheit und Gegenwart betont und versucht, diese detailliert zu erfassen. Die verschiedenen ‚eigengesetzlichen', sich nicht parallel entwickelnden Lebensordnungen stoßen ständig aneinander. Webers Forschungsstrategie unterstellt also, dass ‚die Gesellschaft' allein aus Handlungsregelmäßigkeiten von in einer Vielzahl von Gruppen lebenden Individuen besteht. In der Tat bilden seine Idealtypen und gesellschaftlichen Ordnungen mächtige Hilfsmittel für die begriffliche Erfassung der verschiedenen Arten, in denen manche Regelmäßigkeiten sozialen Handelns Bestand haben und tief, oft kaum sichtbar, in die Gegenwart eindringen. Obgleich Weber die Einzigartigkeit jeder ‚Gegenwart' und die heroischen Anstrengungen charismatischer Führer, alle Bindungen zur Vergangenheit zu kappen, anerkennt, verketten diese Grundkomponenten seiner historisch-vergleichenden Soziologie Geschichte und Gegenwart fest miteinander.

Seine Beachtung der Eigengesetzlichkeit der Idealtypen und der Lebenssphären wie auch seine Zurückweisung gesellschaftlicher Evolution, wirft eine dringende Frage auf: *Auf welcher Grundlage* erlangen einige Handlungsorientierungen eine solche Bedeutung, dass sie über Epochen hinweg einen Einfluss haben? Wie zum Beispiel bleiben historische Hinterlassenschaften mächtig und überdauern? Angesichts Webers weitreichender Multikausalität reicht der alleinige Verweis auf charismatische Herrschaft nicht für eine erschöpfende Antwort auf diese Fragen. Die Anerkennung der Eigengesetzlichkeit von gesellschaftlichen Ordnungen und ordnungsspezifischen Idealtypen erweist sich ebenfalls als unzulänglich. Webers Antworten wenden die vorliegende Untersuchung seiner historisch-vergleichenden

Soziologie nun von Idealtypen und gesellschaftlichen Ordnungen ab und hin zu weiteren, in seinen Arbeiten zu findenden Faktoren, die die historische Entwicklung
vorantreiben. Auch in dieser Hinsicht verbindet Webers Soziologie, das wird sich
zeigen, Geschichte und Gegenwart eng.

3.4   Weitere Kausalfaktoren, die Geschichte und Gegenwart verbinden: Historische Ereignisse, soziale Träger, Macht und Ideen

Geschichte und Gegenwart sind in Webers Soziologie nicht nur durch Idealtypen
und gesellschaftliche Ordnungen, sondern auch durch eine Reihe weiterer Handlungsregelmäßigkeiten eng verwoben. Insbesondere bilden historische Ereignisse,
soziale Träger, Macht und Ideen genauso wie Lebensordnungen und die ordnungsspezifischen Idealtypen Kausalfaktoren. Angesichts seines Verständnisses des sozialen Lebens als aus kontinuierlichen Handlungsorientierungen konstituiert über-
rascht es nicht, dass Weber die kausale Bedeutung von historischen Ereignissen,
sozialen Trägern, Macht und Ideen weit eher betont als die globale Ebene einer evolutionären Entwicklung und Differenzierung hin zu Gesellschaft, Moderne und Universalismus. Wenige Beispiele müssen nun genügen, um zu zeigen, dass diese Kräfte für ihn über Langzeitwirkung verfügen können.[24]

3.4.1   Historische Ereignisse

Weber nahm den Einfluss begrenzter historischer Ereignissen, ja sogar historischer
‚Zufälle' scharf in den Blick. Sein Sinn für die Unvorhersehbarkeit der Geschichte
überzeugte ihn, dass das Unberechenbare und Unerwartete regelmäßig auftaucht
und die Fähigkeit besitzt, seinen Einfluss bis weit in die Zukunft geltend zu machen.
    Die Niederlage der Perser durch die Griechen in der Schlacht von Marathon er-
wies sich als zentral für die Entwicklung der hellenischen Kultur und daher für den
gesamten Verlauf der okzidentalen Geschichte (1985a: 273ff., 286f.). Die Euchari-
stie in Antiochia war gleichfalls ein ‚gewaltiger Akzent'. Weil sich die Kommensalität
des Abendmahls über alle rituellen Ausschlussschranken hinwegsetzte, demonstrier-
te dieses historische Ereignis den Universalismus der paulinischen Mission. Indem
sie dies vollbrachte, sorgte sie für die ‚Konzeptionsstunde' der okzidentalen Idee der
Staatsbürgerschaft (1996a: 95ff.). Diese Mission führte auch zur Übernahme des
Alten Testaments durch das Christentum. Wäre dies nicht geschehen, hätte keine
christliche Kirche oder Ethik entwickelt werden können und die christliche Gemeinde wäre einfach eine unter vielen jüdischen Pariasekten geblieben (2005c: 242ff.).

---

[24] Siehe für eine detailliertere Diskussion: Kalberg 2001a: 101ff.

Auf die Wichtigkeit von historischen Ereignissen in Asien wies Weber ebenso hin. Zum Beispiel führte in Indien die Konversion von König Ashoka zum Buddhismus im dritten Jahrhundert n. Chr. zu einem pazifistischen Wohlfahrtsstaat und erwies sich als erster Impuls für die Entwicklung des Buddhismus als Weltreligion (1996a: 374ff.). Des Weiteren hätte die Tai-Ping-Rebellion (1850–1864), wäre sie erfolgreich gewesen, die Geschichte Ostasiens durchaus in eine völlig andere Bahn lenken können (1989b: 439, Fn. 52).

Weber spricht einem bestimmten Typus von historischem Ereignis große Bedeutung zu: dem technischen Wandel. Seine Schrift *Agrarverhältnisse im Altertum* erörtert häufig dessen enormen Einfluss auf die militärische Organisation. Beispielsweise war in der Antike der Einsatz von Pferden daran beteiligt, den Eroberungsstaat im Nahen Osten und die ritterliche Gesellschaft im Mittelmeerraum hervorzubringen, und dieselbe Neuerung erwies sich in China als ausschlaggebend für das Einläuten des ‚homerischen‘ Zeitalters des Heldenkampfes. Der Gebrauch von Eisen für Waffen spielte in der Antike eine entscheidende Rolle dabei, Massenarmeen hervorzubringen, ebenso wie letztendlich für die Bildung der antiken ‚Bürgerpolis‘ (2006a: 708ff.; 1989c: 164f.). Technologische Neuerungen in der Landwirtschaft – bessere Werkzeuge für das Dreschen, Pflügen und Ernten – waren im Nahen Osten im Altertum besonders bedeutend für die Steigerung der Arbeitsproduktion (2006a: 711f.). Viele weitere Beispiele ließen sich anfügen.

3.4.2   Soziale Träger

Für Weber sind stabile Träger sozialen Handelns stets notwendig, wenn Handlungsorientierungen soziologisch bedeutsam werden sollen. Dabei sind es in jeder Gesellschaft nur bestimmte traditionale, affektuelle, wert- und zweckrationale Handlungsregelmäßigkeiten, die starke Fürsprecher gewinnen, eine herausragende Stellung erlangen und über Jahrzehnte und sogar Jahrhunderte hinweg einflussreich bleiben. Gemäß Weber ist „der Begriff der Autonomie [..], um nicht jeder Schärfe zu entbehren, an das Bestehen eines nach Merkmalen, sei es auch wechselnden, jeweilig irgendwie abgrenzbaren Personenkreises geknüpft" (2010: 368). Stände, Klassen und Verbände dienen in seinen Arbeiten als die wichtigsten sozialen Träger.

Eine große Kontinuität von sozialen Trägergruppen über Epochen hinweg war für einige Zivilisationen charakteristisch. In China zum Beispiel blieben Patrimonialbürokratie und Literatenstand die wesentlichen Träger des Konfuzianismus für mehr als zweitausend Jahre. In Indien trugen die Brahmanen den Hinduismus länger als ein Jahrtausend. In Japan war es „eine Berufskriegerschicht[, die] sozial am stärksten ins Gewicht fiel. Rittersitte und Ritterbildung [...] bestimmte das praktische Verhalten" (1996a: 438f.). Hier kann nur ein Beispiel für die Art angeführt werden, in der soziale Träger in Webers Soziologie dazu dienen, historische Vergangenheit und Gegenwart eng zu verbinden: Der Fall des Kalvinismus, Hauptträger der protestantischen Ethik in den Vereinigten Staaten, veranschaulicht laut Weber, wie soziale Handlungsregelmäßigkeiten ihre Trägergruppe oder ihren Trägerverband wechseln, auf diese Weise bis in die nächste Epoche hinein erhalten bleiben und jene deutlich und dauerhaft beeinflussen.

Die eindringliche Schlusspassage von Webers *Die protestantische Ethik und der Geist des Kapitalismus* – „als ein Gespenst ehemals religiöser Glaubensinhalte geht der Gedanke der ‚Berufspflicht' in unserem Leben um" und „Der siegreiche Kapitalismus jedenfalls bedarf, seit er auf mechanischer Grundlage ruht, dieser Stütze [der innerweltlichen Askese, S. K.] nicht mehr" (1988b: 203f.) – impliziert, dass er den Calvinismus als durch Säkularisierung und durch die mit der Industrialisierung verbundenen rein äußeren Zwänge voll und ganz gebannt ansah. Wäre dies so, dann könnte Webers Analyse zu Recht durch die Bezugnahme auf die ‚Tradition/ Moderne'-Dichotomie erfasst werden; eine Bestandsaufnahme der ‚Systemerfordernisse' der ‚modernen Gesellschaft' könnte dann geboten werden. Obwohl für Weber der asketische Protestantismus in gewissem Sinne ausgestorben ist, macht jedoch sein strenger Fokus auf mehrere Zwischenstadien jede derartige Dichotomie zu einer offensichtlichen Fehlinterpretation seiner Analyse. Auf welche Weise?

Weber legt in den oben zitierten Passagen dar, dass die *religiösen Wurzeln des ethischen* Handelns geschwächt und sogar aufgehoben worden sind. Gleichwohl ‚wanderten', lange bevor dies geschah, die ethischen *Werte religiösen* Ursprungs von ihren ursprünglichen Trägern – den asketischen protestantischen Kirchen und Sekten – zu einer anderen Trägerorganisation: den protestantischen Familien. Folglich blieben diese Werte zentral für die Sozialisation in der Kindheit. In bis dahin kaum vorstellbarer Weise wurde den Kindern in den Familien beigebracht, zum Beispiel sozialen Aufstieg, individuelle Leistungen, Selbständigkeit, Ehrlichkeit und Fairness im Geschäftsleben, den gerechten Preis, asketische Gewohnheiten, methodisches Arbeiten und den strengen Wettbewerb hochzuschätzen. Sie wurden auch daraufhin sozialisiert, weltliche Autorität abzulehnen, jede pompöse Zurschaustellung zu vermeiden und dem Staat zu misstrauen. Selbst als sie im Gefolge der Säkularisierung und Industrialisierung ihre deutlich religiösen Wurzeln nach und nach verloren, wurden diese Werte in der Familie fest verankert und den Kindern in intimen, persönlichen Beziehungen vermittelt. Sie wurden also durch diesen Verband als bindende ethische Werte weiter kultiviert – bzw. *getragen* – und fuhren daher fort, das soziale Handeln zu beeinflussen.

So dauerten Handlungsorientierungen auf eine Reihe von Werten, die ursprünglich in asketisch-protestantischen Sekten und Kirchen kultiviert wurden, in einer stärker säkularisierten Epoche fort, auch lange nachdem diese Sekten und Kirchen geschwächt worden waren. Auch wenn ihre religiöse Herkunft selten anerkannt wird, sind die Werte des asketisch-protestantischen ‚Sektengeistes' heute noch ein integraler Bestandteil in den Vereinigten Staaten (siehe 1988b: 163–206; Kalberg 1989a: 436ff.; siehe Kapitel 3 unten).

3.4.3 Macht

Besonders eine Kraft ist eng verbunden mit den sozialen Trägern sowie mit der Webers historisch-vergleichende Soziologie durchziehenden Betonung der Auswirkung der Geschichte auf die Gegenwart: Macht bzw. die Fähigkeit, den eigenen Willen durchzusetzen. In seiner klassischen Formulierung definiert Weber Macht folgendermaßen: „*Macht* bedeutet jede Chance, innerhalb einer sozialen Beziehung den eigenen Willen auch gegen Widerstreben durchzusetzen, gleichviel worauf diese Chance beruht" (1976: 28). Ein gewisses Minimum an Macht ist Grundvoraussetzung für den Erfolg gegen opponierende Träger regelmäßigen Handelns. Für Weber ist Macht im sozialen Leben allgegenwärtig und kann sich hinsichtlich des Bestands von sozialen Handlungsmustern als entscheidend erweisen. Einige Beispiele sollen veranschaulichen, auf welche Weise dies nach Ansicht Webers geschieht.

Funktionäre in patrimonialen und bürokratischen Formen der Herrschaft entwickeln zum Beispiel oft, insbesondere als ein Ergebnis ihrer Kämpfe gegen die Herrscher, ihre persönlichen Machtinteressen und -bereiche. Sie streben danach, die Vorrechte ihrer Positionen zu monopolisieren und sich Privilegien und Macht anzueignen, was sie mitunter so weit trieben, dass es regelmäßig zu einer Blockierung der Wünsche des Herrschers kam. Ob es den patrimonialen Herrschern gelingt, sich dieser Tendenz zu widersetzen, hängt weitgehend von Macht und insbesondere von militärischer Macht ab (1976: 134ff.; 2005b: 289ff., 312ff.). Sogar die Priester streben danach, sich Macht zu sichern, wenn sie zum Beispiel religiöse Lehren den emotionalen Bedürfnissen der Laien anpassen, die traditionelle Wirtschaftsethik und die patriarchale Autorität gegen alle auf die Rationalisierung der Wirtschaft zielenden Kräfte stark unterstützen und sich mit dem Kleinbürgertum verbinden, um großkapitalistischen Familien gegenüberzutreten, wie es in der Antike und im Mittelalter der Fall war (2001b: 312f., 378f.; 2005b: 622ff.), oder um die Massen zu beruhigen (2005b: 584ff.; 1996a: 372f.). Auch der Adelsstand verfolgte seine eigenen Machtinteressen: so zum Beispiel, wenn er die etablierten Religionen unterstützte, weil diese die Massen zu kontrollieren vermochten, oder wenn sich der Adel in Frankreich dem Aufstreben disziplinierter und organisierter politischer Parteien widersetzte, die das gesamte Land umfassen und seinen Einfluss bedrohen würden (2001b: 287ff.; 2005b: 202ff.).

Von zentraler Bedeutung und begleitet von enormen langfristigen Konsequenzen ist Macht auch hinsichtlich der Frage, ob die Kompromisse, die zwischen politischen und hierokratischen Organisationen ausgehandelt werden, in cäsaropapistische oder hierokratische Herrschaftsformen münden, ob die feudalen Fürsten Erfolg haben, die Aufteilung ihres Besitzes zu begrenzen oder zu verbieten, und ob die Routinisierung und Transformation charismatischer Erziehung in die Formierung einer klerikalen Institution mündet. In ähnlicher Weise ist die Entwicklung des Rechts vom primitiven zum patrimonialen Recht sehr oft abhängig von der relativen Macht der Herrscher gegenüber anderen sozialen Trägern: Sippen, Stände und der kirchlichen Hierokratie (siehe 2005b: 262ff., 610ff.; 1989a: 123f.).

Herrscher sind Weber zufolge besonders geschickt darin, Allianzen allein zu dem Zweck zu bilden, Macht zu erhalten und zu erweitern. Dabei versuchen sie selbstverständlich, Klassen, Stände und Verbände wechselseitig auszubalancieren. Priester und religiöse Intellektuelle wurden von den Königen und Fürsten schon allein daher oft aufgesucht, weil diese Stände, sofern sie kontrolliert wurden, dazu in der Lage waren, die Massen zu beruhigen und stillzuhalten (2005c: 709f.). Insbesondere der Hinduismus wurde, indem er eine religiöse Rechtfertigung für das Kastensystem lieferte, welches wirksam einem Verbrüderungsstreben und einem Aufstieg der Zünfte entgegenstand (die beide die Spaltung der indischen Gesellschaft hätten beheben und eine klare Bedrohung für die Herrscher darstellen können), überall in Indien aus reinen Machtgründen von den Fürsten ausgenutzt – mit Jahrhunderte langen Konsequenzen. In ähnlicher Weise spielte das Interesse der Herrscher an der Domestikation der Massen eine wichtige Rolle bei der Verbreitung des Buddhismus über große Gebiete Asiens (1996a: 409ff., 433f.). Auf der anderen Seite verblassen neue Handlungsorientierungen häufig oder werden von gegnerischen Koalitionen unterdrückt, wenn es an Macht mangelt oder Allianzen nicht zustande kommen. Hier würde man etwa an den Buddhismus in Indien denken und auch an die Unterdrückung des Bundespatriarchalismus durch die Patrimonialmonarchie Salomons im alten Israel. Webers Texte offerieren viele weitere Beispiele, wie schiere Macht den langfristigen Gang der Geschichte beeinflusst hat.

3.4.4 Ideen

Schlussendlich sind es in Webers historisch-vergleichender Soziologie auch Ideen, die Geschichte und Gegenwart fest zusammenfügen. Vor allem *religiöse* Vorstellungen veranschaulichen für ihn, wie Ideen über Jahrtausende hinweg Bestand und weitreichenden Einfluss haben können.

Religiöse Lehren implizieren für Weber selbst angesichts mächtiger – sogar wirtschaftlicher und politischer – Interessen ein gewisses Durchhaltevermögen. *Wenn* Personengruppen ihr Handeln an religiösen Werten *ausrichten*, ist eben dies für Weber soziologisch bedeutsam. So macht er geltend, dass manche Personen in einigen Fällen – wie ,der Fromme' oder ,der Gläubige' ebenso wie die um einiges kleinere

Gruppe der ‚Gesinnungsethiker' – fortfahren werden, ihr Handeln an religiösen Lehren zu orientieren, selbst wenn ihre wirtschaftlichen und politischen Interessen dem entgegenstehen. Diese Personengruppen können über einen sehr langen Zeitraum einflussreich bleiben – und sind es oft. Zum Beispiel:

> Die rationalen Elemente einer Religion, ihre ‚Lehre', – so die indische Karmanlehre, der kalvinistische Prädestinationsglaube, die lutherische Rechtfertigung durch den Glauben, die katholische Sakramentslehre –, haben eben auch ihre Eigengesetzlichkeiten, und die aus der Art der Gottesvorstellungen und des ‚Weltbildes' folgende rationale religiöse Heilspragmatik hat unter Umständen weittragende Folgen für die Gestaltung der praktischen Lebensführung gewonnen. (1989a: 109)

Gemäß Weber steht am Anfang einer religiösen Entwicklung eine bestimmte und brennende Frage, und die beständige Suche nach einer Antwort verleiht dieser Entwicklung langfristige Schubkraft und Kontinuität. Warum gibt es so viel Leiden? Was begründet seine Fortdauer? Wie ist es zu erklären (2001b: 121ff.; siehe 290ff.; 1989a: 88ff.)?

Weber behauptet, dass der Wunsch, Gründe für das Leiden vorzubringen, selbst zur Entwicklung eigener „Beziehungen zu den übernatürlichen Mächten" beitrug.[25] Vorstellungen, die Not und Elend erklärten, *trieben* religiöse Entwicklungen in der Tat über eine ganze Reihe von Zeitabschnitten hinweg an; sie reichten von Religionen, die in Magie und Ritual wurzelten, bis hin zu Erlösungsreligionen, die mit ausgefeilten ‚Jenseits'-Konzeptionen arbeiteten. Daher gehören zum Reich der Religion für Weber nicht nur bestimmte Grenzen, sondern auch eine inhärente Entwicklungsdynamik (1989a: 87f., 95f., 102f., 108f.; 2001b: 368f.; 2005b: 621f.; Kalberg 1990; 2000b; 2001b).

Für ihn folgt diese Lebenssphäre eigenen Gesetzen: Sie entwickelt sich nicht allein in Bezug auf praktische Interessen, sondern auch auf Ideen, die sich auf die Problematik des Leidens beziehen (1989a: 87f.; 2001b: 291f.). Propheten, Priester, Mönche und Theologen gingen eine spezifisch religiöse Problematik an: die hartnäckige Fortdauer von Leiden und Unglück. Dabei strebten sie danach, die Beziehung der Gläubigen zu transzendenten Wesen zu klären und spezifische Handlungen als fähig auszuweisen, Not lindern zu können. Statt einfach eine Antwort zu sein auf die sozialen Bedingungen der Existenz oder auf wirtschaftliche Kräfte, folgte diese religiöse Entwicklung – besonders wenn die Religion einmal Intellektuelle beeinflusst hatte und dieser Stand kohärente Form gewann – vielmehr dem „Gebot der Konsequenz", das ihr langfristige Kontinuität sicherte (1989c: 480; 1989a: 108ff.). Indem religiöse Intellektuelle „die metaphysischen Bedürfnisse des Geistes" artiku-

---

[25] Das ist die einzige Definition von Religion, die Weber anbietet. Siehe 2001b: 121, 126ff., 156f.

lierten, „welcher über ethische und religiöse Fragen zu grübeln nicht durch materiel-
le Not gedrängt wird, sondern durch die eigene innere Nötigung, die Welt als einen
sinnvollen Kosmos erfassen und zu ihr Stellung nehmen zu können", wurden sie dazu getrieben, Ideen, Werte und Traditionen zu in sich konsistenten Erlösungslehren
zu systematisieren. Mittels einheitlicher Weltbilder, in denen den Gläubigen ein
bestimmter Platz zugewiesen war, behaupteten sie allesamt, über erschöpfende Erklärungen für das Leiden zu verfügen und alle bestimmten ein zur Verbannung des-
selben geeignetes Handeln (1989a: 101f.; 2001b: 368ff.; Kalberg 1990: 64ff.).[26]

    Kurz, Weber ist davon überzeugt, dass die Erlösungsfrage in den meisten Zivili-
sationen über Jahrhunderte eine zentrale Rolle spielte. „Der moderne Mensch", legt
er dar, der es gewohnt ist, soziale Realitäten in Bezug auf weltliche Fragen als in rein
zweckrationalem Handeln und den „Interessen des diesseitigen Lebens" wurzelnd
zu verstehen, pflegt „im ganzen selbst beim besten Willen nicht imstande zu sein [..],
sich die Bedeutung, welche religiöse Bewusstseinsinhalte auf die Lebensführung,
die Kultur und die Volkscharaktere gehabt haben, *so* groß vorzustellen, wie sie tatsächlich gewesen ist" (1988b: 103, 205; siehe 102f., 163f.).

    Weber jedoch hält die religiöse Entwicklung in einem weiteren, langfristigen
Sinn für entscheidend. Wiederholt behauptet er, dass der religiöse Glaube eine
äußerst wichtige Rolle hinsichtlich des Entstehens der ‚schicksalhaften Macht' von
heute spielte: des modernen Kapitalismus. In strikter Ablehnung aller marxistischen,
technologiebasierten und aller Große-Männer-Theorien des historischen Wandels
besteht er darauf, dass der ‚moderne Wirtschaftsethos' bzw. der *Geist* des Kapitalismus, der in der protestantischen Ethik wurzelt, eine bedeutende kausale Kraft hinsichtlich des Aufstiegs des modernen Kapitalismus bildet. Wenn jedoch die Vorstellung des asketischen Protestantismus von einer *jenseitigen* Erlösung nicht am Ende
einer langen, von dem Problem des Leidens angetriebenen Entwicklung gestanden
hätte, wäre der Handlungstyp niemals aufgetaucht, der allein sich in der Lage zeigte, den rigiden ‚traditionalen Wirtschaftsethos' zunichte zu machen: das *wertrationale* Handeln der protestantischen Ethik, das aus der Erlösungsfrage entstand und

---

[26] Weber versteht religiöse Entwicklungen stets so, dass sie *ebenso* in direkter Beziehung zu
   ihrem wirtschaftlichen und politischen Kontext stehen. Das Problem des Leidens lässt sich
   dahingehend verstehen, dass es das Vermögen besitzt, neue ‚Beziehungen zu den übernatürlichen Mächten' hervorzurufen wie schließlich auch ‚Jenseits'-bezogene Erlösungsreligionen und ein drastisch verändertes soziales Handeln der Gläubigen – jedoch nur, wenn dieses
   Problem selbst in jedem Stadium hinsichtlich seines ‚weltlichen' Kontextes untersucht wird,
   denn: „Sie stampft insbesondere nirgends ökonomische Zustände aus dem Boden, für welche
   nicht mindestens die Möglichkeiten, oft sehr intensive Antriebe in den bestehenden Verhältnissen und Interessenkonstellationen gegeben waren" (2001b: 368; siehe 1989a: 85f., 109f.;
   1988b: 192 n. 1). Vgl. für eine detaillierte Diskussion von ‚Ideen und Interessen': Kalberg
   1990; 2000b; 2001b.

das methodisch auf *Weltbeherrschung* zielt.[27] Daher spricht Webers Umgang mit
einem Hauptthema seiner gesamten Soziologie – der Entstehung des modernen Kapitalismus im Westen und, allgemeiner, eines singulären ‚okzidentalen Rationalismus' – einer kulturellen Dimension einen zentralen Platz zu: der religiösen
Entwicklung. Ethische Werte mit Ursprung in antiken Vorstellungen des Übernatürlichen beeinflussten die Entstehung der modernen Welt erheblich.

Diese Beispiele müssen genügen, um zu zeigen, dass Webers Texte über die gesellschaftlichen Ordnungen und ordnungsspezifischen Idealtypen hinaus noch eine
weitere Art betonen, auf die Geschichte und Gegenwart eng verwoben sind. Obwohl
seine Soziologie historischen Ereignissen, sozialen Trägern, Macht und Ideen die
Fähigkeit zuschreibt, Vergangenheit und Gegenwart zu verbinden, betrachtet er diese Kausalkräfte natürlich nie isoliert. Genauso wenig erörtert er ihre Bedeutung, indem er sie im Rahmen globaler, evolutionärer historischer Trends noch im Rahmen
solcher von Gemeinschaft/Gesellschaft oder Differenzierung verortet. Für Weber
bleiben sie vielmehr stets tief *eingebettet in Konfigurationen* regelmäßiger Handlungsorientierungen, von denen viele, ebenso wie die Hinterlassenschaften, Vorläufer und Vorbedingungen, durch Anwendung der Analytik der gesellschaftlichen
Ordnungen von *Wirtschaft und Gesellschaft* bestimmt werden können. Selbst die
großen charismatischen Propheten, die die Geschichte durch die bloße Kraft ihrer
Persönlichkeit bewegen, tun dies in Webers Soziologie, wie oben bemerkt (siehe
S. 18), nur innerhalb der *Kontexte* regelmäßigen Handelns. Es sind gerade dieselben
Merkmale seiner Texte, die Geschichte und Gegenwart verflechten – Idealtypen und
gesellschaftliche Ordnungen einerseits und historische Ereignisse, soziale Träger,
Macht und Ideen andererseits –, die auch eine Soziologie zum Ausdruck bringen, die
der Einbettung sozialer Handlungen in Handlungskontexte Beachtung schenkt, nicht
zuletzt auch aufgrund der weitreichenden Multikausalität, die sie beinhalten und der
nicht-parallelen Entwicklung der Lebensordnungen. Diese Thematik kann nun ab-
schließend behandelt werden.

4   Schlussfolgerung: Die Kontexteinbettung des sozialen Handelns

Diese Erforschung der Art und Weise, in der in Webers Soziologie eine Reihe grundlegender Komponenten die Geschichte eng mit der Gegenwart verflechten, stellt die

---

[27] Für Weber ist das zweckrationale Handeln, wie es universal in der Form puren Profit- und
Wohlstandsstrebens vorkam, nicht systematisch genug, das traditionale Ethos zu durchbre-
chen. Siehe 1988b: 42f., 33, 59–62, 114–128, 163–206. Siehe auch Kalberg 1996: 57–64;
siehe des weiteren unten Fn. 30.

geläufige Kennzeichnung seiner ‚Sicht der Geschichte' als ein Abwechseln von charismatischer Herrschaft mit den starren Kräften der Tradition in Frage. Grundsätzlich weist sie dazu alle Ansätze zurück, die entweder ‚Ideen' oder ‚materiellen Interessen' kausale Priorität einräumen. Statt dessen offenbarte die Aufmerksamkeit der
vorliegenden Untersuchung für die Grundmerkmale seiner Soziologie und deren
radikale Multikausalität eine weit komplexere Vorstellung. Weber schreibt (a) den
Lebensordnungen der Herrschaft, des Rechts, der Religion, der Wirtschaft, der Stände und der universalen Verbände – und ihren jeweiligen Idealtypen – unabhängige
kausale Wirksamkeit zu, genauso wie auch (b) historischen Ereignissen, der Macht,
sozialen Trägern und Ideen. Auch wenn er das Vermögen charismatischer Führer,
Bindungen zur Vergangenheit zu durchtrennen und qualitativ Neues einzuführen,
anerkennt und obwohl er um die Besonderheit einer jeden geschichtlichen Epoche
bestens weiß, lassen die Grundelemente von Webers Soziologie unmissverständlich
eine tiefe Verflechtung von Geschichte und Gegenwart erkennen.

Begriffsbildung und historische Partikularität *zusammen* charakterisieren seine
historisch-vergleichende Soziologie. Gesellschaftliche Ordnungen und ordnungsspezifische Idealtypen gehören zu jeder soziologischen Analyse als Orientierungsmittel, wobei die Beachtung spezifischer historischer Ereignisse, sozialer Träger,
von Machtkonfigurationen und Ideen ebenso unerlässlich ist. Im Blick auf sein
Ziel, Kausalerklärungen spezifischer Fälle und Entwicklung anzubieten, vertritt
Weber gerade ein beständiges *Hin und Her* zwischen der ‚soziologischen' Aufgabe
zur Begriffsbildung und der Aufgabe der ‚Geschichtswissenschaft', das historisch
Spezifische gründlich zu untersuchen. Obwohl die Forschungsstrategie Webers stark
theoretisch angelegt ist, schwört seine Soziologie daher jedem Versuch ab, ‚Gesetze'
des sozialen Lebens zu konstruieren oder allumfassende evolutionäre Entwicklungen von Gemeinschaft/Gesellschaft und Tradition/Moderne zu artikulieren. Vielmehr bleibt sie eng mit der empirischen Wirklichkeit verbunden und bietet Verfahrensweisen für eingehende empirische Forschung an.

Seine Arbeiten erfassen nicht allein die enge Verflechtung von Geschichte und
Gegenwart, sondern auch den *unterschiedlichen Grad* in dem, in verschiedenen
Epochen und Zivilisationen, die Geschichte die Gegenwart durchdringt. Aufgrund
seiner Fähigkeit, zum Beispiel das Ausmaß zu beurteilen, in welchem traditionales
Handeln über eine Vielfalt von gesellschaftlichen Ordnungen hinweg eine hervorragende Rolle erlangt, erlaubt Webers Verfahrensweise, gerade in Bezug auf diese
Thematik spezifische Schlussfolgerungen zu ziehen: Überall, wo traditionales Handeln weit verbreitet ist, findet ein Eindringen der Vergangenheit in die Gegenwart in
einer umfassenden Weise statt, und zwar in einem solchen Ausmaß, dass sogar der
Einfluss von charismatischen Persönlichkeiten wie auch das Vermögen von historischen Ereignissen, Macht, Ideen und neuen Trägerschichten, zu bedeutsamen

Kausalkräften zu werden, eingeschränkt bleibt.[28] Auf der anderen Seite ist die enge Verflechtung von Vergangenheit und Gegenwart überall dort abgeschwächt, wo zweckrationales Handeln eine Vielfalt von Lebensbereichen durchdringt.

Weber besteht darauf, dass diese Entwicklung nicht einfach Ergebnis einer allgemeinen Schwächung der Tradition ist, denn zweckrationales Handeln ist durchaus auch fähig, stabile Handlungsregelmäßigkeiten einzuführen (1976: 15f.), vielmehr bedeutet die Dominanz dieses Handlungstyps eine größere Eigengesetzlichkeit der verschiedenen gesellschaftlichen Ordnungen beziehungsweise eine Entwicklung in Bezug auf die für sie charakteristischen Probleme und innewohnenden Fragen. Währenddessen erfolgt zudem eine weitere Schwächung des traditionalen Handelns, wenn auch nur wegen der offenen Konkurrenz und Spannung, die nun typisch ist für Wechselwirkungen zwischen den Ordnungen (siehe 1989c: 484ff.; 2001b: 367ff.). Entsprechend wird der Zugriff der Geschichte auf die Gegenwart weiter geschwächt. Daher bildet Webers Soziologie, obgleich sie eine strikte Verflechtung von Geschichte und Gegenwart beinhaltet, eine Zugangsweise zu den verschiedenen Varianten bezüglich des Ausmaßes, in dem – in verschiedenen Epochen und Zivilisationen – die Vergangenheit in die Gegenwart hineinwirkt. Seine Forschungsstrategie fordert die Soziologen heute nicht nur dazu auf, die Bedeutung der Geschichte für die Gegenwart prinzipiell anzuerkennen, sondern auch die unterschiedliche Bedeutung der Geschichte in vergangenen Epochen wahrzunehmen.

Infolge ihrer Vielschichtigkeit bringen Webers historisch-vergleichende Arbeiten im Kern eine Soziologie zum Ausdruck, die den *Kontexten* des sozialen Handelns gründliche Beachtung schenkt. Ob sich Handlungsorientierungen – zum Beispiel auf einen charismatischen Führer, den Erlösungsweg innerweltlicher Askese, ein historisches Ereignis oder eine bestimmte Rechts- oder Wirtschaftsform – als kausal signifikant erweisen, hängt nicht nur von ihrer inneren Konsistenz oder dem Gewicht ihrer Trägerschicht bzw. ihres Trägerverbands ab. Für Weber ist vielmehr die Art und Weise zentral, in der Konstellationen von Handlungsregelmäßigkeiten *interagieren*, die einerseits durch die Heuristik gesellschaftlicher Ordnungen und andererseits durch die gründliche Untersuchung des jeweilig vorliegenden Falles identifiziert werden. Jeder Kontext von Handlungsorientierungen prägt weiteres regelmäßiges Handeln. Seine Wirkung wie seine Substanz wird so geformt. Die Handlungsorientierungen selbst beziehungsweise die Tatsache ihres Auftretens ziehen nicht Webers Aufmerksamkeit auf sich; vielmehr bleibt der soziale Rahmen, in welchem sie auftauchen, ausschlaggebend dafür, ob sich neue Handlungsorientierungen ausdehnen und soziologische Bedeutsamkeit erlangen. In all seinen historisch-vergleichenden Schriften strebt Weber danach, „die ‚Einzeltatsache' [...] als ‚Real-

---

[28] Webers diesbezügliche Beispiele sind häufig das alte Ägypten und China. Siehe 1985b: 184.

grund' in einen realen, also konkreten *Zusammenhang*" zu integrieren (1985a:
237).[29]

Webers zentrale Vorstellung des Verstehens dient ebenso überzeugend dazu,
seine Soziologie als eine zu definieren, die die Kontexte beachtet, in denen soziales
Handeln stattfindet. Für ihn kann es seitens des Soziologen kein einseitiges
Verständnis für Handlungsmotive geben. Demgegenüber stellt er fest, dass die
Lokalisierung des subjektiven Sinns im Rahmen des Handlungskontextes unerlässlich für sein Verständnis ist. Seine gesellschaftlichen Ordnungen und ordnungsspezifischen Idealtypen dienen als Orientierungsmittel, welche die kontextuelle Si-
tuierung des Handelns ermöglichen, sei es auch nur, weil sie ein immenses
Spektrum an subjektiv sinnhaftem Handeln artikulieren und dadurch ein Verständnis
verschiedenen Handelns als plausibel und sinnhaft erleichtern. Gerade Webers Synthese einer Methodologie deutenden Verstehens mit einer breit angelegten Heuristik
gesellschaftlicher Ordnungen und Idealtypen *unterstützt* den Soziologen, das bisher
als ‚irrational' wahrgenommene Handeln, sofern es einmal in seinem Kontext lokalisiert worden ist, als in Wirklichkeit ‚rational' zu erkennen. Selbst die äußerst methodische, ja sogar zwanghafte Ausrichtung des Neokalvinisten auf Arbeit, wie irrational sie vom Standpunkt einer eudämonistischen Lebenseinstellung auch sein
mag, kann als sinnhaft verstanden werden, sobald die subjektive Notwendigkeit seiner intensiven Suche nach den Merkmalen seines Heilsstatus begriffen worden ist
(1988b: 35, 62; siehe Kalberg 1996: 58ff.; 2011). Gerade dieses zentrale Anliegen
Webers – die Bestimmung sozialen Handelns als subjektiv sinnhaft und daher als für
den Soziologen ‚verstehbar', sofern es nur einmal in seinen Kontexten lokalisiert
wurde – stellt sich jeder Darstellung, die in Webers Arbeit lediglich einen struktura-
listischen Zugang zur Geschichte erkennt, entschlossen entgegen.

Diese Sicht des Verstehens weist unter noch einem anderen Aspekt auf seinen
Versuch hin, Handeln kontextuell einzubetten. Obwohl er das tiefe Eindringen der
Geschichte in die Gegenwart der modernen Industriegesellschaft betont, hilft Webers Soziologie den Soziologen, ja fordert sie geradezu heraus, sich der Einzigartigkeit dieses Zeitalters bewusst zu werden. Gleichwohl beklagt er die weitverbreitete
Tendenz in den Sozialwissenschaften, den modernen Westen als von einer religiösen
und feudalen Vergangenheit befreit zu stilisieren: Je mehr dies geschieht, desto größer ist für ihn die Wahrscheinlichkeit, dass die Vergangenheit auf dem Hintergrund
der radikal verschiedenen Annahmen der Gegenwart erklärt wird. So befürchtet Weber – der die jeweilige Zeitbezogenheit geltend macht wie auch, dass ‚wir modernen
Menschen' kaum den tatsächlichen Charakter der Fragen und Probleme vergangener

---

[29] Wie soziales Handeln für Weber in Handlungskontexte eingelassen ist, habe ich detailliert
behandelt (2001a: 233ff.).

Epochen begreifen können –, dass diese Annahmen unwissentlich der Vergangenheit *aufgezwungen* werden. Zum Beispiel kann das Ausmaß, in dem die vorrangige religiöse Frage des 16. und 17. Jahrhunderts – ‚Bin ich erlöst?' – als die dringlichste Frage im Leben der Frommen galt, heute nur unter großer Schwierigkeit in unserer säkularen Welt nachvollzogen werden (1988b: 205, 102f., 163f., 113 Fn. 1). Weber besteht darauf, dass die für die Gläubigen brennende Bedeutung dieser Frage – ihre subjektive Sinnhaftigkeit – nur dann begriffen werden kann, wenn die Gläubigen des 16. und 17. Jahrhunderts, mittels der Herkulesarbeit des Soziologen, *innerhalb* ihrer Zeit verortet werden.[30]

Nur wenn wir modernen Menschen dazu *bereit* sind, zu versuchen, die markant verschiedenen Epochen und Zivilisationen in ihrem Kontext bzw. ‚von innen' im Hinblick auf Handlungsregelmäßigkeiten zu verstehen, kann das ganze Versprechen von Webers *verstehender* Soziologie in dem von ihm erhofften Sinn in Erfüllung gehen: zugunsten einer Verbreitung des soziologischen Verständnisses der Sinnbedeutung des Handelns in Geschichte und Zivilisationen. Wenn dies geschieht, davon ist Weber überzeugt, werden die Soziologen bewusster und empfindlicher für den ganzen Variantenreichtum, in welchem Individuen subjektiv sinnhaft handeln. Indem sie auf soziales Handeln aufmerksam macht, das ansonsten heruntergespielt oder ignoriert werden würde, erweitert, ja fördert die Analytik der gesellschaftlichen Ordnungen in Wirklichkeit das Vermögen der Forscher, subjektiv sinnhaftes Handeln zu verstehen, selbst Handeln, das sich in Zivilisationen ereignet, die von der eigenen radikal verschieden sind. Indem er selbst leidenschaftlich zu verstehen strebte, wie Menschen in verschiedenen Epochen und Zivilisationen ihrem Handeln Sinn verliehen, hoffte Weber, dass die Methode des Verstehens in dieser universal-historischen Weise angewandt würde. Geschähe dies, dann würde der Horizont der Soziologie erweitert und ihr kulturvergleichendes Verständnis gesteigert werden. Ebenso könnten durch Vergleiche die einmaligen Merkmale und Parameter unseres eigenen Zeitalters isoliert werden. Solche Leistungen bleiben nicht zuletzt deshalb für Weber zentral, weil sie den unabdingbaren ersten Schritt bilden hin zu einer Klarlegung dessen, was im Blick auf sozialen Wandel in der modernen westlichen Industriegesellschaft soziologisch möglich ist.

---

[30] Weber geht davon aus, dass aufgrund der weiten Verbreitung traditionalen Handelns, das zweckrationale Handeln (im Sinne der bloßen Expansion von Handel und Banken) machtlos war, die eingeübten Lebensweisen und besonders die traditionale ‚wirtschaftliche Ethik' zu entwurzeln. Vielmehr war ein bei weitem methodischeres Handeln notwendig – eines, das in einer umfassenden Menge von Werten ankert. Als eine Folge der Tendenz, die Voraussetzungen unserer eigenen Epoche – die weit breitere Expansion des zweckrationalen Handelns – dem 16. und 17. Jahrhundert aufzuzwingen, wird dies selten verstanden.

Anwendungen I
Hauptaspekte der amerikanischen und deutschen Gesellschaft

Einleitung

In den Kapiteln 2 bis 7 wird Webers Art der Analyse jeweils unabhängig angewendet. Ein jedes Kapitel illustriert ihre Nützlichkeit in Bezug auf einen Einzelfall. Eine Reihe von Begriffen und Verfahren werden durchweg als Mittel gebraucht, um zum einen spezifische Handlungsorientierungen zu identifizieren und abzugrenzen und zum anderen Kausalanalysen zu präsentieren. Im Mittelpunkt stehen dabei stets die Unterschiede zwischen der amerikanischen und der deutschen Gesellschaft.

Die Methodologie Webers wird deutlich dadurch, dass sich diese Kapitel konzentrieren auf a) die vielen Weisen, in denen religiöse und kulturelle Werte trotz struktureller Veränderungen langfristig ihre Fähigkeit wahren, wichtigen gesellschaftlichen Gruppen Orientierung zu bieten, b) das substantielle Übergreifen diverser Erbschaften der Vergangenheit auf die Gegenwart, c) die dynamische Wechselwirkung von Konstellationen von Handlungsorientierungen, die einem bestimmten Muster folgen, d) die verschiedenen Einflüsse, denen das Handeln unterliegt (z. B. durch Traditionen, Werte und Interessen), e) das Verständnis von Kausalität durch die Bezugnahme auf den jeweiligen sozialen Kontext und auf verschiedene Gruppen, und schließlich f) die Betonung der vielfältigen Lebenssphären (Wirtschaft, Politik, Religion, Recht, soziale Ehre und Familie) und nicht so sehr der Allgemeinbegriffe (Gesellschaft, Modernisierung, Differenzierung), Institutionen und Gesellschaftsstrukturen.

Mithin erhalten wir durch Webers Ansatz (vgl. Kapitel 1), der in Idealtypen, Lebenssphären und subjektivem Sinn gründet, und damit von narrativer Beschreibung zum einen und abstrakten, unhistorischen Verallgemeinerungen zum anderen geschieden ist, eine Vielzahl von Werkzeugen, die uns helfen, sowohl Einzelfälle herauszustellen als auch kausale Ursprünge zu analysieren. Zudem lässt der Kernbegriff des *Verstehens* Weber in seinen Forschungen nach subjektivem Sinn in sozialen Gruppen *suchen* und von Wertungen absehen. Nicht auf Lob und Tadel, sondern auf *Verstehen und Erklären* des subjektiven Sinns zielt die übergeordnete Absicht.

In Kapitel 2 werden die Quellen des ‚Kulturpessimismus‘ im Weberschen Deutschland untersucht. Mit Blick auf den modernen Kapitalismus und die moderne Zivilisation allgemein machte sich in vielen Kreisen ein Klima von Angst und Verzweiflung breit. Untermauert wird diese massive Skepsis, so die These, durch eine starke Polarisierung von öffentlicher und privater Sphäre in der deutschen Gesellschaft.

Die hier vorgestellte Analyse untersucht die Sphäre der Wirtschaft, der Politik und des Berufslebens in der vorindustriellen und industriellen Epoche. Der entscheidende Einfluss der Vergangenheit auf die Gegenwart wird ebenso hervorgehoben wie die Wirkung einer bestimmten religiösen Tradition: des Luthertums. Die durchgängige Bezugnahme auf einen Vergleichsfall – die amerikanische Gesellschaft – macht es möglich, die Hauptmerkmale und Einflüsse des Luthertums in aller Klarheit darzulegen. Zudem beschreibt sie die Polarisierung von Öffentlichem und Privatem in der deutschen Gesellschaft. Zusätzlich behandelt dieses Kapitel das analytische Unvermögen verschiedener Schulen der amerikanischen Soziologie die Ursprünge des Kulturpessimismus kausal zu erklären.

Kapitel 3 beschäftigt sich mit einem zentralen Aspekt der deutschen Gesellschaft von heute: Mithilfe einer Analyse vielfältiger Ursachen untersucht es den eigentümlichen ,sozialen Ort' der Arbeit. Erneut wird Webers Akzent auf dem Einfluss der lutherischen Tradition und der Vergangenheit auf die Gegenwart hervorgehoben und gezeigt, wie ein Vergleich mit der amerikanischen Gesellschaft dazu beiträgt, die deutsche Eigenart herauszustellen.

Das Berufsleben in Deutschland ist von ziemlich strikten Grenzen umgeben. Infolge dessen dringen Freizeit und Familienleben weitaus weniger in die Arbeitswelt ein, als es in den Vereinigten Staaten der Fall ist. Während die Sphären von Arbeit, Familie und Freizeit in Deutschland gleich gewichtet werden, nimmt das Berufsleben in den Vereinigten Staaten einen höheren Rang ein und dringt so ungehinderter in die Lebenssphären von Familie und Freizeit ein. Beobachtet man in den Vereinigten Staaten ein eindeutiges Übergreifen der Arbeit, so lässt sich, nach der hier vertretenen These, die deutsche Gesellschaft angemessener durch eine ,Konkurrenz' der drei Sphären von Arbeit, Freizeit und Privatleben (Familie und enge Freunde) charakterisieren. Diese ,Konstellationsanalyse' legt die Hauptursachen dieses Unterschieds offen.

In den Kapiteln 4 bis 7 wird die Beschäftigung mit der deutschen und amerikanischen Gesellschaft fortgesetzt. Sie konzentriert sich jedoch auf ein spezifisches Thema: die unterschiedlichen Konturen und eigentümlichen Ursprünge der politischen Kultur beider Länder.

Kapitel 2
Ursprung und Ausbreitung von Kulturpessimismus in Deutschland am Anfang des 20. Jahrhunderts[1]

In der zweiten Hälfte des 19. Jahrhunderts entwickelten sich quer durch die Schicht der deutschen Intellektuellen erhebliche Skepsis und schwere Befürchtungen hinsichtlich der Moderne generell. Mit wenigen Ausnahmen wetterten die Angehörigen des Bildungsbürgertums über die atomisierte ‚Massengesellschaft'. Auch die Demokratie wurde angegriffen, denn man glaubte, dass sie alle Unterschiede zwischen den Menschen zu verwischen drohe (von Hartmann 1896). Es war die Rede von der Anonymität des Lebens in der Stadt, von ‚der Tragödie der modernen Kultur' (Simmel 1968: 116–47; 1971: 227–34, 375–93) und dem ‚Untergang des Abendlandes' (Spengler 1923). Andere prophezeiten, dass die Heraufkunft der vollkommen nivellierten Gesellschaft und rein sachlicher ‚homogener' Beziehungen das Ende von Intimität und Freundschaft bringen würden. Einige betrachteten die Moderne mit tiefstem Pessimismus und sogar offener Verzweiflung, sie sahen nur Nihilismus am Horizont aufscheinen (Stern 1965).

> Ich beschreibe, was kommt, was nicht mehr anders kommen kann: *die Heraufkunft des Nihilismus*. Diese Geschichte kann jetzt schon erzählt werden: denn die Notwendigkeit selbst ist hier am Werke. Diese Zukunft redet schon in hundert Zeichen … Unsere ganze europäische Kultur bewegt sich seit langem schon mit einer Tortur der Spannung, die von Jahrzehnt zu Jahrzehnt wächst, wie auf eine Katastrophe los: unruhig, gewaltsam, überstürzt: einem Strom ähnlich, der ans *Ende* will, der sich nicht mehr besinnt, der Furcht davor hat, sich zu besinnen. (Nietzsche 1906: 3)

Wieder andere argumentierten, ein sinnerfülltes Leben könne nur noch durch den Rückzug in die Privatheit bewahrt werden (Mosse 1979: 21–204). Viele wollten die *Kultur* ihrer eigenen Gesellschaft von der angeblich minderwertigen *Zivilisation* der angelsächsischen Länder unterscheiden (Elias 1969; Ringer 1983: 84–86). In der Regel richteten sich die Angriffe gegen den Industriestaat, die ‚Massendemokratie' und den Kapitalismus, doch den Kern des deutschen *Kulturpessimismus* bildete ein tieferes Unbehagen – die Überzeugung, dass die Moderne eine Bedrohung für die ‚einzigartige Persönlichkeit' darstellte und eine freie Kultivierung von Geist und In-

---

[1] Übersetzt von Dr. Ursel Schäfer und durchgesehen vom Verfasser.

tellekt ebenso unmöglich machte wie die Aussicht des einzelnen Menschen auf ein
sinnvolles Leben (Troeltsch 1915, 1916, 1923; Spranger 1928). Diese radikale Kritik der Moderne war zwar bereits im 19. Jahrhundert ausgeprägt, doch ihren Höhepunkt erreichte sie zu Beginn des 20. Jahrhunderts (Ringer 1983: 78–122; Epstein
1973).

Der Kulturpessimismus blieb freilich nicht auf die universitäre Welt beschränkt.
Er drang über die akademischen Kreise hinaus und war bis zum Ende des Zweiten
Weltkriegs eine verbreitete und einflussreiche Strömung im konservativen Denken.
Das ganze 19. Jahrhundert hindurch hatte der Kulturpessimismus einen starken
romantischen Einschlag, der seinen Widerhall in der Jugendbewegung Anfang des
20. Jahrhunderts fand (Laqueur 1962; Becker 1949; Mosse 1979: 185–204). Die
Weimarer Kultur verband eine sehr positive Bewertung der modernen Technik mit
einer eindeutigen Idealisierung der ‚tiefen persönlichen‘ Beziehungen in Dorf und
Kleinstadt und scharfer Kritik an der ‚unbrüderlichen Natur‘ der modernen Gesellschaft (Herf 1984; Gay 1989). Der Kulturpessimismus hat in der Tat in der ersten
Hälfte des 20. Jahrhunderts den Lauf der deutschen Geschichte wesentlich mit bestimmt: Er diente als Legitimierung der deutschen Beteiligung am Ersten Weltkrieg
(Böhme 1975), der Stigmatisierung der Juden als Sündenböcke des Kapitalismus
(Sombart 1913) und als Grundlage der Lehren über die angebliche rassische Überlegenheit, wie sie die völkische Ideologie in den zwanziger Jahren und der Nationalsozialismus in den dreißiger Jahren formulierten.

Wie ausgeprägt die Skepsis gegenüber der Moderne in Deutschland Anfang des
20. Jahrhunderts war, wird leicht erkennbar, wenn wir im Vergleich dazu die vorherrschende Einstellung der amerikanischen Intellektuellen gegenüber der Moderne
betrachten. Obwohl die Industrialisierung in Deutschland und in den Vereinigten
Staaten um dieselbe Zeit und, verglichen mit England und Holland, relativ ‚spät‘ erfolgte (Plessner 1974; Ritter und Kocka 1974), wurden die damit einhergehenden
Veränderungen in beiden Ländern sehr verschieden bewertet.

Das Bildungsbürgertum äußerte lange Zeit Kritik am Kapitalismus, an der Industriegesellschaft und der Moderne insgesamt, in Amerika hingegen entstanden nur
vereinzelt antimodernistische Denkschulen. Die Idealisierung der Vergangenheit trat
in Amerika nur gelegentlich in Wettstreit zu der dominierenden positiven Bewertung
der Zukunft. Die Bewegung der Transzendentalisten blieb eine flüchtige Rand-
erscheinung, und um die Jahrhundertwende griffen die Amerikaner den Sozialdarwinismus (Sumner 1906; Hofstadter 1944) und Pragmatismus (Konwitz und
Kennedy 1960) auf.

Der moderne Kapitalismus verhieß die Freisetzung des individuellen Potenzials
und ‚a good life‘ und war darum in ihren Augen ‚progress for the human race‘. Sie
begrüßten die moderne Zeit im Allgemeinen mit Erleichterung und sogar Über-

schwang. So verwundert es nicht, dass die Angehörigen des deutschen Bildungsbürgertums die amerikanische Begeisterung für die Moderne als hoffnungslos naiv
und sogar gefährlich betrachteten.

Skepsis hinsichtlich der Moderne bestand in Deutschland bei den ‚orthodoxen
Mandarinen' über den gesamten Zeitraum von 1800 bis 1945 (Ringer 1983: 121) in
einem solchen Ausmaß, dass diese Einstellung für die Entwicklung der deutschen
Soziologie prägend wurde:

> Die moderne deutsche Soziologie entstammt dem Modernismus des Mandarinen-
> tums... Sie spiegelt die für das Mandarinentum charakteristische pessimistische
> Einstellung gegenüber den modernen gesellschaftlichen Verhältnissen wider. Sie be-
> schäftigte sich mit den zerstörerischen Auswirkungen des Kapitalismus auf vorkapita-
> listische Formen gesellschaftlicher Organisation. Sie verfolgte die beunruhigenden Er-
> gebnisse dieses Prozesses im politischen und kulturellen Leben, und sie warf ernste
> Fragen über die Beziehungen zwischen den Menschen in der modernen Gesellschaft
> auf. Die deutsche Soziologie gab in der Tat Ängste und Sorgen wieder, die in den ge-
> sellschaftlichen und politischen Theorien des romantischen Konservativismus thema-
> tisch gewesen waren. (Ringer 1983: 152)

Weil diese Konfiguration der deutschen *Kulturwerte*[2] so ausgeprägt und beharrlich
war, verlangen ihr Ursprung und ihre Verbreitung eine Erklärung. Warum trat der
Kulturpessimismus Ende des 19. Jahrhunderts so massiv im deutschen Bildungsbürgertum zutage?

1 Ein Ansatz im Sinne Max Webers

Etliche Theorien haben einen engen Zusammenhang zwischen strukturellem und
kulturellem Wandel postuliert. Die amerikanische Modernisierungstheorie erkennt
zwar die Wichtigkeit kultureller Werte an, manche betonen diese Dimension sogar,
doch sie übersehen, welche *Unterschiede* in dieser Hinsicht zwischen verschiedenen
Industriegesellschaften bestehen (Eisenstadt 1963; Hoselitz und Moore 1963; Moore
1963; Almond und Coleman 1960; Almond und Powell 1966). Genauso berücksichtigt weder die marxistische Theorie noch die Konvergenztheorie (Kerr et al. 1960),
dass es langfristig *unterschiedliche* kulturelle Antworten auf die Industrialisierung
geben kann. Diese Möglichkeit vernachlässigen auch andere Ansätze wie etwa Wal-
lersteins Weltsystemtheorie (1974; 1980) sowie die Dependenztheorie (Frank 1969;
Bornschier, Chase-Dunn und Rubinson 1978; Chase-Dunn 1975; Sau 1978; Rubin-

---

[2] Ich verwende den Begriff ‚Kulturwert' im Sinne Webers (1985b: 181–82).

son 1976; Amin 1974). Im Strukturalismus von Moore (1966) und Skocpol (1979) wird ihre Existenz zwar anerkannt, aber die Bedeutung heruntergespielt. Auch ein institutioneller Ansatz, der sich auf die Universität konzentriert, kann uns nicht den geeigneten theoretischen Rahmen bieten. Der elitäre Charakter der deutschen Universität im 19. Jahrhundert prädisponierte die deutschen Akademiker geradezu, die moderne ‚Massenkultur‘ abzulehnen. Zudem dürften das enorm hohe Sozialprestige, welches das Gelehrtentum damals in der deutschen Kultur genoss, und die Furcht, dass dieses Prestige mit fortschreitender Industrialisierung abnehmen könnte, unbestreitbar zum Kulturpessimismus dieser Schicht beigetragen haben (Ringer 1983; Conze und Kocka 1985; Englehardt 1986). Doch eine derart kontinuierliche und radikale Kritik der Moderne, wie sie für den deutschen Kulturpessimismus charakteristisch war, entwickelte sich in Italien, Frankreich und England nicht – in Ländern, wo die Universitäten genauso elitär waren und das Bildungsbürgertum ebenfalls ein außerordentlich hohes Sozialprestige genoss. Um Ursprung und Ausbreitung des Kulturpessimismus zu erforschen, ist eine breiter gefasste wissenssoziologische Herangehensweise vonnöten, die es uns erlaubt, eine antimoderne Konfiguration von Werten als Ergebnis eines *dynamischen Zusammenspiels* gesellschaftlicher Kräfte zu konzeptualisieren.

Max Webers Sicht der Gesellschaft als sich potenziell unabhängig voneinander entwickelnden Lebenssphären (Religion, Wirtschaft, Recht, Herrschaft, Familie, Sippe, Stand), seine Untersuchung, in welcher Weise vielfältige Handlungsmuster empirisch formuliert werden, seine Konzentration auf die ‚sozialen Träger‘, und seine Annahme, dass Werte das Potenzial besitzen, ‚autonom‘ auf das Handeln einzuwirken (siehe Kalberg 2000b, 2001b) – all dies liefert uns einen geeigneten analytischen Rahmen, wenn wir erforschen wollen, wie *heterogene* Wertekonstellationen entstehen und trotz struktureller Veränderungen überdauern. Weber zufolge kann jede religiöse Ethik, jede Organisation, jede Klasse und jeder Stand so gesehen werden, dass sie ein ganzes Bündel spezifischer Werte ‚trägt‘. Er konstruiert beispielsweise das idealtypische ‚Ethos‘ des Beamtentums (Pflichterfüllung, Verantwortungsgefühl, Pünktlichkeit, die ordentliche Erledigung von Aufgaben, diszipliniertes Arbeiten [2005b: 157–234]), das Ethos der Nachbarschaftsorganisation (der Nachbar als ‚Nothelfer‘ und Nachbarschaft als „Trägerin der ‚Brüderlichkeit‘ “ [2001a: 125–26]), das Ethos Herrschaftsverband (Respekt vor der Tradition und dem Patriarchen, Gehorsam und Achtung gegenüber der Autorität [2005b: 247–340]), das Klassenethos des Bürgertums (Ablehnung aller Privilegien, die auf Geburt und Stand gründen; Forderung nach Gleichheit vor dem Gesetz [2001b: 234–38]), und die religiöse Ethik des Calvinismus (methodisches Arbeiten, Ablehnung weltlicher Vergnügungen und der schönen Künste, eine nüchterne Lebenseinstellung [1988b: 87–128]). In all diesen Fällen geht es Weber darum zu klären, in welcher

Weise das Handeln einen bestimmten *sozialen Ort* erhält und auf definierbare Wertekonstellationen ausgerichtet ist (siehe Kapitel 1, S. 32ff.; Kalberg 2001a: 41–76, 210–45).[3]

Die Übernahme eines weiteren wichtigen Lehrsatzes aus Webers historisch-vergleichender Soziologie wird den theoretischen Rahmen der vorliegenden Untersuchung weiter untermauern. Seine Auffassung, dass ‚Gesellschaften' häufig nur lose Gebilde sind, keine integrierten Systeme, und aus verschiedenen konkurrierenden und interagierenden Lebenssphäre und sozialen Trägern bestehen, bringt ihn natürlich zu der Überzeugung, dass es von außerordentlicher Wichtigkeit ist, in welch vielfältiger – und oft verborgener – Weise etablierte historische Kräfte bis tief in die Gegenwart hineinwirken. Weber würde jede Analyse als viel zu global und unhistorisch ablehnen, die Gesellschaften in Kategorien wie ‚traditionell' und ‚modern' zusammenfasst (siehe Bendix 1970). Er lehnt auch die Auffassung ab, dass die Vergangenheit, soweit sie in der Gegenwart überhaupt von Einfluss ist, in ihrer Wirkung begrenzt bleibt. Bestimmte Muster sozialen Handelns haben zwar in einer spezifischen historischen Epoche ihren Ursprung, aber bestehen fort und werfen ihren Schatten weit voraus, oft in einem solchen Ausmaß, dass sie das Handeln in späteren Zeiten signifikant und nachhaltig beeinflussen.

In Webers Augen kann die Vergangenheit in den Ritzen der Gegenwart und oft sogar im Zentrum einer Gesellschaft über Jahrhunderte hinweg fortbestehen. In seinen wichtigsten Schriften lenkt Weber unsere Aufmerksamkeit regelmäßig, oft in ironischer Weise, darauf, wie derartige Handlungsmuster und sogar auch Kulturwerte ‚überleben'. Weber zufolge ist die Geschichte keineswegs in die Vergangenheit verbannt, sondern sie gibt der Gegenwart ihren Rahmen und durchdringt sie derart stark, dass es ein hoffnungsloses Unterfangen wäre, die Einzigartigkeit der Gegenwart verstehen zu wollen, ohne den Einfluss der Vergangenheit anzuerkennen. Auch die Kulturwerte verblassen in Webers Soziologie nicht einfach und schwinden mit institutionellen, organisatorischen, ökonomischen und politischen Veränderungen dahin (siehe Kalberg 2001b).

Darum ist es erforderlich, dass wir uns, bevor wir die für die Industrialisierung in Deutschland typischen Kulturwerte erörtern, erst kurz der vorindustriellen Zeit

---

[3] Ob Kulturwerte im Vergleich zu ökonomischen, herrschaftlichen, rechtlichen und andere Faktoren empirisch von größerer oder geringerer Bedeutung sind, ist für Weber eine vollkommen offene Frage, die in jedem Einzelfall aufs Neue empirisch überprüft werden muss. Der besondere *Einfluss* des Kulturpessimismus auf die deutsche politische und wirtschaftliche Entwicklung – der meines Erachtens kaum zu unterschätzen ist – hat mit dem Thema der vorliegenden Untersuchung nichts zu tun und bedarf gesonderter Erforschung. Im vorliegenden Kapitel geht es um den Ursprung und die Ausbreitung der Werte, die den Kulturpessimismus ausmachen.

zuwenden. Handlungsmuster, die in dieser Ära begründet wurden, haben deutliche Spuren hinterlassen. Diese ,Vermächtnisse' interagierten mit späteren Entwicklungen und gewannen mit fortschreitender Industrialisierung an Bedeutung.

Schließlich verlangt Webers Methodologie bei der Untersuchung, warum bestimmte Handlungsorientierungen aufgetaucht sind und sich ausgebreitet haben, als erstes klare Definitionen. Weber zufolge kann eine bestimmte Entwicklung nur durch Konfrontation mit einem Vergleichsfall isoliert werden. Deshalb werden wir bei der Untersuchung von Ursprung und Ausbreitung des Kulturpessimismus die deutsche Situation durch einen Vergleich mit bedeutsamen Trägern von Kulturwerten in einem anderen Industrieland, den Vereinigten Staaten, erhellen. Weil Amerika in vielerlei Hinsicht bei der *Bewertung* der Moderne den extremen Gegenpol zu Deutschland darstellt, ist dieser Vergleich für unser Vorhaben besonders aufschlussreich.[4]

2   Der kulturelle Kontext: Öffentlichkeit in Deutschland in der vorindustriellen Zeit und im Industriezeitalter

Webers Ansicht, dass Gesellschaften begriffen werden können als Konstellationen interagierender und konkurrierender Handlungsmuster und Lebenssphären statt als organische Einheiten sowie seine Betonung des historischen Erbes legen nahe, dass es im Zusammenhang unserer Untersuchung erforderlich ist, zunächst einmal die wichtigsten sozialen Träger der deutschen Kultur vor und während der Industrialisierung zu identifizieren. Ein erster Schritt dazu ist getan, wenn sich zeigen lässt, dass die Kulturwerte bestimmter Trägergruppen eine positivere Einschätzung der Moderne signalisieren als die Werte anderer Träger.

Für jede Epoche werden die Träger und ihre Kulturwerte in drei wichtigen Lebenssphären untersucht: im Berufsleben (Werte, die mit der Arbeit verbunden sind), in der Wirtschaft (Werte, die mit Wirtschaftsbeziehungen verbundene Werte) und in der Politik (mit der Demokratie und dem Staat verbundene Werte).[5] Diese drei Sektoren zusammengenommen bilden ,die Öffentlichkeit'.[6]

---

[4] Daraus folgt, dass die Analyse bis zu einem gewissen Grad auch auf die amerikanischen Gegebenheiten eingehen wird. Von Anfang an muss jedoch betont werden, dass der Vergleich mit Amerika hier *ausschließlich* einem eng umgrenzten Zweck dient: Ursprung und Ausbreitung des Kulturpessimismus in Deutschland besser zu verstehen. Die Besonderheiten Amerikas werden in diesem Kapitel vielmehr nur angedeutet.

[5] Es sei noch einmal wiederholt, dass die Orientierung an Kulturwerten in der vorliegenden Untersuchung keineswegs bedeutet, dass sie mehr Gewicht haben. Thema dieses Beitrags ist die Erforschung einer umgrenzten Frage – Ursprung und Ausbreitung der Konstellation von

Dieser Abschnitt über den allgemeinen kulturellen Kontext zielt darauf ab, die wichtigsten Werte der deutschen Öffentlichkeit in der vorindustriellen Zeit und im Zeitalter der Industrialisierung zu definieren. Er liefert einen empirischen Rahmen für den nächsten Abschnitt, in welchem durch die Nachzeichnung der *dynamischen Interaktion* zwischen öffentlicher Sphäre und Privatsphäre in Deutschland eine exploratorische und theoretische Analyse von Ursprung und Ausbreitung des Kulturpessimismus geleistet wird.[7] Dabei werden stets die Vereinigten Staaten als Vergleichsfall herangezogen, der es erlaubt, die Besonderheiten von öffentlicher und privater Sphäre in Deutschland sowie die Beziehung zwischen beiden Sphären herauszuarbeiten.

2.1   Die vorindustrielle Zeit: Die wichtigsten Träger der öffentlichen Sphäre

Die Öffentlichkeit nahm in Deutschland in der frühindustriellen Zeit klare Konturen an. Weil die Kulturwerte der vorindustriellen Zeit das ganze 19. Jahrhundert hindurch trotz enormer struktureller Veränderungen mächtig blieben und einen allgemeinen Wertekanon darstellten, in dessen Kontext der Kulturpessimismus sich entwickelte und verfestigte, müssen zunächst diese Werte definiert und kurz untersucht werden. Die Werte der deutschen und der amerikanischen Öffentlichkeit dieser Zeit waren wesentlich von den großen religiösen Traditionen und deren Trägern beeinflusst: in Deutschland vom Luthertum[8], in den amerikanischen Kolonien vom asketischen Protestantismus[9].

---

[5] Kulturwerten, die den Kulturpessimismus ausmachten –, und er geht von der Annahme aus, dass *mit dieser Zielsetzung* Analysen, die sich auf rein strukturelle Variablen konzentrieren, keinen geeigneten theoretischen Rahmen erbringen. Dies ist allein schon deshalb zu konstatieren, weil die strukturellen Veränderungen im Zuge der Industrialisierung in anderen Ländern keine vergleichbar intensive und nachhaltige Kritik auslösten wie in Deutschland. Diese Untersuchung über den Kulturpessimismus impliziert keineswegs, dass Kultur im Vergleich zu anderen Faktoren empirisch dominieren würde.

[6] Mich interessiert in diesem Zusammenhang nicht generell die Entwicklung der Öffentlichkeit im Europa des späten 18. Jahrhunderts (siehe Habermas 1962), sondern die Beziehung zwischen bestimmten Werten der öffentlichen Sphäre in Deutschland, die eng mit der Entstehung und Ausbreitung des Kulturpessimismus zusammenhängen. Diese eingeschränkte Verwendung des Begriffs Öffentlichkeit darf nicht aus dem Blick verloren werden.

[7] Mit anderen Worten: Die in Teil II definierten Werte der öffentlichen Sphäre bilden die empirische Basis für die logischen Ableitungen in Teil III.

[8] Bedauerlicherweise ist hier keine sehr starke konkurrierende religiöse Strömung – in Deutschland hätte es der Katholizismus sein können – zu verzeichnen. Der lutheranische Glaube war damals in Deutschland die wichtigste Religion. Noch im Kaiserreich waren zwei Drittel der Deutschen Lutheraner (Lowie 1945: 102). Der Katholizismus erreichte erst nach

2.1.1 Das Berufsleben

Welches waren die typischen lutheranischen Werte hinsichtlich der Arbeit? Die lutherische Religion übernahm den feudalen Begriff des Handwerks und fügte einen systematischen Aspekt hinzu. Jeder Gläubige musste einen Beruf haben. Die disziplinierte, sorgfältige Erfüllung von Aufgaben entsprechend den Anforderungen des Berufs wurde zu einer religiösen Pflicht, und daneben war nur noch der Glaube vonnöten, um zur Erlösung zu gelangen (Weber 1988b: 63–73; Troeltsch 1960; Dillenberger 1961). Der Vergleich mit der amerikanischen Tradition des asketischen Protestantismus lässt diesen Aspekt des Luthertums deutlicher hervortreten.

Anders als der Lutheraner konnte der innerweltliche Asket nicht von der Arbeit ausruhen, wenn er die ,Tagespflichten' gewissenhaft erfüllt hatte, wie die Regeln seines Berufes es verlangten. Die Prädestinationslehre dieser Religion erzeugte eine tiefinnere Unsicherheit, und auf die zentrale Frage des individuellen Heils bekam der Gläubige keine eindeutige Antwort. Nach und nach gelangten die Gläubigen zu der Überzeugung, dass weltlicher Erfolg ein *Zeichen* für Gottes Gnade, ja sogar für die Zugehörigkeit zu den wenigen Auserwählten war. Da weltlicher Erfolg die Gläubigen von ihrer Erwähltheit überzeugte und damit eine existenzielle Unsicherheit milderte, erhielt der Erfolg eine religiöse Prämie. Systematische Arbeit und das regelmäßige Neuinvestieren der Gewinne statt ihrer Verschwendung auf weltliche Vergnügungen, waren der sicherste Weg zum Erfolg. Für den asketischen Protestanten war darum gewissenhafte Arbeit nicht nur eine Sache der religiösen Pflichterfüllung, die eine Ergänzung zum Glauben darstellte, wie es für den Lutheraner galt, sondern

---

[8] 1945 die Fünfzig-Prozent-Marke. Ich stimme uneingeschränkt Lowies Feststellung zu, „die deutsche Kultur ist hauptsächlich protestantisch geprägt." Er sieht ein „unbestreitbares Überwiegen der protestantischen Geisteshaltung…im nationalen Leben" (1945: 103f.). Versionen des asketischen Protestantismus existierten zwar auch in Deutschland, insbesondere der Pietismus und der Calvinismus, aber sie blieben eng regional begrenzt und ihre Anhängerschaft war immer sehr gering (1945: 102).

[9] Zum asketischen Protestantismus gehören vor allem die Quäker, die Baptisten, die Calvinisten, die Presbyterianer, die Pietisten, die Mennoniten und die Methodisten. In Anbetracht der umgrenzten Zielsetzung dieses Beitrags wurde der asketische Protestantismus gleichermaßen aus ,logischen' und methodischen sowie aus empirischen Gründen ausgewählt: Als eindeutiges Gegenmodell zu den deutschen lutherischen Kulturwerten erlaubt der asketische Protestantismus eine besonders präzise Abgrenzung der zentralen Aspekte des kulturellen Kontextes, die die Entwicklung des Kulturpessimismus begünstigten. Der asketische Protestantismus hatte empirisch in der amerikanischen Geschichte unbestritten große Bedeutung, aber die vorliegende Untersuchung will keine Aussagen über das empirische ,Gewicht' des asketischen Protestantismus gegenüber diesen Werten behaupten. Eine derartige Behauptung würde eine gesonderte Untersuchung verlangen, die den Vereinigten Staaten sehr viel mehr Raum geben und andere wichtige Träger von Kulturwerten in Amerika mit einbeziehen müsste.

sie war der einzige Weg, jenes flüchtige Gefühl der inneren Gewissheit zu verspüren, dass man zu den Geretteten gehörte (Miller 1961; Weber 1988b: 87–128; Hill 1964; Troeltsch 1960).

Insofern ist es nicht überraschend, dass Leistung, harter Wettbewerb und das Streben nach abstrakten Zielen für den asketischen Protestanten zu sehr positiven Werten wurden. In Verbindung mit seiner asketischen Haltung erwuchs daraus ein Gefühl der Eigenverantwortung und, aus der Perspektive des Lutheraners, ein ‚naiver Optimismus‘, dass es ihm gelingen würde, Hindernisse zu überwinden und die Natur zu beherrschen. Diese Haltung machte den Protestanten stolz darauf, Herausforderungen zu meistern, und führte dazu, dass die Fähigkeit, Schwierigkeiten in unterschiedlichen öffentlichen Bereichen zu bewältigen, kultiviert wurde und dass an die Stelle von Resignation Selbstvertrauen, positive Selbsteinschätzung und sogar ein heroischer Individualismus treten konnten. ‚Weltbeherrschung‘ kam zustande.

Die Einstellung des Lutheraners zur Arbeit war wie die des mittelalterlichen Katholiken die Grundlage für einen weniger hektischen, *gemütlicheren* Lebensstil. Dem gläubigen Lutheraner fehlte indes die Fähigkeit des Protestanten, Schwierigkeiten und äußerstem Druck etwas Positives abzugewinnen. Nicht der Stolz auf die eigenen Fähigkeiten und der Wunsch, sie an Herausforderungen zu erproben, war typisch, sondern Resignation angesichts der Vielfalt der Aufgaben jenseits der pflichtgemäßen Erfüllung der Anforderungen des Berufes.

2.1.2 Die wirtschaftliche Lebenssphäre

Mit der Industrialisierung und der Ausbreitung des modernen Kapitalismus brach nicht ‚automatisch‘ der traditionelle ethische Dualismus zusammen und etablierte sich Vertrauen zwischen Fremden; dieser Prozess erforderte vielmehr spezifische sozialer Träger. Nirgendwo war das Vertrauen so fest verwurzelt wie in den Ländern mit einem Erbe der innerweltlichen Askese (Nelson 1949: 73–108). Wieder wird durch den Vergleich zwischen Luthertum und asketischem Protestantismus in Amerika die Einzigartigkeit der deutschen Konstellation deutlich.

Der asketische Protestant verdankte seiner Mitgliedschaft in einer Sekte oder Kirche den Ruf, ein ehrlicher Geschäftsmann zu sein, bei dem man sich darauf verlassen konnte, dass er einen guten Rat geben und einen fairen Preis festsetzen würde. Für die Gläubigen war die Treue zu Gott die einzig wichtige Beziehung, alle menschlichen Beziehungen lenkten von Gott und der Hauptaufgabe ab, die sie zu erfüllen hatten: auf Erden das himmlische Königreich zu errichten, wo alle ehrlich zueinander sein und die Zehn Gebote beachten würden.

Tatsächlich wurden Mitglieder einer Sekte oder protestantischen Kirche so selbstverständlich für ehrlich gehalten, dass auch Nicht-Gläubige lieber mit ihnen

Geschäfte machten als mit anderen Gruppen (Weber 1988b: 87–128, 160–206; 1988c; 2004b; Miller 1961; Troeltsch 1960). Der asketische Protestantismus wirkte somit als Träger für die Ausbreitung des Vertrauens über seine herkömmliche Verortung in den speziellen Bindungen von Familie und Verwandtschaft hinaus. Auf diese Weise etablierte sich Vertrauen als ein *abstraktes Prinzip* und war nicht länger von einer persönlichen Beziehung abhängig.[10]

Obwohl Luthers Protestantismus einen klaren Bruch mit dem mittelalterlichen Katholizismus darstellte, entwickelte er nie einen asketischen Zug, und auch wenn er das Ideal des Handwerks pflegte und methodische Arbeit als eine religiöse Pflicht verstand, wurde der traditionelle wirtschaftliche Dualismus doch nie überwunden (Weber 1988b: 63–83; Dillenberger 1961; Troeltsch 1960). Folglich konnte, als die ökonomische Sphäre sich auszudehnen begann, diese Religion nicht als Träger für eine Verallgemeinerung von Vertrauen über die Familie und Verwandtschaft hinaus wirken. Geschäfte mit Lutheranern standen unter dem alten Motto *caveat emptor* (Weber: 1988b: 77–79). Ein solches geschäftliches Klima war *ein* Faktor, der in Deutschland zu einer Flut gesetzlicher Regelungen und einer Stärkung des Staates führte.

2.1.3   Die politische Lebenssphäre

Weitere wichtige Merkmale der Öffentlichkeit im vorindustriellen Deutschland können durch die lutheranische Einstellung zu Demokratie und Staat im Vergleich mit der Einstellung des asketischen Protestantismus bestimmt werden.

Das Element des Vertrauens, das in Amerika durch den asketischen Protestantismus in das Wirtschaftsleben eingebracht wurde, griff, in unterschiedlichem Grad entsprechend den jeweiligen regionalen Unterschieden, auf die politische Sphäre über und erzeugte dort ein *Ideal* von Wahrhaftigkeit und Fairness im öffentlichen Leben.[11] Doch weil das Luthertum den alten Dualismus nicht erschütterte, konnte es nicht die Grundlage für die Übertragung von Vertrauen in den politischen Bereich abgeben. Im Gegenteil, es schuf eine Reihe von Faktoren, die nicht nur Hindernisse für die Durchsetzung von gutem Willen im politischen Leben darstellten, sondern auch den Abstand zwischen Herrschern und Beherrschten vergrößerten. Wieder treten durch den Vergleich mit dem asketischen Protestantismus die Merkmale der deutschen Erfahrung besonders deutlich hervor.

---

[10] Dies ist auch heute noch ablesbar am hohen Sozialprestige, das Geschäftsleute in Ländern mit einem starken asketisch-protestantischen Erbe genießen (Schweiz, Holland, die Vereinigten Staaten), im Gegensatz zu dem geringeren Prestige in Ländern ohne ein solches Erbe. In den letztgenannten Ländern ist immer noch die Annahme weit verbreitet, dass die Reichen ihren Reichtum nicht legal und ehrlich erworben haben können.

[11] Ob sich das dann auch empirisch bestätigen lässt, ist eine andere Frage.

Für den asketischen Protestanten war der weltliche Herrscher wie alle Menschen verpflichtet, Gottes Gebote zu beachten. Er stand ‚unter' Gott, war Sein Diener und ein Werkzeug zur Verwirklichung Seines göttlichen Planes. Sollte der Herrscher womöglich wagen, sich anders zu verhalten, blieb den Gläubigen das Recht unbenommen, die Herrschaft zu stürzen. Somit war nicht nur das Recht der Untertanen, über die Handlungen ihres Herrschers zu urteilen, durch die Religion verbrieft, sondern auch ihr Recht – ja sogar ihre *Verpflichtung* – Tyrannen zu stürzen, die gegen Gottes Gesetze verstießen (Herr 1981; Weber 1988b: 87–128). Wie Tocqueville schreibt:

> Der größte Teil des englischen Amerika ist von Menschen bevölkert worden, die sich, nach dem Abfall von der Autorität des Papstes, keiner religiösen Hoheit unterworfen hatten; sie brachten also in die Neue Welt ein Christentum mit, das ich nicht besser beschreiben kann, als indem ich es demokratisch und republikanisch nenne. (1959: 332f.)

Die lutherische Religion hingegen lieferte die Deutschen schutzlos der politischen Herrschaft aus. Luther sprach den Gläubigen das Recht ab, sich gegen den Fürsten aufzulehnen: Für ihre Handlungen vor Gott könnten Herrscher von ihren Untertanen nicht verantwortlich gemacht werden. Die antiautoritäre Dynamik und der soziale Gleichheitsgedanke, die durch den asketischen Protestantismus eingebracht wurden, gab es im Luthertum nicht. Luther zufolge waren nicht alle gleich vor Gott, für die Untertanen war Gehorsam gegenüber dem Staat eine religiöse Pflicht. Auch die Herrscher waren nicht streng an Gottes Gebote gebunden und verpflichtet, nach der Verwirklichung des himmlischen Königreiches auf Erden zu streben. Milde sollte sie auszeichnen, doch wenn ein Herrscher mit harter Hand regierte und seine Untertanen ausbeutete, bot die Religion keinen Zufluchtsort (Dillenberger 1961: 363–403; Troeltsch 1966: 59–107). Zudem führte die politische Situation in Deutschland zu dieser Zeit – ein zersplittertes Land bestehend aus unzähligen Kleinstaaten, in denen die Fürsten unmittelbar und absolut regierten – dazu, dass die feudale Herrschaft unangefochten war und alle demokratischen Regungen mit Leichtigkeit unterdrückt werden konnten. In Amerika hingegen gab es nach Gründung der Kolonien keinerlei feudale Herrschaft, und die antiautoritäre und auf Gleichheit ausgerichtete Dynamik der dortigen religiösen Tradition konnte sich leicht entfalten ohne nennenswerten Widerstand von Herrschaftsverbänden.

Alles in allem konnte sich der asketische Protestant in der vorindustriellen Zeit auf eine Reihe von Kulturwerten in der öffentlichen Sphäre berufen, auf Vertrauen, Fairness, guten Willen, Gleichheit vor Gott und eine antiautoritäre Einstellung.[12] Darüber hinaus bereitete der tatkräftige Individualismus, der durch die innerweltliche Askese

---

[12] Dies trifft zu, obwohl die einzelnen protestantischen Sekten und Kirchen in sehr unterschiedlichem Grad eher autoritär (Calvinisten) oder eher egalitär (Quäker) verfasst waren (Baltzell: 1979; Hill 1964).

der Weltbeherrschung und den Umstand, dass die Gläubigen allein vor ihrem Gott standen, nur mit dem, was sie selbst mitbrachten, ohne die Hilfe einer Kirche oder eines Priesters, die asketischen Protestanten darauf vor, nicht nur Prinzipien *zu befolgen*, sondern sie durch ihr Handeln *umzusetzen*. Der Auftrag, die Gebote des Herrn Wirklichkeit werden zu lassen und das himmlische Königreich auf Erden zu schaffen, war der Dreh- und Angelpunkt für alles Handeln mit dem Ziel, neue Entwicklungen im Berufsleben, in Wirtschaft und Politik mit höheren Prinzipien in Einklang zu bringen.

Dieselben oder vergleichbare Kulturwerte und Ideale waren für den Lutheraner unerreichbar. Seine Religion lieferte ihm keine Leitlinien, an denen er sich bei seinem Handeln in der öffentlichen Sphäre orientieren konnte, und deshalb war seine Haltung eher von Resignation und Unterwerfung geprägt als von Weltbeherrschung. Der öffentliche Bereich erschien ihm bestimmt von Herrschaft und Unterdrückung. Vor diesem Hintergrund besaßen, wie wir noch sehen werden, der Rückzug in und die Konzentration auf das Privatleben angesichts der Ausdehnung der öffentlichen Sphäre im Zuge der Industrialisierung für den Lutheraner sehr viel mehr Reiz als für den asketischen Protestanten.

2.2   Das neunzehnte Jahrhundert: Industrialisierung und die Ausdehnung der Öffentlichkeit

In der vorindustriellen Zeit war in Deutschland das Luthertum der wichtigste gesellschaftliche Träger von Werten der öffentlichen Sphäre. Mit der Phase der raschen Industrialisierung und der Ausdehnung des öffentlichen Bereichs im 19. Jahrhundert entstanden weitere Träger. Dies gilt besonders für den politischen Bereich.

2.2.1   Wirtschaft und Berufsleben

Weder das lutherische Ideal des Handwerks noch die pflichtbewusste Arbeit in einem bestimmten Beruf erwies sich als hinreichend anpassungsfähig in einer Zeit, als das Beschäftigungsleben insgesamt eine dramatische Veränderung durchlief. In Amerika gingen die Hochschätzung des Unternehmertums und der tatkräftige Individualismus aus dem Erbe des asketischen Protestantismus hervor und trafen dann mit den Erwartungen der Immigranten zusammen, die darin neue Wege sahen, die Natur zu beherrschen, in Wettbewerb zu treten und etwas zu leisten. Das lutherische Erbe hingegen hatte nur einen methodischen Begriff der Arbeit zu bieten.[13] Mit dieser Ar-

---

[13] Ende des 19. Jahrhunderts hatte der Begriff *Beruf* in Deutschland genau wie in den Vereinigten Staaten seine religiösen Wurzeln verloren. Die religiösen Werte starben jedoch nicht aus, sondern bestanden in säkularisierter Form fort, und ihre Pflege wurde zu einem bewussten Ziel von Sozialisierung und Erziehung (Dilthey 1971: 51).

beitsethik hatte Deutschland zwar einen entschiedenen Vorteil gegenüber Ländern ohne Träger systematischer Arbeit errungen, aber auf dieser Grundlage konnte die Überzeugung nicht gedeihen, dass die Ausdehnung des Berufslebens Chancen eröffnete und positiv zu bewerten war. Luthers Mahnung, bei seinem Beruf zu bleiben, rückte berufliche Mobilität sogar in ein negatives Licht. Zusammen mit etlichen anderen Faktoren behinderte dies die Herausbildung eines starken Bürgertums.

Auch der wirtschaftliche Bereich im Deutschland des 19. Jahrhunderts trug nicht zur positiven Bewertung der wachsenden öffentlichen Sphäre bei. Das Vertrauen und das Gebot der Fairness, die im asketischen Protestantismus verankert waren und in Amerika zum Ideal wirtschaftlicher Beziehungen wurden,[14] fanden in Deutschland keinen vergleichbar starken Träger, der das mittelalterliche Dogma *caveat emptor* hätte erschüttern können. Die aufklärerischen Ideale der Chancen- und der Rechtsgleichheit stießen in Deutschland auf große Skepsis (Mosse 1979: 21–160; Löwenthal 1970: 14–22) und gewannen allenfalls bei kleinen Gruppen Einfluss. Anders als in Amerika konnte sich daraus kein allgemeines Vertrauen gegenüber der Öffentlichkeit entwickeln. Die Industrialisierung und der Aufstieg des Bürgertums in Deutschland im 19. Jahrhundert erzeugten genauso wenig wie das Luthertum breites Vertrauen in den sich rasch ausweitenden wirtschaftlichen Bereich. Da Wirtschaftsbeziehungen aber ohne Regeln nicht funktionieren, wurde dieses Vakuum auf der Ebene der Werte durch einen umfangreichen juristischen Apparat, der sehr viel größer war als in Amerika, durch ein wahres Labyrinth sozialer Regelungen und durch eine rein zweckrationale Einstellung der Individuen gegenüber den Interessen der Gemeinschaft ausgefüllt.

Trotz der Industrialisierung und der damit verbundenen gesellschaftlichen, politischen, ökonomischen und emotionalen Umbrüche blieben die in der vorindustriellen Zeit durch das Luthertum in Berufsleben und Wirtschaft etablierten Kulturwerte weitgehend unverändert. Darüber hinaus verstärkten viele wichtige Entwicklungen Ende des 19. Jahrhunderts überkommene Vermächtnisse eher noch, als sie zu erschüttern. Im politischen Bereich schwanden die durch das Luthertum in der vorindustriellen Zeit etablierten Kulturwerte trotz der Säkularisierung nicht einfach dahin. Zudem wurde hier der preußische Staat zu einem entscheidenden Träger von Kulturwerten.

2.2.2   Die politische Lebenssphäre

Die Entwicklungen im politischen Bereich im Deutschland des 19. Jahrhunderts waren kein Gegengewicht zu den Entwicklungen in der Wirtschaft und im Berufsleben,

---

[14] Die Mitgliedschaft in einer protestantischen Sekte oder Kirche implizierte natürlich nach wie vor Ehrlichkeit, wie Weber in seinen bekanntesten Aufsätzen über Amerika schreibt (1988c, 2004b). Noch 1904 führten Zahnarztpatienten als Beweis ihrer Ehrlichkeit und ihrer Zahlungswilligkeit ihrem Zahnarzt gegenüber den Umstand an, dass sie einer protestantischen Sekte oder Kirche angehörten.

sondern verstärkten sie vielmehr noch: Eine Kluft zwischen Öffentlichem und Privatem tat sich auf und wurde immer größer.

Das Bürgertum war bekanntermaßen schwach und konnte nicht die gleiche Rolle spielen wie in Frankreich, Holland und England, wo es den Sieg über die gesellschaftlichen Privilegien und Sonderrechte der Feudalaristokratie davongetragen hatte und zum Träger der Rechtsgleichheit geworden war (Veblen 1966; Dahrendorf 1967: 3–206; Bussman 1958; Mann 1975: 193–233). Der deutsche Liberalismus, wie ihn das Bürgertum vertrat, wurde 1848 von den preußischen Truppen niedergeschlagen. In diesem Vakuum wurde der Staat, der seine Rolle in der Weltpolitik festigen und vergrößern wollte, zu einem sehr viel machtvolleren Träger und Befürworter der Industrialisierung, als dies in anderen Ländern der Fall war. In Deutschland setzte der Staat und nicht das Bürgertum zum ersten Mal formale und allgemeine Rechtsgleichheit durch und schuf erstmals in Europa ein umfassendes System der Arbeitslosenversicherung für Arbeiter. Doch zugleich verhinderte die staatliche Bürokratie jede Dezentralisierung der Macht und die Entfaltung der Demokratie ‚von unten' (Bendix 1980, Bd. 2: 261–81). Der Erfolg der Industrialisierung ‚von oben' (Holborn 1969) schien bedroht durch das ‚Chaos', das demokratische Bewegungen angeblich unvermeidlich mit sich bringen würden. Unter der Ägide Bismarcks dehnte der autoritäre Staat in der gesamten zweiten Hälfte des 19. Jahrhunderts nach und nach seine Macht aus.

Die Regierung entmachtete das Parlament und band die versprengten Reste der liberalen Bewegung ein. Eine Beamtenschicht mit hohem Sozialprestige monopolisierte die Macht. Ihre Berufsethik – Pflichterfüllung, Dienst, Gehorsam, Treue gegenüber dem Staat und Disziplin bei der Erledigung von Aufgaben – verstärkte den Respekt vor dem Staat. Die Herrschaft orientierte sich nicht an demokratischen Idealen, sondern die Realpolitik regierte, der es vor allem um Machterhalt ging. Die Staatsräson wurde zum Selbstzweck (Rosenberg 1931: 1–33; Sell 1953; Holborn 1981: 227–407; Eyck 1976; Plessner 1974; Greiffenhagen 1981: 54–129; Kocka 1981; Weber 1988e: 202–302).[15]

Der Vergleich mit den Vereinigten Staaten lässt die Besonderheiten der deutschen Situation deutlicher hervortreten. Der Einfluss der französischen Aufklärung und des klassischen Liberalismus, die Eroberung des Westens und der ‚Tellerwäschermythos' – all dies verstärkte im 19. Jahrhundert die demokratische und egalitäre Dynamik, die zum Erbe des asketischen Protestantismus gehörte. Zudem entwickelte sich ein starkes Bürgertum, das als Folge seines asketischen Erbes von einem außer-

---

[15] In dieser Analyse soll die Existenz echter demokratischer Bewegungen und Verfahren auf lokaler und kommunaler Ebene nicht bestritten werden. Gewisse deutsche Regionen und Städte besitzen eine Tradition der Selbstregierung, die bis ins Mittelalter zurückreicht (Bendix 1980, Bd. 2: 213–19).

ordentlichen Selbstvertrauen erfüllt war. Vor diesem Hintergrund wurde das Bürgertum zum erbitterten Gegner staatlicher Einflussnahme und propagierte eine Ethik der ‚Chancen', des sozialen Aufstiegs und des Sozialdarwinismus. Zudem blieb das Vertrauen der frühen Protestanten, das in der vorindustriellen Zeit auf den politischen Bereich ausgedehnt worden war, als Vermächtnis weiterhin lebendig. Vertrauen war ein Ideal in der Politik und erleichterte die Herausbildung eines staatsbürgerlichen Bewusstseins.[16]

Diese Anmerkungen vervollständigen unsere Untersuchung der Werte des öffentlichen Bereichs, in deren Kontext der Kulturpessimismus entstand. Die Untersuchung ging aus von Webers Sicht, dass Gesellschaften aus lose verbundenen Lebenssphären bestehen, die jeweils Handlungsmuster prägen können, auch in Bezug auf Werte. Wir haben uns weiter auf die sozialen Schichten konzentriert, die die wichtigsten Konstellationen von Kulturwerten in die öffentliche Sphäre in Deutschland getragen haben, und auf den Gehalt dieser Werte. Um ein klares Bild von den Bereichen Berufsleben, Wirtschaft und Politik in Deutschland zu bekommen, haben wir stets Vergleiche mit sozialen Trägern dieser Bereiche in Amerika und deren Kulturwerten angestellt.[17]

Der Vergleich hat gezeigt, dass vor Beginn der Industrialisierung sehr unterschiedliche Werte existierten. Sie bestanden auch während der Industrialisierung fort. Wie deutlich werden wird – und für unser vorliegendes Thema ist das von noch größerer Bedeutung –, bieten bestimmte Wertekonfigurationen eine gute Basis für eine positive Einschätzung von Kapitalismus, Industrialisierung und Modernisierung im Allgemeinen. Darum ist es erforderlich, zunächst eine klare Darstellung der Werte zu geben, die für die öffentliche Sphäre in Deutschland und in den Vereinigten Staaten charakteristisch waren, bevor wir uns der dynamischen Interaktion von öffentlicher und privater Sphäre in Deutschland zuwenden.

In den Vereinigten Staaten erwiesen sich die Werte der öffentlichen Sphäre in der vorindustriellen Zeit als sehr förderlich für die Ausdehnung von Berufswelt, Wirtschaft und Politik während der Industrialisierung. In der vorindustriellen Zeit schuf

---

[16] In seiner reinsten Form findet dieses Ideal Ausdruck in den Schulbüchern, die im staatsbürgerlichen Unterricht der höheren Schulen von 1900 bis 1940 verwendet wurden (Cleveland 1927; Smith 1904; Snedden 1932; Ross 1925: 197–358), aber auch in Grundschulbüchern (Cabot et al 1914; Dunn und Harris 1919). In Deutschland gab es keine vergleichbaren Unterrichtswerke. Natürlich bleibt die Frage zu untersuchen, ob das Ideal auch in der realen Welt verwirklicht wurde.

[17] Es kann gar nicht genug betont werden, dass hier nicht versucht wurde, ein vollständiges Bild der amerikanischen Situation zu zeichnen. Die amerikanische Öffentlichkeit in der vorindustriellen Zeit und im Industriezeitalter wurde nur mit dem einzigen heuristischen Ziel betrachtet, die Besonderheit der deutschen Kulturwerte der öffentlichen Sphäre um so klarer hervortreten zu lassen.

der asketische Protestantismus die Grundlage für einen tatkräftigen Individualismus sowie für Vertrauen in der öffentlichen Sphäre. Der asketische Protestantismus stattete auch in einzigartiger Weise den Unternehmer sowie die kapitalistische Betätigung generell mit einem hohen Sozialprestige aus. In einer säkularisierten Form blieb dieses Erbe das gesamte 19. Jahrhundert hindurch wirkmächtig und wurde noch unterstützt durch ein starkes Bürgertum und die Überzeugung, dass es in der modernen Industriegesellschaft jeder zum Millionär bringen könnte. Zudem entwickelte sich diese Konstellation von Faktoren, die allgemein der sozialen Gleichheit förderlich war, in einem gesellschaftlichen Milieu, das nicht die Last einer feudalen Vergangenheit und starrer gesellschaftlicher Hierarchien zu tragen hatte. Stattdessen existierten zu der Zeit, als die Industrialisierung einsetzte, schon lange ein stabiles demokratisches Vermächtnis und eine dezentralisierte Form der Herrschaft. Günstigere Ausgangsbedingungen für die Modernisierung, als sie sich in der öffentlichen Sphäre in den Vereinigten Staaten herauskristallisierten, kann man sich kaum vorstellen.

In Deutschland bildete sich keine Trägerschicht oder Klasse heraus, die mächtig genug gewesen wäre, sich gegenüber den Veränderungen zu behaupten und die Bereiche Beruf, Wirtschaft und Politik mit den Werten Vertrauen, Fairness und Gleichheit zu durchdringen. Das lutheranische Ideal des Handwerks und die Mahnung, ‚bei seinem Beruf zu bleiben', erleichterten auch nicht die Entstehung eines Bürgertums mit einer ‚modernen Wirtschaftsethik' (Weber 1988b: 30–62), während der ‚weltzugewandte' Individualismus des asketischen Protestantismus in Amerika unternehmerische Tätigkeit unterstützte. Das deutsche Bürgertum stand zunächst relativ machtlos der feudalen Herrschaft gegenüber und wurde dann von einem starken preußischen Staat in seinen Handlungsmöglichkeiten eingeschränkt, es konnte in den Prozess der Industrialisierung weder eine dynamische Offenheit noch rechtliche und gesellschaftliche Gleichbehandlung einbringen. Stattdessen entwickelte sich der Obrigkeitsstaat, verurteilte das Parlament zur Ohnmacht, stärkte bestehende Statushierarchien in der Gesellschaft und erhöhte das Prestige einer Schicht, die Macht auf sich konzentrierte und ein Ethos der Treue und des Respekts vor dem Staat kultivierte: das Beamtentum. Die Rolle, die in Frankreich, Holland und England das Bürgertum gespielt hatte, übernahm in Deutschland der Bismarcksche Staat bis zu dem Punkt, dass *er* Träger der formalen Rechtsgleichheit wurde. Dabei regelte er die Wirtschaftsbeziehungen und die Politik in sehr viel umfassenderer Weise, als dies in den Vereinigten Staaten der Fall war. Zudem wurde die Industrialisierung in Deutschland nicht von einer Ideologie der Chancengleichheit begleitet und dem Vertrauen in die Aufstiegsmöglichkeiten, die den Gipfel von Reichtum und Erfolg verhießen.[18]

---

[18] Ein vergleichbares Genre wie die ‚Erfolgsgeschichten' von Horatio Alger, die in immer neuen Variationen vom armen Jungen erzählten, der es mit Fleiß und Beharrlichkeit zum Millionär bringt, gab es in Deutschland nicht.

Und doch kann man Ursprung und Ausbreitung des Kulturpessimismus nicht einfach so interpretieren, dass die Kulturwerte der öffentlichen Sphäre in Deutschland generell der Modernisierung entgegengestanden hätten. Bei der näheren Untersuchung dieser Kulturwerte und ihrer Träger haben wir zunächst nur die relevanten Hintergrundfaktoren herausgearbeitet. Wenn wir darüber hinaus Webers Postulat ernst nehmen, dass immer auch die *dynamische Interaktion* zwischen den verschiedenen relevanten Faktoren betrachtet werden muss, sobald spezifische gesellschaftliche Phänomene erklärt werden sollen, dann muss auch die *Beziehung* zwischen Kulturwerten des öffentlichen und des privaten Bereichs in der zweiten Hälfte des 19. Jahrhunderts untersucht werden.

Die in diesem Abschnitt identifizierten Kulturwerte haben den empirischen Rahmen für die nachfolgende theoretische Analyse geliefert. Um die Interaktion zwischen diesen Bereichen in Deutschland genau darzulegen, verfahren wir weiter nach der Methode, dass wir die Gegebenheiten in Deutschland mit denen in den Vereinigten Staaten vergleichen: Wir werden rein zu heuristischen Zwecken auch die Beziehung zwischen öffentlicher und privater Sphäre in Amerika betrachten. Tatsächlich wurde ein großer Teil der besonderen Erkenntnisse dieser theoretischen Analyse durch Vergleiche mit der typisch amerikanischen Interaktion zwischen den beiden Bereichen gewonnen. Die private Sphäre wird definiert als das Reich von Familie und Freundschaften.

3   Ursprung und Ausbreitung des Kulturpessimismus: Die dynamische Interaktion zwischen öffentlicher und privater Sphäre in Deutschland um die Jahrhundertwende

Die im vorangehenden Abschnitt über die öffentliche Sphäre vor und während der Industrialisierung in Deutschland diskutierten Kulturwerte erzeugten eine spezifische Dynamik der Interaktion zwischen öffentlichem und privatem Bereich. Weil unser Vergleichsfall – Amerika – das genaue Gegenteil zur Situation in Deutschland darstellt, werden wir zunächst kurz auf Amerika eingehen, um durch den Kontrast die Verhältnisse in Deutschland deutlicher hervortreten zu lassen.[19]

---

[19] Wieder sei betont, dass die weiter oben vorgelegte Zusammenstellung von wichtigen Kulturwerten der öffentlichen Sphäre in den Vereinigten Staaten um die Jahrhundertwende und die weiter unten folgende Untersuchung der Beziehung zwischen den beiden Bereichen nicht als Versuch einer umfassenden Analyse der amerikanischen Erfahrung verstanden werden darf, und es soll nicht einmal der Eindruck erweckt werden, dass die hier gewählte Form der Darstellung die einzig mögliche ist. Diese Form wurde nur gewählt, weil sie heuristisch besonders nützlich ist, um die Besonderheiten des deutschen Falles herauszuarbeiten.

Als Folge der spezifischen Wertekonstellation, die zum asketischen Protestantismus und seinem Erbe gehörte, wurde die öffentlichen Sphäre in Amerika in ungewöhnlich starkem Ausmaß von Werten durchdrungen. Noch ungewöhnlicher war, dass dies auch in der Wirtschaft geschah, dort gewannen Werte, die sehr positiv besetzt waren wie faire Preisgestaltung, besondere Bedeutung. Diese Werte wurden durch andere Werte ergänzt und unterstützt, die die öffentliche Sphäre in einem positiven Licht erscheinen ließen: die Werte aus Horatio Algers ‚Erfolgsgeschichten‘, die aufklärerische Sicht des Individuums, der Sozialdarwinismus und der klassische Liberalismus.

Der Inhalt der Werte, die in Amerika zur öffentlichen Sphäre gehörten, und ihre Hochschätzung hatten zur Folge, dass sich in Amerika – anders als in Deutschland – eine normative Ordnung etablierte, die weitgehend frei von inneren Spannungen war. In Deutschland, wo starke Spannungen in der öffentlichen Sphäre bestanden, konnte die in der preußischen Wertekonstellation verwurzelte normative Ordnung keine Basis für die Legitimität von Öffentlichkeit abgeben, im Gegenteil: Staatliche Macht, Herrschaft und erstarrte Statushierarchien dominierten.[20]

---

[20] Das soll nicht heißen, dass es in Deutschland keine Orientierung an Werten gegeben hätte. Die unpersönlichen Werte, die zur Statusethik der Beamten gehörten (Pflichterfüllung, Zuverlässigkeit, Pünktlichkeit, die disziplinierte Ausführung von Aufgaben, Respekt vor Autoritäten) dienten beispielsweise genau diesem Zweck, und das Gleiche gilt für die Werte, die generell mit der Vorherrschaft Preußens verbunden waren: Respekt vor und Treue zum Staat. Die vorliegende Untersuchung impliziert auch nicht, dass Herrschaft, Macht, formale Konventionen, rein materielles Nutzenkalkül und Gesetze in den Vereinigten Staaten keine Bedeutung gehabt hätten. Vielmehr ist es unser Anliegen, zu einer klaren *Gewichtung* zu kommen, wie die *unterschiedlichen* Handlungsorientierungen in den beiden Ländern potenziell die öffentliche Sphäre durchdringen konnten. Die hier verwendete vergleichende Perspektive deutet darauf hin, dass in Deutschland in der öffentlichen Sphäre Herrschaft eine größere Rolle spielte und in Amerika diffuse Ideale bestimmend waren.
Parsons Neigung, die ‚value-generalization‘ und die Schaffung einer umfassenden normativen Ordnung als funktionale Begleiterscheinung und sogar als unverzichtbar für die strukturelle Differenzierung zu betrachten (1975: 25; 1972: 20f., 29f.; 1971a: 126–32), scheint im Licht der vorliegenden Untersuchung viel zu stark an den amerikanischen Verhältnissen ausgerichtet. (Dieses Ergebnis ist umso bemerkenswerter, als Parsons mit der deutschen Gesellschaft vertraut war [1964: 256ff.].) Der Ansatz, an dem wir uns in der vorliegenden Untersuchung orientieren, sieht Werte als nur ein mögliches Mittel neben vielen anderen, die öffentliche Sphäre zu ‚regulieren‘. Darüber hinaus muss bemerkt werden, dass Werte, also wirkungsmächtige Faktoren, in dieser Fallstudie nicht als Ergebnis einer allgemeinen evolutionären Entwicklung (wie bei Parsons) entstehen, sondern in Bezug auf eindeutige Gruppen und Organisationen, die in der Lage sind, als ihre Träger in Erscheinung zu treten. Zwar setzt Parsons die Bedeutung von Werten voraus, doch sein Ansatz verharrt auf einer zu abstrakten und zu deskriptiven Ebene, als dass er für diese Untersuchung hätte von Nutzen sein können: Die These der value-generalizations impliziert, dass die Werte, die zu diesem Prozess gehören, über verschiedene modernisierte Gesellschaften hinweg in einem hohen Grad homogen sind. Parsons' Ansatz liefert keine Hinweise, wie Werte *sich* von Gesellschaft zu Gesellschaft *unterscheiden* – und deshalb ist er ungeeignet für unsere Thema. In Anbetracht der Tatsache, dass Parsons in dem Ruf steht, in erster Linie Kulturtheoretiker zu sein, entbehrt diese Feststellung nicht der Ironie.

Andererseits erzeugte die alles überwölbende symbolische Ordnung in Amerika eine starke Opposition gegenüber allen Bewegungen, die die amerikanische Weltsicht in Frage zu stellen drohten. Dazu konnte sie nahezu ungehindert und mit einem Minimum an Reibung tief in die Privatsphäre vordringen (Tocqueville 1959: 461). Diese Werte, auch soweit sie Wettbewerb, Leistung, Aufstiegsorientierung und das Streben nach abstrakten weltlichen Gütern betrafen, wurden ganz und gar nicht als Belastungen betrachtet, sondern im Gegenteil sehr hoch geschätzt. Das ging so weit, dass die Eltern sie ihren Kindern in der Erziehung mit auf den Weg gaben und dass sie auch in Freundschaften verstärkt wurden. Zudem blieben diese Kulturwerte von zentraler Bedeutung, als die Industrialisierung voranschritt, sogar unterstützend. Wenn man sich im Handeln an diesen Werten orientierte, so die allgemeine Überzeugung, dann war das der beste Weg zum Erfolg. Auf diese Weise wurde das Privatleben *maximal* von Werten der öffentlichen Sphäre durchsetzt; das ging so weit, dass die Grenze zwischen privatem Bereich und Öffentlichkeit durchlässig wurde und nur noch schwer zu benennen war.

Indem die Amerikaner zuließen, dass die öffentliche Sphäre so weit in das Privatleben vordringen konnte, opferten sie die Intimität des Privaten den unpersönlichen Werten. Die Dominanz der öffentlichen Sphäre lenkte sogar das christliche Ethos der Brüderlichkeit in seiner protestantischen Version zu *abstrakten* Idealen hin – Wohltätigkeit, Philanthropie und Sorge für die Armen – und nicht so sehr in die Richtung der persönlichen Beziehungen. Die revolutionäre Entwicklung, dass die Privatsphäre ihre Verankerung in einer Ethik der *personalisierten* Brüderlichkeit verlor und von *unpersönlichen* Werten durchsetzt wurde, konnte nur so ruhig und ohne Widerstand vor sich gehen, weil in Amerika eine einzigartige *Synthese* von öffentlicher und privater Sphäre stattgefunden hatte.

Die außerordentlich positive Bewertung der öffentlichen Sphäre in Amerika stand in scharfem Kontrast zur Situation in Deutschland. Sowohl in der Vorindustrialisierungs- als auch in der Industrialisierungszeit herrschte in Deutschland eine strikte Trennung zwischen Öffentlichem und Privatem, und die Kluft zwischen beiden Bereichen wurde sogar immer größer, weil die Grenzen immer wieder neu bekräftigt wurden. Eine rigide feudale und dann bürokratische Herrschaft, ausufernde gesetzliche Regelungen, feudale und dann quasi-feudale Konventionen, Macht und hierarchische Strukturen: Dies gab die Grundlage für Handlungsorientierungen der öffentlichen Sphäre in Deutschland ab. Auf der anderen Seite bestimmte die in der Blutsverwandtschaft und der traditionellen nachbarschaftlichen Hilfeleistung verankerte Ethik der Brüderlichkeit, weiterhin das Handeln im privaten Bereich. Im Zuge der Industrialisierung erfolgte keine wechselseitige Durchdringung der Bereiche und keine Auflösung der Grenzen zwischen den Bereichen, weil keine soziale Trägerschicht existierte, die sie hätte miteinander verschweißen können. Stattdessen tat sich eine Kluft auf, als die öffentliche Sphäre sich ausdehnte: Eine durch formale, funktionale und hierarchische Beziehungen charakterisierte öffentliche Sphäre stand in striktem Gegensatz zu einer Privatsphäre, in der Mitgefühl, Vertrauen, Wärme und die stark *personalisierte* Ethik von Freundschaft und Familienbeziehungen galten. Vollkommen anders als in Amerika waren in Deutschland die Werte der öffentlichen Sphäre aus der privaten Sphäre verbannt.

Doch diese Kluft implizierte auch eine dynamische Beziehung zwischen Öffentlichem und Privatem. Dies hatte allerdings zur Folge, dass die Wertekonstellationen der jeweiligen Bereiche präziser artikuliert und stärker polarisiert wurden, anstatt dass sie sich wechselseitig durchdrungen hätten: Da die öffentliche Sphäre hochgradig von Formalisierung bestimmt war, rief die private Sphäre eine heftige Reaktion hervor, ja verstärkte die Schranken gegen das Vordringen der öffentlichen Sphäre. Im Verlauf dieser Entwicklung kultivierten die Deutschen die Intimität des Privatlebens und pflegten sowohl eine Idealisierung der Familie als auch die Intimität der Freundschaftsbeziehung. Das Privatleben wurde als der wichtigste Bereich im Leben auf ein Podest gestellt, doch die Folge davon trat deutlich zutage: Die von Formalisierung und Hierarchie geprägte öffentliche Sphäre blieb unangetastet und ungefährdet. Tatsächlich erlangte sie im Verlauf ihrer Entwicklung ihre ‚eigene' Dynamik und Legitimität, und aus ihrer Sicht wurden die Wertekonfigurationen des privaten Bereichs abschätzig als ‚romantisch', ‚sentimental' und ‚unrealistisch' bezeichnet. Es fehlte hier an einem Gegengewicht, denn diese Dynamik war zu fest in den starren Konventionen hierarchischer Statusgruppen, in Macht und Obrigkeitsstaat verankert; es fehlten Trägerschichten, die eine Integration von Öffentlichem und Privatem hätten bewirken können. Als Folge galt für den öffentlichen Bereich und für den privaten Bereich zweierlei Maß: Beide Bereiche standen in Konfrontation zueinander, und das bewirkte, dass die Grenzen zwischen ihnen immer wieder neu benannt und befestigt wurden.[21] Um die Jahrhundertwende war es sowohl in Gedichtanthologien als auch in sozialwissenschaftlichen und philosophischen Abhandlungen gang und gäbe, dass der öffentliche Bereich mit Verachtung betrachtet wurde, Freundschaft und die innere Dimensionen der Intimbeziehung hingegen idealisiert wurden.[22]

Im Kern führt diese theoretische Analyse zu der Schlussfolgerung, dass Ursprung und Ausbreitung des Kulturpessimismus am besten verstanden werden kön-

---

[21] Selbst heute erwecken Deutsche bei Ausländern den Eindruck, sie seien sehr formell. Doch dieses Klischee spiegelt vor allem ihr Verhalten im öffentlichen Bereich wider und vernachlässigt den privaten Bereich, in dem ein vollkommen anderes Ethos herrscht (siehe Kalberg 2000a).

[22] Hierbei spielten die latent mystischen Züge des Luthertums eine Rolle.

nen als die abstrakte Antwort des Bildungsbürgertums auf die besondere deutsche Konstellation von Öffentlichem und Privatem und die Interaktion zwischen beiden Sphären. Die Wucht der radikalen Kritik an der Moderne, die diese Schicht um die Jahrhundertwende formulierte, hing mit ganz spezifischen Zügen der deutschen Öffentlichkeit zusammen, die in scharfem Gegensatz zu einer traditionellen, nicht sublimierten Privatsphäre stand. Darüber hinaus wuchs der Kulturpessimismus noch weiter an als Folge der extremen Polarisierung zwischen öffentlicher und privater Sphäre – auch dies einzigartig in Deutschland – und der spezifischen Interaktion, die die Grenzen zwischen Öffentlichem und Privatem zusätzlich betonte. Im Licht dieser Konstellation konnte die Industrialisierung allein auf deutschem Boden keine Werte hervorbringen, die der Industriegesellschaft zu Wertschätzung verholfen hätten. Diese gigantische gesellschaftliche Umwälzung zerstreute keineswegs die enorme Ambivalenz und Skepsis der deutschen Intellektuellen seit Goethe und Schiller gegen die ‚Massengesellschaft‘, vielmehr verstärkte sie das gesamte 19. Jahrhundert hindurch ihre Ängste noch. Selbst in den Arbeiten von Max Weber, dessen Schriften ein geradezu tragisches Maß von Ambivalenz gegenüber der Moderne widerspiegeln und der auf keinen Fall als ein Romantiker angesehen werden kann, finden wir viele Stellen (1989c: 487–520), die die tiefe Kluft zwischen öffentlicher und privater Sphäre Anfang des 20. Jahrhunderts in Deutschland sehr klar illustrieren. Zum Beispiel heißt es bei ihm:

> Es ist das Schicksal unserer Zeit, mit der ihr eigenen Rationalisierung und Intellektualisierung, vor allem: Entzauberung der Welt, dass gerade die letzten und sublimsten Werte zurückgetreten sind aus der Öffentlichkeit, entweder in das hinterweltliche Reich mystischen Lebens oder in die Brüderlichkeit unmittelbar Beziehungen der einzelnen zueinander. Es ist weder zufällig, dass unsere höchste Kunst eine intime und keine monumentale ist, noch dass heute nur innerhalb der kleinsten Gemeinschaftskreise, von Mensch zu Mensch, im pianissimo, jenes Etwas pulsiert, das dem entspricht, was früher als prophetisches Pneuma in stürmischen Feuer durch die großen Gemeinden ging und sie zusammenschweißte. (1992: 109–10)

Da es in Deutschland keine mächtigen sozialen Träger für Wertekonstellationen gab, die die Ausdehnung der öffentlichen Sphäre positiv besetzten, erschienen der Rückzug ins Private und die Kultivierung von Freundschaften als vernünftig und sogar notwendig. Das Privatleben wurde als Bastion gegen die ‚Vereinzelung des modernen Menschen‘ und die Massengesellschaft begriffen, die keine ‚Persönlichkeiten‘ und ‚Individuen‘ kannte, sondern nur ‚Homogenität‘, ‚Anonymität‘, ‚Verflachung‘ und ‚Nivellierung‘. Die hochgebildeten Träger des Kulturpessimismus betrachteten die entstehende Industriegesellschaft voller Verachtung und Angst, weil sie die Einzigartigkeit der Menschen und die Orientierung des Handelns an ethischen Maßstäben bedroht sahen. Es herrschte tiefe Skepsis gegenüber der öffentlichen Sphäre (die in Deutschland zu Unrecht mit dem funktionalen und formalen Charakter der

Modernisierung gleichgesetzt wurde) und ihrer Ausdehnung im Zuge der Industrialisierung, und es bestand die Überzeugung, dass die Moderne *per se* zur Zurück-
drängung der Privatsphäre mit ihren spezifischen Merkmalen (die zu Recht als etwas
einzigartig Deutsches verstanden wurden – Ergebnis einer besonderen deutschen
Reaktion auf die Öffentlichkeit –, weil innige, von Mitgefühl bestimmte Beziehungen einen so hohen Stellenwert hatten) führen würde. Parallel dazu idealisierte das
Bildungsbürgertum kleine Gruppen, Familienbande, mythische Helden und vor
allem eine ausgedehnte Privatsphäre, die die öffentliche Sphäre erfolgreich zurück-
drängen konnte (Stern 1965; Mosse 1979: 62–77; Meyer 1920: 31; Mannheim 1984;
Hamerow 1958). Die Privatsphäre, so verkündete es, müsse vor der Ausdehnung un-
persönlicher, rein sachlicher Beziehungen geschützt und vor dem mutmaßlichen
Untergang in der Barbarei der Massengesellschaft bewahrt werden.

**4   Über den Fortbestand heterogener Kulturwerte trotz grundlegenden
         Strukturwandels: Die Bedeutung der kulturellen Dimension**

In dieser wissenssoziologischen Untersuchung haben wir uns grundlegender Verfahrensweisen aus Webers historisch-vergleichender Soziologie bedient und damit eine
erste theoretische Annäherung an das Thema Ursprung und Ausbreitung des Kulturpessimismus in Deutschland unternommen. Dabei haben wir uns im ersten Schritt
auf die spezifischen Kulturwerte konzentriert, die in der öffentlichen Sphäre in
Deutschland vor und während der Industrialisierung vorherrschend waren. Im nächsten Schritt haben wir die besondere Beziehung zwischen der öffentlichen und der
privaten Sphäre in Deutschland untersucht. Vergleiche mit der öffentlichen Sphäre in
Amerika und der Beziehung zwischen Öffentlichem und Privatem in Amerika dienten allein dem heuristischen Zweck, die Besonderheiten der deutschen Situation besser hervortreten zu lassen.
    Die vorliegende Fallstudie über den Kulturpessimismus hat illustriert, in welcher
Weise heterogene Kulturwerte die Industrialisierung begleiten können. Darüber hinaus leitete sie uns zu der Schlussfolgerung, dass Kulturwerte sich nur schwer verändern, wenn sie einmal fest verankert sind. Trotz dramatischen Strukturwandels und
obwohl phasenweise in den Hintergrund getreten, haben in Deutschland[23] spezifi-

---

[23] Und auch in den Vereinigten Staaten. Wenn man die gegenwärtige Situation in dem konzep-
   tuellen Rahmen betrachtet, der in dieser Untersuchung verwendet wird, sprechen die Entwicklungen der letzten zehn Jahre für eine Wiederbesinnung auf die und Wiederbelebung der
   traditionell von wechselseitiger Durchdringung gekennzeichneten Beziehung zwischen öffentlichem und privatem Bereich. Zum Beispiel begegnet in Amerika die Generation der in

sche, ganz eigene Konstellationen von Kulturwerten von der vorindustriellen Zeit bis 1945 überdauert und sind unter entsprechend günstigen Bedingungen wieder relevant und handlungsanleitend geworden.[24]

Alle Entwicklungstheorien, die Modernisierung in der Begrifflichkeit einer Dichotomie von Tradition versus Moderne zu fassen versuchen oder davon ausgehen, dass die Industrialisierung den Kulturwerten eine einheitliche, bestimmende Logik aufzwingt, haben die Möglichkeit unterschätzt und manchmal sogar gänzlich übersehen, dass heterogene Kulturwerte trotz eines weitgehenden sozialen, ökonomischen und politischen Wandels weiterbestehen können. In den fünfziger und sechziger Jahren herrschte in der Konvergenztheorie und der Modernisierungstheorie die Vorstellung vor, dass Kulturwerte etwas Passives und Diffuses seien. Diese Theorien betonten institutionelle, organisatorische und ökonomische Zwänge, denen sich die Gesellschaften bei der Industrialisierung gegenüber sahen. Aber auch in jüngeren Theorien wie der Weltsystemtheorie von Wallerstein (Ragin und Chirot 1984), dem Strukturalismus von Moore und Skocpol und der Dependenztheorie (Barrett und Whyte 1982) wird den Kulturwerten eine eher globale und residuale Position zugewiesen.

Wenn man von Webers Sicht ausgeht, dass Gesellschaften aus einer Vielzahl von konzeptuell unabhängigen Lebenssphären bestehen, die jeweils in der Lage sind, unterscheidbare Handlungsmuster und sogar auch Werte hervorzubringen, wird die Bedeutung der sozialen Träger betont, und der Blick darauf gelenkt, wie sie soziale Orte für Kulturwerte darstellen können. Dabei wird deutlich, dass fest verankerte Werte als einflussreiche Vermächtnisse überdauern können. Mit der Anwendung auf die Untersuchung von Ursprung und Ausbreitung des Kulturpessimismus in Deutschland haben wir eine Fallstudie erhalten, wie Kulturwerte überdauern und über lange Zeiträume hinweg trotz institutionellen, organisatorischen und ökonomischen Wandels einen hohen Grad an Kontinuität entfalten können.

---

[23] den sechziger Jahren im Arbeitsleben Stehenden der Berufstätigkeit und ihren Anforderungen keineswegs mit Skepsis, sondern sie legen bei der Erziehung ihrer Kinder womöglich noch größeren Wert auf Leistung, als sie es in ihren eigenen Elternhäusern erlebt haben. Auch die jüngsten Turbulenzen im politischen Bereich haben nicht die Grundlage für eine radikale Kritik der Werte dieses Bereichs und für einen Rückzug ins Privatleben gelegt. Die Rückkehr zur traditionellen Konstellation – wechselseitige Durchdringung von Öffentlichem und Privatem – hat in den Vereinigten Staaten stattgefunden, obwohl sich die öffentliche Sphäre radikal ausgeweitet hat und Produkte der öffentlichen Sphäre in einer Intensität wie in keinem anderen Land gegenwärtig sind.

[24] Wiederum führt die Frage, in welchem Ausmaß sie wirtschaftliche und politische Entwicklungen beeinflusst haben, über den Rahmen unserer Untersuchung hinaus. Vielleicht hat sie dazu beigetragen, einige plausible Hypothesen zu formulieren, vor allem mit Blick auf Entwicklungen in der öffentlichen Sphäre in Deutschland.

Die oben genannten Theorien würden an Aussagekraft gewinnen, wenn sie *auf analytischer Ebene* Kulturwerte, strukturelle Kräfte und wirtschaftliche Interessen als gleichrangig betrachteten. Die Frage nach dem kausalen Zusammenhang dieser Faktoren muss offen bleiben und für jeden einzelnen Fall gesondert untersucht werden. Alle theoretische Ansätze, die davon ausgehen, dass die Industrialisierung einem ganz bestimmten Muster folgt, dass entwickelte Industriegesellschaften homogen sind oder im Verlaufe der Industrialisierung homogen werden und dass Kulturwerte sich ‚angleichen', können wir nach den Erkenntnissen der vorliegenden Studie in Frage stellen.

Kapitel 3
Kultur und der Ort der Arbeit im heutigen Deutschland und Amerika[1]

In der Bundesrepublik Deutschland wird in den 1980er Jahren eine intensive Diskussion über die Krise der Arbeitsgesellschaft geführt. In der Debatte sind verschiedene unorthodoxe Vorschläge zur Bekämpfung der Arbeitslosigkeit vorgebracht worden (zum Beispiel Benseier, Heinze und Klönne 1982; Bonß und Heinze 1984; Matthes 1983; Offe 1984), aber im Kern ging es um die weitaus grundsätzlichere Frage nach dem *angemessenen Ort* der Arbeit in der postindustriellen Gesellschaft. Im Mittelpunkt steht das Schlüsselkonzept der *Entkoppelung*.

Arbeit im postindustriellen Zeitalter wird in dieser Diskussion als nur eine für die Herausbildung eines stabilen Selbstwertgefühls konstitutive Betätigung neben anderen verstanden. Man plädiert für die Entkoppelung von Arbeit und sozialem Status bis zu dem Punkt, dass dem Berufsleben das Monopol auf Sinnstiftung und die Ausbildung von Selbstwertgefühl abgesprochen wird. Inmitten des Niedergangs der hegemonialen Stellung der Arbeit und des Auseinanderfallens oder der Entkoppelung von Sinnstiftung und Arbeit werden andere Aspekte des modernen Lebens – Freizeit, Familienleben, Freundschaften und Hobbys – als Bereiche angesehen, die für die Ausbildung von Selbstbewusstsein und passende Lebensstile bedeutsam sind und sein sollen. Die traditionell enge Beziehung zwischen Arbeit, Einkommen, Sinn und sozialem Status wird radikal in Frage gestellt, sobald die Arbeit nur noch ein wichtiges Betätigungsfeld neben anderen ist (Bahrdt 1983; Dahrendorf 1980, 1983; Guggenberger 1982; Benseier, Heinze und Klönne 1982). Trotz hoher Arbeitslosenquoten in ganz Europa wurde nur in Deutschland anhaltend über die grundsätzliche Frage diskutiert, welchen *Ort* die Arbeit *prinzipiell* in der postindustriellen Gesellschaft innehat. Warum ist diese Frage nur in einem postindustriellen Land aufgetaucht?

Diese Debatte kann Aspekte der deutschen Gesellschaft enthüllen, die von großem soziologischen Interesse sind. Sie kann darauf verweisen, wie die Arbeit in Westdeutschland[2] *verortet* ist, das heißt, sie kann Anhaltspunkte dafür erbringen,

---

[1] Übersetzt von Dr. Ursel Schäfer; durchgesehen vom Verfasser.
[2] Gemeint sind natürlich die westlichen Bundesländer des heute wiedervereinigten Deutschland.

dass es einen ganz bestimmten *locus* gibt, an dem das Berufsleben angesiedelt ist. Hat das Berufsleben wirklich einen weniger hohen Stellenwert als beispielsweise in den Vereinigten Staaten und ist es für die Herausbildung einer befriedigenden persönlichen Identität weniger wichtig? Deutet die Vorstellung der radikalen Entkoppelung, wonach die Arbeit als eine Sphäre neben anderen gesehen werden muss, die alle zusammen gleichgewichtig zu Sinnstiftung, Selbstwertgefühl und sozialem Status beitragen, tatsächlich auf eine spezifische Konfiguration soziologischer Faktoren hin, die uns nur im heutigen Deutschland begegnet? Variieren das Prestige und der Stellenwert der Arbeit in unterschiedlichen postindustriellen Gesellschaften? Die Debatte über die Entkoppelung wirft insbesondere die Frage auf, wo der genaue Ort der Arbeit in der heutigen deutschen Gesellschaft ist. Darüber hinaus kann sie auch zu der Frage führen, ob die Motivation zur Beteiligung am Berufsleben entscheidend variieren kann.

Der *Ort* der Arbeit in der deutschen Gesellschaft kann nur im Bezug auf einen theoretischen Rahmen ermittelt werden, der nicht bloß unterschiedliche strukturelle und kulturelle makrosoziologische Variablen umfasst, sondern auch eine analytische Typologie der verschiedenen *möglichen* Motivationen, warum Menschen arbeiten. Die Erstellung eines solchen Rahmens ist unsere erste Aufgabe. Im Bezug auf dieses heuristische Konstrukt kann sodann der genaue *locus* der Arbeit in der westdeutschen Gesellschaft ermittelt werden. Das Vorgehen bei dieser ersten Aufgabe orientiert sich stark an dem Ansatz, den Max Weber in seinen historisch-vergleichenden Schriften verfolgt (siehe Kalberg 2001a). Wir wählen hier die Webersche Begrifflichkeit, weil sie außerordentlich geeignet ist, die Bedeutung *kultureller* Variablen zu erfassen. Webers Konfigurationsmethode, wie sie hier angewendet wird, untersucht die Rolle struktureller und kultureller Kräfte und die Auswirkungen ihrer synchronen und diachronen Interaktion. Außerdem bringt sie die Makrofaktoren in einen systematischen Zusammenhang zur Intensität der Arbeitsmotive.

1   Ein analytischer Rahmen im Anschluss an Weber

1.1   Motive zu arbeiten

Der analytische Rahmen, der Webers Untersuchung über den „Geist" des Kapitalismus (1988b) und seine Ursprünge zugrunde liegt, verdeutlicht, aus welch unterschiedlichen Motiven Menschen arbeiten. Weber unterscheidet vier Motivationslagen.[3]

---

[3] Empirisch betrachtet, sind natürlich alle vier zusammengeflossen.

Nach der *traditionellen Wirtschaftsethik* werden althergebrachte Gepflogenheiten allein deshalb als vollkommen legitim angesehen, weil sie vertraut sind, sich seit unvordenklichen Zeiten bewährt haben. Menschen, die von dieser traditionellen Einstellung beeinflusst sind, betrachten die Arbeit in der Regel als ein notwendiges Übel. Aus diesem Grund besteht für sie, sobald ein gewisses Minimum an existentiellen Bedürfnissen abgedeckt ist, kein Anreiz mehr, noch weiter zu arbeiten. Weil ihnen weniger Arbeit lieber ist als mehr Einkommen, hat eine Anhebung der Löhne oder Arbeitsstückkosten keine Wirkung. Tatsächlich wird nicht einmal eine Verdoppelung der Löhne die Produktion steigern, ganz im Gegenteil: Die Arbeiter merken, dass sie ihr notwendiges Einkommen in der halben Zeit erzielen können und werden dementsprechend früher aufhören zu arbeiten (Weber 1988b: 33, 49–55).

Der traditionellen Wirtschaftsethik stellt Weber die *charismatische Ethik* der ‚wirtschaftlichen Supermänner‘ und ‚Abenteurerkapitalisten‘ gegenüber. Ob Rockefeller, Fugger oder Cecil Rhodes, solche kapitalistischen Ausnahmeerscheinungen lassen sich in vielen verschiedenen Epochen und Kulturkreisen finden. Diese ‚heroischen Unternehmer‘ arbeiten härter als andere, bauen systematisch ihre eigenen Unternehmen auf, reinvestieren Gewinne, nach denen sie um ihrer selbst und oft mit allen erforderlichen Mitteln streben (Weber 2001b: 418–19; 2005b: 487f.; 1988: 33). *Zweckrationales* Handeln kennzeichnet ihre Ethik.

Weber entdeckte auch eine *praktisch-rationale Ethik.* Ihr fehlt zwar das heroische Element, aber auch bei ihr steht das rein zweckrationale Kalkulieren des Vorteils im Vordergrund. Diese Form des Handelns tritt bei jedem Austausch auf, auch in der reinen Naturalwirtschaft. Wenn sich die Bande der traditionellen Wirtschaftsethik lockern oder andererseits der Geist des Kapitalismus bei modernen Arbeitern und Unternehmern an Einfluss verliert, gewinnt die utilitaristische Kalkulation des eigenen Vorteils an Bedeutung (Weber 1988b: 31–37).

Die *rationale Wirtschaftsethik* unterscheidet sich radikal von den anderen Formen durch ihre eindeutige Orientierung an Werten (wertrationales Handeln) und durch die Auffassung, dass methodische Arbeit eine Pflicht darstellt – eine tief empfundene Verpflichtung, die als Zweck an sich hoch geschätzt wird. Träger dieses Pflichtethos sind die Angehörigen puritanischer Sekten und Kirchen. Sie verstehen die Arbeit als eine Berufung und Pünktlichkeit, Zuverlässigkeit, Fleiß, Selbstbeherrschung, Disziplin und Genügsamkeit als Tugenden. Für Arbeiter wie Unternehmer sind Freizeit und Bequemlichkeit nicht so wichtig wie Sorgfalt und konsequente Leistung; beide Gruppen verfolgen das Ziel, kontinuierlich den Wohlstand zu mehren. In ähnlicher Weise wird bei allen Geschäften Ehrlichkeit erwartet; die skrupellosen und rücksichtslosen Methoden der Aneignung, die in Geschäftsbeziehungen gang und gäbe sind, werden entschieden zurückgewiesen. Nach diesen Werten zu handeln gilt als Teil der moralischen Verpflichtung des Individuums gegenüber seiner Berufung. Das spezifisch moralische Element dieses rationalen Ethos wird darin deutlich, dass es verpönt ist, von dem durch systematische Arbeit erworbenen Reichtum Gebrauch zu machen, vor allem nicht in einer demonstrativen Weise, und dass der Erwerb von Luxusgütern abgelehnt wird (Weber 1988b: 36–43, 46–59; Kalberg 1987b).

Die traditionelle Arbeitsethik, so Weber, konnte wegen ihrer großen Beharrlichkeit nur durch Orientierungen erschüttert werden, die sehr viel stärker waren als die, die sich auf die Kalkulation des eigenen Vorteils und die reine Verfolgung diesseitiger Interessen richteten. Weber erkannte das erforderliche methodische Element nur in der rationalen Wirtschaftsethik, die im wertrationalen Handeln verankert ist. Diese Verankerung verleiht der Arbeitsmotivation größere *Intensität und Stabilität* (Weber 1976: 16; 1988b: 60ff.; 1989b: 450–78). Weber argumentiert, dass unter bestimmten Umständen Unterscheidungen auf der Ebene der Motive auch im Hinblick auf sozialen Wandel und sogar auf langfristige Entwicklungen wie die Entfaltung des modernen Kapitalismus signifikant sein können.

Deshalb betont er in seiner Analyse die makrosoziologische Bedeutung von Motiven. Für die Erörterung der Arbeit im postindustriellen Zeitalter ist Webers Unterscheidung von zweckrationalem – oder utilitaristischem – Handeln (die praktisch-rationale Wirtschaftsethik) und wertrationalem Handeln (die rationale Wirtschaftsethik) von allerhöchster Bedeutung. Der Motivation zu arbeiten kann eine große *Bandbreite* instrumenteller Überlegungen zugrunde liegen, so kann harte Arbeit als ein *Mittel zu* sozialem Aufstieg, zu Reichtum, mehr Kaufkraft und einem ‚besseren Leben' allgemein verstanden werden. In diesen Fällen dominieren rein utilitaristische Überlegungen, wie es immer der Fall ist, wenn Menschen die Arbeit und den Arbeitsplatz nur als ein effizientes und sogar unverzichtbares Mittel zur vollen sozialen Integration betrachten. Natürlich kann die soziale Integration von manchen Menschen als Wert an sich angesehen werden, ebenso ein hoher sozialer Status, ein besseres Leben und auch die Anhäufung von Reichtümern. Wenn dies empirisch auftritt und Arbeit als ein geeignetes Mittel betrachtet wird, diese geschätzten Dinge zu erreichen, dann wird die Arbeit deshalb selbst wertgeschätzt. Andere Menschen messen vielleicht der Selbstverwirklichung hohen Wert bei; wenn Arbeit als geeignetes Mittel für die Selbstverwirklichung angesehen wird, erhält sie von daher ihre Wertschätzung. Schließlich passiert Ähnliches, wenn Individuen die Werte der disziplinierten, verlässlichen und ehrlichen Arbeit nicht nur als utilitaristische Tugenden ansehen, sondern als Ideale und schätzenswerte Ziele und wenn sie ihr Handeln daran ausrichten (siehe Weber 1976: 16, 19).

Auf diese Weise kann eine Orientierung an Werten eine starke Motivationskraft entfalten. In all diesen Beispielen wird die Arbeit primär weder als Bestandteil traditioneller Lebensweisen betrachtet noch in Bezug auf zweckrationale Kalkulationen des eigenen Vorteils. Häufig sind kulturelle Faktoren (zum Beispiel Religion und Statusethik) für eine derartige *Sublimierung* der Arbeitseinstellung von traditionalen und zweckrationalen hin zu wertrationalen Motiven verantwortlich. Umgekehrt kann, wenn der Webersche Begriffsrahmen verwendet wird, auch ein ‚Niedergang der Arbeitsmoral' konzeptualisiert werden in dem Sinne, dass eine Verschiebung von der wertrationalen zur utilitaristischen Einstellung – nach Weber eine ‚Routinisierung' – gegenüber der Arbeit stattfindet.

Diese Erörterung der verschiedenen möglichen Motivationen zu arbeiten gibt die konzeptuelle Fundierung der vorliegenden Untersuchung ab. Doch diese Typologie der Arbeitsmotive bleibt kontextunabhängig: Wenn der Ort der Arbeit in der deutschen Gesellschaft identifiziert werden soll, muss ergänzend ein makrosoziologischer theoretischer Rahmen herangezogen werden. Darüber hinaus muss dieser Rahmen in der Lage sein, *konfigurationsbezogene* Komponenten zu liefern, die erkennen lassen, in welcher Weise trotz gewisser struktureller Tendenzen zur Homogenität der Ort des Berufslebens in den postindustriellen Gesellschaften *variieren kann*. Dabei kommen kulturelle Kräfte ins Spiel. Erst wenn wir einen derartigen Orientierungsrahmen erstellt haben, können wir mit der Analyse der soziologischen Verortung der Arbeit in einer bestimmten Gesellschaft fortfahren. Da die Analyse von der soeben diskutierten Typologie der Motive ausgeht, erlaubt sie uns auch einzuschätzen, welche der unterschiedlichen Motive mit welcher Intensität *wahrscheinlich zu* erwarten sind.

2 Die von Weber angewendete Methodologie: Eine konfigurationsbezogene Makrosoziologie

Eine Einschätzung, wie der Ort des Berufslebens in den verschiedenen postindustriellen Gesellschaften variiert, führt uns weg von den traditionellen strukturell-funktionalen Theorien der Modernisierung (Almond und Coleman 1960; Almond und Powell 1966) und vom Strukturalismus von Moore (1966) und Skocpol (1979). Diese Schulen bieten kein theoretisches Gerüst, das eine präzise Konzeptualisierung erlaubt, in welcher Weise sich die Entwicklungsrichtungen bei bedeutsamen soziologischen Erscheinungen – zum Beispiel der Staatsbürgerschaft (Kalberg 2012: 205–24), dem öffentlichen Vertrauen (siehe Kapitel 2) und den Einstellungen zur Arbeit – in den einzelnen Industriegesellschaften und postindustriellen Gesellschaften *unterscheiden*. Das hängt zum Teil damit zusammen, dass methodologische Ansätze fehlen, um die *Interaktion* zwischen kulturellen und institutionellen Faktoren zu erfassen; besonders die strukturell-funktionale Schule neigt stark dazu, Konvergenzen und grundsätzliche Gemeinsamkeiten in unterschiedlichen Gesellschaften zu betonen. Ein weniger lineares und stärker auf Konfigurationen ausgerichtetes Gerüst ist vonnöten. Ein solches Gerüst finden wir in der Vorgehensweise und der Methodologie, die Max Weber in seiner historischen Soziologie anwendet. In einem ersten Schritt werden wir sein grundlegendes Bild der Gesellschaft betrachten. Im nächsten Schritt untersuchen wir die Betonung der *Interaktion* historischer Kräfte mit der Gegenwart und dann wenden wir uns der zentralen Rolle zu, die Weber in der gesamten makrosoziologischen Analyse *sozialen Trägerschichten* zuspricht.

2.1   Gesellschaftliche Lebenssphäre: Webers Bild der Gesellschaft

Weber sieht Spannung, Herrschaft, Macht und Konflikt. Er verwirft von Anfang an die Vorstellung, dass Gesellschaften abgeschlossene Einheiten bilden; er lenkt die Aufmerksamkeit statt dessen auf ein breites Spektrum jeweils umgrenzter *Lebenssphären*: Religion, Recht, Wirtschaft, Herrschaft, universelle Organisationen (die Familie im engeren Sinn, die Sippe und die traditionelle Nachbarschaft) und Stände. Diese Bereiche und Teilbereiche – nicht ‚die Gesellschaft' – sind die entscheidenden Analyseebenen.[4] Anhaltende Fluktuation charakterisieren die Beziehungen der Lebenssphären zu einander. Weber interessiert das *typische* – das heißt soziologisch signifikante – Handeln der Individuen in den jeweiligen Bereichen. Bei ihm steht stets die Frage im Hintergrund, ob zu erwarten ist, dass *bereichsspezifische Chancen und Einschränkungen* – soziale Bedingungen, geläufige Alltagserfahrungen, pragmatische Gelegenheiten – mit einer bestimmbaren Wahrscheinlichkeit zu erkennbaren regelmäßigen Handlungsweisen führen können.

Wirtschaft und Gesellschaft (Weber 1976, 1999, 2001a, 2001b, 2005b, 2010) enthält die reiche Ernte seines Ansatzes. In einem wahrhaft universalen Rahmen untersucht Weber in dieser Abhandlung außerordentlich detailliert alle Lebenssphären, in denen Handlungsmuster auftreten. Nach seiner Sicht werden Menschen „in unterschiedliche Lebenssphären mit jeweils eigenen Gesetzen gestellt" (Weber 1992: 242). Darüber hinaus betrachtet er gründlich die *analytische Interaktion* von regelmäßig auftretenden Handlungsweisen aus den verschiedenen Bereichen. Weber erstellt eine Karte dieser hypothetischen Interaktionen – etwa zwischen juristischen Institutionen und Organisationen der politischen Machtausübung, zwischen verschiedenen Wegen zum Heil und Typen des Gesetzes, zwischen der Familie und unterschiedlichen Typen der Herrschaft, zwischen Recht und universalen Organisationen, zwischen der Standesethik unterschiedlicher Stände und den Lebenssphären von Religion, Recht, Wirtschaft und Herrschaft.

---

[4] Begriffe wie *Gesellschaft* und *System* vermeidet er nahezu vollkommen.

Wenn wir diese heuristische Matrix als theoretisches Gerüst heranziehen, können wir mit ihrer Hilfe relevante Unterschiede zwischen verschiedenen postindustriellen Gesellschaften herausarbeiten, kategorisieren und eindeutig definieren. Wenn wir eine Matrix als Orientierungshilfe verwenden, identifiziert sie die spezifischen *Gewichtungen* der verschiedenen Lebenssphären, die vorherrschenden *Interaktionen* zwischen ihnen einerseits sowie zwischen den verschiedenen Sphären und historischen Kräften andererseits. Daraus entsteht ein umfassendes Gitternetz, das sodann die konkreten Gegebenheiten in einer bestimmten postindustriellen Gesellschaft identifiziert wie staatsbürgerliches Verständnis, öffentliches Vertrauen oder Arbeitsmotivation. Durch Vergleiche mit anderen postindustriellen Gesellschaften ist es zudem möglich, mit Hilfe dieses analytischen Rahmens zu ermessen, innerhalb welcher Bandbreite die Verortung von Staatsbürgerschaft, öffentlichem Vertrauen und Arbeitsmotivation zwischen verschiedenen Gesellschaften *variiert*.

Wie deutlich werden wird, kann der Ort der Arbeit so konzeptualisiert werden, dass er an der Schnittstelle zwischen vielen verschiedenen Bereichen wie Religion, Recht, Familie und den spezifischen historischen Kräften in einer Gesellschaft liegt. Der Ort ist in jeder postindustriellen Gesellschaft ein anderer, je nach den typischen in den jeweiligen Lebenssphären vorherrschenden Handlungsmustern und den Beziehungen zwischen den Bereichen. Weber betrachtet systematisch nicht nur die *synchrone* Interaktion von Lebenssphären untereinander, sondern auch die Art und Weise, wie die Vergangenheit die Gegenwart beeinflusst.

2.2   Interaktion von Vergangenheit und Gegenwart: Die grundlegende Bedeutung des historischen Erbes

Webers Sicht, dass Gesellschaften aus zahlreichen unterschiedlichen konkurrierenden und wechselseitig miteinander interagierenden Lebenssphären bestehen, führt ihn naturgemäß zu der Erkenntnis, dass die Vergangenheit bei der Untersuchung der Gegenwart von ganz entscheidender Bedeutung ist. Etablierte, für die einzelnen Sphären spezifische Handlungsmuster sickern regelmäßig und in vielfältiger Weise, oft unbemerkt, in die Gegenwart ein. Aus diesem Grund lehnt Weber alle Dichotomien wie Gemeinschaft/Gesellschaft, Partikularismus/Universalismus und Tradition/Moderne als viel zu global ab und er weist auch die Einschätzung zurück, die Wirkung der Vergangenheit auf die Gegenwart sei begrenzt.

Zwar haben bestimmte regelmäßig wiederkehrende Handlungsorientierungen ihren Ursprung in einer konkreten Epoche in der Vergangenheit, doch bestehen sie über lange Zeiträume und tragen ihr Vermächtnis in nachfolgende Epochen hinein. Selbst drastische Veränderungen und der abrupte Beginn des ‚Neuen' gehen niemals mit einem vollkommenen Bruch mit der Vergangenheit einher (Weber 1976: 15).

Wenn ein bestimmtes Cluster von Handlungsorientierungen infolge eines spezifischen Ereignisses oder eines charismatischen Individuums nur eine geringfügige Veränderung erfährt, kann dies eine Art Echoeffekt haben, und Erscheinungen, die man gänzlich verschwunden glaubte, „sind später in einer ihnen fremden Welt wieder aufgetaucht" (Weber 2006a: 725). Für Weber gibt die Geschichte der Gegenwart ihren Rahmen und interagiert beständig in bedeutsamer Weise mit der Gegenwart, tatsächlich in einem solchen Umfang, dass jeder Versuch, die Besonderheit der Gegenwart ohne Einbeziehung der historischen Vermächtnisse zu erklären, von vornherein zum Scheitern verurteilt ist. Selbst die gigantische strukturelle Transformation, die durch die Industrialisierung ausgelöst wurde, hat die Vergangenheit nicht gänzlich hinweggefegt. Es bleibt immer noch ein lebendiges Erbe.[5]

Webers Untersuchung, welchen Einfluss die Vermächtnisse der Vergangenheit haben, rückt nicht nur die Auswirkungen der Vergangenheit auf die Gegenwart ins Blickfeld, sondern bezieht auch die *dynamische* Interaktion von Gegenwart und Vergangenheit mit ein. Für ihn – und nicht verwunderlich in Anbetracht seiner Sicht, dass Gesellschaften aus oftmals widerstreitenden Lebenssphären bestehen – erzeugt die *Interaktion an sich* eine unabhängige, bedeutsame und sogar autonome Schubkraft, die in der Lage ist, typische Handlungsmuster in unerwarteter Weise umzugestalten.

2.3   Soziale Trägerschichten: Die Verankerung von Handlungsmustern

Webers Methodologie der historisch-vergleichenden Soziologie betont auch die Wichtigkeit sozialer Träger. In jeder Epoche und in allen Kulturkreisen sind Handlungsmustern jeder erdenklichen Art entstanden. Doch damit sich eine regelmäßige Handlungsweise in einem bestimmten Bereich durchsetzt und soziologisch signifikant wird, müssen kohärente, mächtige *Trägerschichten* existieren. In jeder Gesellschaft finden nur bestimmte traditionelle, affektuelle, wertrationale und zweckrationale Handlungsmuster starke Exponenten und werden im sozialen Gefüge institutionalisiert.

Stände, Klassen und Verbände sind für Weber die wichtigsten Träger von Handlungsmuster. Jeder ‚trägt' eine Konfiguration von Handlungsorientierungen. Weber führt einige Beispiele aus, etwa das idealtypische Ständeethos der Beamtenschicht (Pflicht, Pünktlichkeit, die genaue Ausführung von Aufgaben, Arbeitsdisziplin)

---

[5] Zentrale Werte des asketischen Protestantismus – wie etwa Spenden an wohltätige Organisationen, die Ausrichtung auf die Zukunft und die Überzeugung, dass der Mensch fähig ist, sein Schicksal selbst zu gestalten – haben nach wie vor im amerikanischen Alltagsleben eine sehr große Bedeutung, auch wenn viele Menschen, die diese Werte hochhalten, sie nicht mehr als religiöse Werte oder Bestandteile eines religiösen Erbes ansehen (siehe Kapitel 6, 7 und Anhang II; Kalberg 2012: 195–204).

(Weber 2005b: 157–234), das Ethos des Nachbarschaftsverbands („der Nachbar ist der typische Nothelfer und ‚Nachbarschaft' daher Trägerin der ‚Brüderlichkeit' in einem durchaus…unpathetischen Sinne des Wortes" (2001a: 124f.) und das Klassenethos des Bürgertums (Ablehnung von Privilegien aufgrund von Geburt und Herkunft, stattdessen Forderung nach formaler Rechtsgleichheit (2001b: 234–38; siehe Kalberg 1985).

Dass solchen Trägern Aufmerksamkeit geschenkt wird, ist charakteristisch für Webers verstehende Soziologie. Es führt ihn dazu, dass er beispielsweise untersucht, ob in China ein mächtiges Bürgertum entstand, um eine Ethik der formalen Gleichheit durchzusetzen (Weber 1989b: 325f., 332f.) und ob eine solche Klasse einen Kristallisationspunkt abgeben *konnte*, um in Japan vor der Meiji-Ära, als ein antagonistischer Stand, die Samurai, dominierte, „als politische Kraft zu wirken und eine ‚bürgerliche' Entwicklung im westlichen Sinne" voranzutreiben (Weber 1996a: 436f.). Wenn die Institutionalisierung regelmäßiger Handlungsorientierungen festgestellt werden soll, ist die Konzentration auf soziale Trägerschichten unerlässlich.

Diese zentralen Postulate und Vorgehensweisen in Webers historisch-vergleichender Soziologie – die Sicht, dass Gesellschaften primär aus Lebenssphären bestehen, die Erforschung wie Handlungsorientierungen unterschiedlicher Intensität häufig innerhalb der einzelnen Bereiche zum Ausdruck kommen, die Betonung der *Interaktion* von Handlungsorientierungen (einschließlich derjenigen, die ihre Ursprünge in der Vergangenheit haben) und eine Abschätzung, in welchem Umfang Handlungsmuster durch starke soziale Träger institutionalisiert werden – ergeben ein makrosoziologisches Gerüst für die Untersuchung der verschiedenen möglichen Motivationen, warum Menschen arbeiten. Darüber hinaus bieten diese grundlegenden Züge von Webers Methodologie eine differenzierte Orientierung, die uns dabei hilft, den Stellenwert der Arbeit in der heutigen Bundesrepublik zu identifizieren.

Sie lenken unsere Analyse auf eine große Bandbreite von Lebenssphären und auf die Frage, welche von diesen Bereichen in der deutschen Gesellschaft besonders wichtige Rollen spielen. Sie führt uns auch dazu, die *Dynamik* anzuerkennen, die aus der Interaktion der verschiedenen Lebenssphären und aus der Interaktion zwischen sphärenspezifischen Handlungsorientierungen und konkreten Ereignissen erwächst. Außerdem werden uns diese Hauptzüge von Webers Methodologie daran erinnern, dass wir nicht aus den Augen verlieren dürfen, in welch unterschiedlicher Weise wichtige historische Vermächtnisse mit der Gegenwart interagieren und sie beeinflussen. Schließlich bleibt noch die Frage zu klären, ob mächtige Trägerschichten aufgetaucht sind. Damit sind wir bei der Untersuchung, in welchem Umfang sich regelmäßige Handlungsorientierungen in festen Ständen, Klassen und Verbänden durchsetzen. Webers Konfigurationsanalyse beschränkt sich nicht nur auf strukturelle Faktoren und auf die Gegenwart, sondern verbindet kontinuierlich Kultur und

Struktur, Vergangenheit und Gegenwart. Nur durch eine solche Art der Analyse können wir klären, welchen Stellenwert die Arbeit in der heutigen deutschen Gesellschaft hat.

3   Den Ort der Arbeit im heutigen Westdeutschland identifizieren: Eine Konfigurationsanalyse im Anschluss an Weber

Unsere erste Aufgabe ist die Identifizierung der wichtigsten gesellschaftlichen Sphären, die im Laufe der deutschen Geschichte die Einstellung gegenüber der Arbeit. beeinflusst haben. Die Religion und ihre sozialen Träger – Kirchen und Sekten – spielen in dieser Hinsicht eine zentrale Rolle. Als nächstes interessiert uns die Art der Interaktion zwischen Handlungsorientierungen aus diesem Bereich und den dominierenden Ständen – dem Beamtentum und dem Bildungsbürgertum – in der deutschen Gesellschaft auf der einen und dem Staat auf der anderen Seite. Danach wenden wir uns dem Aspekt zu, wie gegenwärtige konfigurationsbezogene Interaktionen, die klare historische Vermächtnisse enthalten, einen bestimmten Ort für die Arbeit in der deutschen Gesellschaft etabliert haben. Dabei betrachten wir zwei Zeitabschnitte: das ausgehende 19. Jahrhundert und die Zeit nach dem Zweiten Weltkrieg. Indem wir der Entstehung einer breiten Mittelschicht, dem allgemeinen Wohlstand in Nachkriegsdeutschland und den verschiedenen Hinterlassenschaften des Nationalsozialismus besondere Berücksichtigung schenken und untersuchen, in welcher Weise all diese Aspekte zusammen ein dynamisches Nebeneinander von Vergangenheit und Gegenwart erzeugt haben, können wir im Vergleich mit der Situation zu Beginn des 20. Jahrhunderts den *locus* des Berufslebens in der BRD bestimmen.

Die wichtigsten Erscheinungen des religiösen Bereichs in Deutschland, die herausragenden sozialen Träger, der Staat sowie die spezifische „Gewichtung" und die Interaktionsweisen der Bereiche untereinander sowie mit historischen Kräften können ohne Bezug auf einen Vergleichsfall nicht klar bestimmt werden. Die *Besonderheit* eines gegebenen sozialen Kontextes ist für sich allein nicht erkennbar; die Grenzen und spezifischen Merkmale treten nur durch den Vergleich deutlich hervor. Um die Einzigartigkeit zu zeigen, ist der Vergleich unerlässlich. Wir werden auf jeder Stufe unserer Analyse Vergleiche mit den Vereinigten Staaten anstellen; das ermöglicht uns, den Ort der Arbeit in Deutschland genauer zu bestimmen.[6] Gerade

---

[6] Vergleiche mit anderen Ländern, die Westdeutschland „ähnlicher" sind – das heißt anderen europäischen Ländern – wären erforderlich, um diese Analyse weiter zu verfeinern. Solche Vergleiche würden es erlauben, die wesentlichen Züge der deutschen Gesellschaft genauer herauszuarbeiten. In dieser Hinsicht muss die vorliegende Abhandlung als eine erste Annäherung an das Thema verstanden werden.

solche Vergleiche illustrieren, wie wichtig *kulturelle* Faktoren für den Stellenwert der Arbeit in allen postindustriellen Gesellschaften sind.

3.1 Wichtige soziale Bereiche und soziale Träger: Religion, soziale Schichtung und der Staat

3.1.1 Die Sublimierung der Arbeitsmotivation durch die kulturelle Sphäre der Religion: Luthertum versus asketischer Protestantismus

In Deutschland wie in den amerikanischen Kolonien im siebzehnten Jahrhundert wurde die ursprünglich traditionelle und zweckrationale Arbeitsmotivation sublimiert und mit Werten ausgefüllt. Glaubensinhalte spielten dabei eine zentrale Rolle. Sowohl im Hinblick auf die Intensität der regelmäßigen Handlungsorientierungen, die sie bei den Gläubigen weckten, wie im Hinblick auf den Inhalt der Werte, die sie zum Ausdruck brachten, unterschieden sich die religiösen Traditionen in diesen Ländern erheblich. Uns interessiert im Zusammenhang unserer Analyse allein die Frage, welchen Stellenwert sie der Arbeit zumessen.

Welche Werte motivierten typischerweise den Lutheraner zu arbeiten? Diese Erlösungsreligion übernahm aus dem Feudalismus die Achtung vor dem Handwerk und stattete es mit systematischen Qualitäten aus. Jeder Gläubige musste einen Beruf haben: die disziplinierte, verlässliche Erfüllung von Aufgaben entsprechend den Standards des jeweiligen Berufes wurde zu einer religiösen Pflicht. Über die Arbeit hinaus war nur noch Glauben erforderlich, um zum Heil zu gelangen (Weber 1988b: 47–59; Troeltsch 1960; Dillenberger 1961).

Luthers Berufsbegriff markiert zwar klare Unterschiede zwischen der lutherischen und der katholischen Wirtschaftsethik, gemeinsam ist jedoch beiden Glaubensbekenntnissen, dass sie vehement den unpersönlichen Zug der modernen Wirtschaftsbeziehungen ablehnten und beide von Weber als traditionell bezeichnet wurden. Er merkt auch an, dass die Haltung der lutherischen Religion gegenüber den beiden Klassen, die mit der Entwicklung des modernen Kapitalismus entstanden sind, dem Bürgertum und dem Proletariat, sich im Grundsatz nicht von der Haltung der katholischen Kirche unterscheidet (Weber 2005b: 656f.).

Luthers Konzept des Berufes als weltliche Berufung betonte, dass die Arbeit von allergrößter Bedeutung für die Erlösung ist. Dabei spielte es keine Rolle, um welchen Beruf es sich im Einzelfall handelte, einfach weil die ‚Pilgerfahrt des Lebens‘ so kurz war (Weber 1988b: 71, Fn. 2; 75f.). Berufliche Mobilität erhielt deshalb keine ‚psychologische Prämie‘. Im Gegenteil, je weiter sich Luthers theologisches Denken entwickelte, desto entschiedener sah er die spezifische Berufung eines Menschen als Ergebnis des göttlichen Ratschlusses. Nach den Bauernkriegen wurde „die objektive historische Ordnung, in der der einzelne von Gott hineingestellt ist, für Luther immer mehr zum direkten Ausfluss göttlichen Willens " (1988b: 76). Je größer der Stellenwert war, den das Providentielle auch in den einfachen Ereignissen des Alltagslebens erhielt, desto mehr trat die traditionelle Auffassung von Beruf und von Stand in den Vordergrund (Weber 1988b: 76).

Weil die Ausübung eines Berufs von Gott verfügt war, sollten die Gläubigen sich fragen, in welcher Weise sie Gott am besten gehorchten, und sich ihrem Beruf anpassen, aber sie durften nie den Gedanken in Erwägung ziehen, den Beruf zu wechseln oder durch Leistung und Erfolg sozial aufzusteigen. Anders als im Puritanismus hatte ‚Erfolg' im Beruf in der lutherischen Lehre keinen hohen Stellenwert, stattdessen zählte die zuverlässige, pünktliche und gründliche Erfüllung der mit dem jeweiligen Beruf verbundenen Aufgaben und Pflichten. Auch Arbeit außerhalb des Berufs oder besonderer Einsatz über die Anforderungen des Berufs hinaus wurde von der Religion nicht honoriert. Die Bedürfnisse eines jeden *Standes* waren von Gott genau vorgegeben, und Luther betrachtete den Erwerb von Gütern über dieses Maß hinaus als moralisch zweifelhaft und sündig (Weber 1988b: 72ff.). Aus all diesen Gründen musste der gläubige Lutheraner einen gewissen ‚Abstand zur Welt' und eine gewisse *Innerlichkeit* pflegen; tatsächlich findet man im Luthertum latent mystische Züge.[7]

Für den asketischen Protestanten – den Puritaner – war gewissenhafte Arbeit nicht nur wie für den Lutheraner eine Frage der religiösen Pflichterfüllung, die zum Glauben dazugehörte; sie war vielmehr der Weg, der zu der schwer fassbaren inneren Gewissheit führte, unter den Auserwählten zu sein (Weber 1988b: 87–128). Von den Erlösungsreligionen schaffte es nur die Berufsethik des asketischen Protestantismus, in ihrer Lehre systematisch die innerweltliche Berufung mit dem Erwerb von *certitudo salutis* zu verbinden. Die Arbeit in einem weltlichen Beruf wurde mit der Aussicht belohnt, dass dies für die Gläubigen der richtige Weg war, sich zu vergewissern, dass ihnen Gnade zuteil werden würde, und ihre Glaubensängste zu lindern (Weber 2001b: 382ff.). Darüber hinaus billigte die puritanische Sicht des *Berufs* ganz ausdrücklich den rechtmäßig erworbenen Gewinn aus kapitalistischen Unternehmungen, „dieser Gewinn und die rationalen Mittel seiner Erzielung rückten … in eine immer positivere Beleuchtung" (Weber 2005b: 857f.). Für Weber bedeutete die Tatsache, dass dem wirtschaftlichen Handeln in einem bestimmten Beruf eine hohe ‚psychologische Prämie' zugesprochen wurde, dass das puritanische Gewinnstreben etwas vollkommen

---

[7] Ich spare den Katholizismus weitgehend aus. Heute und in früheren Zeiten wurde angemerkt, dass die deutsche Kultur „vorwiegend … protestantisch geprägt" ist (Lowie 1945: 103). Im Kaiserreich waren Lowie (102ff.) zufolge zwei Drittel der Deutschen Lutheraner. Lidtke (1982: 23f.) und McLeod (1982) nennen ähnliche Zahlen: 1905 waren 62 Prozent der Deutschen Protestanten und 36,5 Prozent Katholiken.

anderes war als reine *Geschäftsklugheit* und *Lebenstechnik*, denn beide bestanden unabhängig von Werten und beinhalteten vor allem zweckrationales Handeln. Weil die asketische Ethik klare Handlungsvorgaben im Hinblick auf rein religiöse Ziele machte, löste sie den Gläubigen umfassend aus dem *status naturalis* heraus. Diese Herauslösung bedeutete eine Emanzipation von der Alltagsroutine als einem „Naturereignis" (1985d: 507), und an die Stelle eines Handelns, das sich an den moralischen Regeln der Gesellschaft orientierte, trat die puritanische Gesinnungsethik, in der ethisches Handeln im Hinblick auf „Sinn, Ziel und Mittel ... von Regeln und Prinzipien bestimmt" wird (Weber 2001b: 329f.). Weber merkt an, weil die Heilsgewissheit der Erlösung nur in einer solchen *Überwindung* der alltäglichen Gewohnheiten gefunden werden kann und nicht auf intellektuellem Weg, „hat es vielleicht eine intensivere Form der religiösen Wertschätzung des ethischen Handelns als im Calvinismus niemals gegeben" (Weber 1988b: 112f., im Original kursiv; siehe auch S. 115f., 119f.; 2001b: 262f., 427). Die gesamte Existenz des Gläubigen wurde radikal von religiösen Werten durchdrungen und eine „‚sinnstiftende Beziehung' der Lebensmuster zum Ziel der religiösen Erlösung" fand statt (Weber 2001b: 369f.; siehe auch 156f.; 1989b: 475f.; 1989c: 519f.).

Statt ein Ausdruck des Strebens nach weltlichem Erfolg zu sein, figurierte deshalb die Leistung, die Gott von den Calvinisten verlangte – disziplinierte, methodische Berufsarbeit – als Ausdruck seines Wunsches nach Erlösung im Jenseits. Systematische Arbeit galt als das einzige Mittel, wie man Gewissheit erlangen konnte, zu den Auserwählten zu gehören. Allein dies verlieh dem calvinistischen Arbeitsethos seine *ethische* Qualität und bewirkte, dass es als Pflichterfüllung verinnerlicht wurde. Für Weber wurde die methodisch-rationale Lebensführung des innerweltlichen Asketen ‚von innen heraus' durch tief verwurzelte religiöse Werte bestimmt (siehe Weber 1989b: 470f.).

Die Einstellung des Lutheraners gegenüber der Arbeit schuf wie die Haltung des mittelalterlichen Katholiken die Grundlage für einen ruhigen, gemütlichen Lebensstil. Der asketische Protestantismus verdankte es vor allem der asketischen Komponente, dass er so erfolgreich in der Lage war, ethisches Handeln gegen alle häretischen Herausforderungen zu verteidigen und Hindernisse und Ängste in Tugenden zu verwandeln. Obwohl auch im deutschen lutherischen und katholischen Glauben die Orientierung an ethischen Werten eine große Rolle spielte, kannten beide Religionen keine innerweltliche Askese. Den Gläubigen wurden institutionalisierte Wege angeboten, wie sie sich von ihren Sünden befreien konnten: für den Lutheraner Glauben und gute Werke, für den Katholiken die Beichte.

Den Calvinisten stand keine vergleichbare Möglichkeit offen, die der menschlichen Schwäche Rechnung getragen hätte; sie traten allein vor ihren Gott, ohne die Hilfe einer Kirche, von Priestern oder Sakramenten, die zu ihren Gunsten hätten wirken können. Darüber hinaus bewahrte die traditionelle Wirtschaftsethik den Lutheraner vor der Versuchung, die Welt beherrschen oder verändern zu wollen, während der Puritaner genau dies im Namen umfangreicher ethischer Ziele für sich in Anspruch nahm. Luthers Protestantismus war zwar ein klarer Bruch mit dem mittelalterlichen Katholizismus, aber er führte keine asketische Einstellung ein. Zwar maß er handwerklicher Arbeit einen hohen Stellenwert bei und betrachtete methodische Arbeit als eine religiöse Pflicht, aber er schaffte es nicht, das traditionelle Wirtschaftsethos zu überwinden (Weber 1988b: 63–83).

Somit unterscheiden sich die katholische und die lutherische Lehre sowohl beim *Inhalt* der religiösen Werte wie bei der *Intensität* der religiösen Vorstellungen hinsichtlich der Arbeitsgesinnung deutlich vom asketischen Protestantismus. Ganz besonders die lutherische Lehre und der asketische Protestantismus formulierten jeweils sehr klare, allerdings *unterschiedliche* Werte, die für die Arbeit bedeutsam wurden. Trotz der zunehmenden Säkularisierung sowohl in Deutschland als auch in den Vereinigten Staaten hat jede Religion ihr spezifisches Vermächtnis hinterlassen. In Deutschland wurden die Vermächtnisse von starken Kirchen getragen, die mit den wichtigen Ständen des 19. Jahrhunderts interagierten: der *Beamtenschaft* und dem *Bildungsbürgertum*.

3.1.2 Schichtung und kulturelle Konfiguration: Beamtentum und Bildungsbürgertum als wichtige soziale Träger im 19. Jahrhundert

In Amerika wurden die Ideen der Französischen Aufklärung und des klassischen Liberalismus von den Eliten uneingeschränkt positiv aufgenommen. Sie führten zu einer sehr optimistischen Einschätzung des Individuums, das als stark angesehen und dem zugetraut wurde, sein Schicksal selbst in die Hand zu nehmen (jedenfalls soweit es das irdische Leben betraf). Im Deutschland des 19. Jahrhunderts traf diese Sicht auf Skepsis und Ablehnung (Mosse 1979: 163; Löwenthal 1970: 14–22). In Deutschland war, vor allem unter den Romantikern und dem Bildungsbürgertum, die Vorstellung verbreitet, dass sowohl die Aufklärung wie der Liberalismus das Individuum als zu stark isoliert postulierten, zu sehr losgelöst von der *Gemeinschaft* und von sozialen Bindungen. Zudem fehlte in Deutschland ein starkes Bürgertum als Träger der liberalen Ideen, das wirksam gegen die sozialen Privilegien und die Sonderstellung der Feudalaristokratie und des Beamtentums hätte auftreten können, und deshalb blieb der Einfluss des Liberalismus gering. Aus Angst davor, dass Deutschland in eine Position der extremen Unterlegenheit gegenüber den angelsächsischen Mächten geraten könnte, wurde der Staat in Deutschland zu einem ungewöhnlich beharrlichen und mächtigen Verfechter der Industrialisierung. Dies ging so weit, dass das deutsche Bürgertum sich nicht nur keine Unabhängigkeit vom preußischen Staat erkämpfte und ihm nicht die Stirn bot, sondern sich sogar weitgehend seinen hierarchischen und militärischen Strukturen anpasste (Bendix 1980, Bd. 2, 210–287; Veblen 1966; Dahrendorf 1965, 15–242; Bussman 1958; Mann 1975, 193–233).

Die Schwäche des deutschen Bürgertums und seine Unfähigkeit, eine eigenständige Haltung zu entwickeln, verhinderten, dass im Zuge der Industrialisierung Deutschlands eine Sammlung von Werten zustande kam, die Chancengleichheit schätzt und einen ‚grenzenlosen‘ (‚rags to riches‘) Optimismus hervorrief, der Erfolg und Reichtum rechtfertigte. In diesem Vakuum gediehen mannigfaltige romantische Ideen. Ungewöhnlich machtvolle Varianten breiteten sich in Deutschland im 19. Jahrhundert aus und führten einerseits zu einer stark antikapitalistischen und antimodernistischen Tradition und andererseits zur Errichtung schützender Mauern um die Privatsphäre. Die Familie wurde nach außen abgeschottet, die Kinder wurden vor den verderblichen Einflüssen der Industrialisierung beschützt (siehe Craig 1982; Walker 1971; Brunschwig 1975; siehe Kapitel 2). Behindert durch ihr ausgeklügeltes System der Lehrlingsausbildung und die weiterhin große Bedeutung des alten feudalen Ideals der handwerklichen Arbeit, war für die Deutschen der soziale Aufstieg schwierig zu bewerkstelligen. Die traditionelle Wirtschaftsethik betrachtete einen Wechsel des Berufs sogar als verdächtig, vor allem im Licht von Luthers Vermächtnis – immer noch hallte seine Mahnung nach, der Gläubige habe ‚bei seiner Berufung‘ zu bleiben.

In Anbetracht dieser besonderen Schichtstruktur und kulturellen Konstellation hatte die Ausdehnung der Macht des Obrigkeitsstaates in der zweiten Hälfte des 19. Jahrhunderts verhängnisvolle Konsequenzen, nicht zuletzt für die Einstellung gegenüber der Arbeit und dem Berufsleben in Deutschland. Ein mächtiges Berufsbeamtentum wurde zum dominierenden Stand, und seine Standesethik – Pflichterfüllung, Dienst, Gehorsam, Staatstreue, Zuverlässigkeit, Objektivität und Disziplin – gab der auf dem Rückzug befindlichen lutherischen Wirtschaftsethik und dem lutherischen Berufsbegriff neue Kraft. Die Werte der lutherischen Wirtschaftsethik erlangten neue Bedeutung, und dies verzögerte die Routinisierung zum zweckrationalen Handeln. Darüber hinaus errichtete das Bildungsbürgertum bis zu den zwanziger Jahren die Standards der idealisierten deutschen *Kulturnation*. Diese Schicht stigmatisierte ebenso wie das Berufsbeamtentum harten Wettbewerb und soziales Aufstiegsstreben generell. Im Laufe der Industrialisierung Deutschlands war für die Angehörigen der wichtigsten sozialen Schichten, Beamtenschaft und Bildungsbürgertum, die lebenslange Beschäftigungsgarantie der Beamten das Ideal und nicht Risikobereitschaft in der Hoffnung auf Reichtum (Ringer 1983; Conze und Kocka 1985; Engelhardt 1986; Kocka 1981).

So blieb das ganze 19. Jahrhundert hindurch in Deutschland die Arbeitseinstellung von Werten durchdrungen. Doch anders als in Amerika, wo sich der extreme Individualismus der asketischen protestantischen Sekten und Kirchen durchsetzte, wonach jeder für sich selbst sorgen und der Staat sich möglichst zurückhalten soll (siehe 1988c; 2004b), erhielt die *heroische* Dimension der Arbeit in Deutschland keinen hohen Stellenwert; man sah die Arbeit nicht als den einzigen Weg, die Welt zu beherrschen und das eigene Glück zu schmieden. Vor dem Hintergrund der Schichtstruktur und des kulturellen Kontextes wurde auch sozialer Aufstieg zwiespältig betrachtet. Die soziale Mobilität konnte eher in den Vereinigten Staaten als uneingeschränkt positiv gesehen werden.

Die Amerikaner konnten auf keine fortbestehende romantische Tradition bauen, die den organischen Charakter der Gemeinschaft pries, das Aufgehen des einzelnen in einem größeren Ganzen, dem Volk.[8] Sie nahmen den modernen Kapitalismus mit seinem Versprechen an, sich von der Vergangenheit zu emanzipieren und jedem ungeachtet seiner Herkunft den Aufstieg zu ermöglichen, und stellten die Arbeit auf ein Podest. Die Amerikaner des 19. Jahrhunderts sahen wie ihre puritanischen Vorfahren die Arbeit als den einzigen Weg zu einem ‚good life' und ließen es zu, dass eine alles umfassende, alles überwuchernde heroische Vorstellung von Arbeit bis in die Familien vordringen und die Sozialisation der Kinder bestimmen konnte. Um die Jahrhundertwende hatte, getragen von einem mächtigen Bürgertum, eine sozialdarwinistische Ideologie der ‚Chancen' und des ‚Überlebens der Stärksten' als legitimierende Ideologie Fuß gefasst (Sumner 1906; Hofstadter 1944; Konwitz und Kennedy 1960).

Weil es nun hieß, dass im Zuge der Industrialisierung Amerikas jedermann die Gelegenheit hatte, Reichtümer zu erwerben, und weil sich die Überzeugung durchsetzte, dass die Individuen stark seien und fähig, ihr Schicksal selbst zu meistern, unterschied nur noch die harte Arbeit Arme und Reiche. Gleichzeitig wurde die alte puritanische Stigmatisierung der Armen wiederbelebt; wer arm war, galt nicht nur als faul, sondern auch als moralisch minderwertig. Diejenigen hingegen, die hart arbeiteten, erwartete nicht nur materieller Gewinn und ein hoher sozialer Status, sondern ihnen stand auch der Zugang zur politischen Macht offen, weil es keine ko-

---

[8] Die amerikanische Romantik des 19. und frühen 20. Jahrhunderts betonte die Unverdorbenheit der Natur und prangerte ebenso wie die deutsche Romantik die verderblichen Einflüsse von Urbanisierung und Industrialisierung an. Die starke ‚Weltbejahung' des amerikanischen Individualismus konnte neben dieser Form der Romantik gut bestehen, ganz und gar nicht hingegen neben einer Romantik, die wie die deutsche die Unterordnung des Individuums unter die Gemeinschaft betonte. Trotzdem und zugleich neigte die deutsche Romantik zur Idealisierung einer bestimmten Form des Individualismus, einer Form, die kein besonderes Hindernis für die Gemeinschaft darstellte: des Individualismus der Innerlichkeit, der sich in schöpferischer Kreativität ausdrückte. Bis heute hat Individualismus in Deutschland viel mit Introspektion zu tun (siehe Mosse 1979: 21–160; Löwenthal 1970; Brunschwig 1975; Weiss 1986).

härente Oberschicht oder Kaste von Staatsdienern gab, die den Weg zu politischen Ämtern und Würden hätte blockieren können.

Vor dem Hintergrund der amerikanischen Schichtung und Religion wurde ein pragmatischer, *innerweltlicher* Begriff von Arbeit, erneut in mannigfaltiger Weise von Werten durchdrungen, und zwar solchen Werten, die untrennbar mit dem amerikanischen Selbstbild vom ‚Land der unbegrenzten Möglichkeiten' verbunden waren. Wieder einmal wurde der methodischen Arbeit ein besonderer Rang zugewiesen: Früher hatte Arbeit ebenso wie Unternehmertum und sozialer Aufstieg eine zentrale Rolle bei der Erlösung gespielt, jetzt wurde sie mit einem breiten Spektrum säkularer Werte besetzt. Dies geschah genau zu einem Zeitpunkt, als sich die Möglichkeit am Horizont abzeichnete, dass die vorherrschende Arbeitsmotivation in Amerika zu rein utilitaristischem und zweckrationalem Handeln routinisiert werden könnte.

Die besondere Bedeutung, die in der amerikanischen Schichtung und Religion unternehmerischem Handeln als Mittel zur Weltbeherrschung zugemessen wurde, verdrängte tendenziell alle potenziellen Gegenkräfte. Das Nebeneinander von asketisch-protestantischem Erbe, starkem Bürgertum, sozialdarwinistischer Weltsicht, Wertschätzung von Unternehmerfiguren wie Horatio Alger, der Überzeugung, dass der moderne Kapitalismus in erster Linie Chancen bot, und einem schwachen Staat führte dazu, dass gerade im Vergleich zu anderen Ländern zwei Gruppen in der Gesellschaft ein besonders hohes Sozialprestige genossen: Geschäftsleute und Unternehmer.[9]

Die deutsche Schichtung und Religion hingegen brachten nicht nur eine sehr viel größere Ambivalenz gegenüber dem kapitalistischen Unternehmer mit sich, sondern verliehen anderen Schichten besonderes Prestige: dem Bildungsbürgertum und dem Beamtentum. Seit 1871 stattete der Bismarcksche Staat den Staatsdiener mit zunehmend höherem Sozialprestige aus. Um des übergeordneten Anliegens willen, die Macht des deutschen Staates zu sichern, unterstützte der Beamte im Allgemeinen die ökonomischen Ziele der kapitalistischen Klasse und trat wie sie für die Aufteilung der deutschen Industrie in Kartelle ein, aber dennoch bewirkte weder dies noch Deutschlands rasche Industrialisierung, dass Unternehmer ein ähnliches Sozialprestige wie das Beamtentum erlangten (Conze und Kocka 1985; Engelhardt 1986; Kocka 1981). Die Traditionen dieses Stands und der Respekt vor ihrer Institution, dem Staat, waren zu fest verankert. Darüber hinaus stellte die andere Gruppe mit hohem Sozialprestige, das Bildungsbürgertum, die deutsche Kultur auf ein Podest und blickte mit Geringschätzung auf die wirtschaftliche Betätigung und sehr häufig

---

[9] Während im 19. Jahrhundert häufig der Mann aus einfachen Verhältnissen, der zu neuen Ufern aufbrach und sich die Natur unterwarf, als Vorbild hingestellt wurde, wurde mit fortschreitender Industrialisierung und vollendeter Eroberung des Westens gegen Ende des 19. Jahrhunderts der an Herkules gemahnende kapitalistische Unternehmer zum Leitbild.

auch auf alles Moderne, auf die angelsächsische ‚Zivilisation' und die ‚Massengesellschaft' generell (Ringer 1983; Stern 1965; Elias 1969; Epstein 1973; siehe
Kapitel 2).

Daher war um die Jahrhundertwende in der deutschen Gesellschaft das Sozialprestige auf drei Berufsgruppen verteilt: es wetteiferten die Staatsdiener, die Akademiker und die Kapitalisten miteinander. Das Bürgertum war eindeutig ein schwaches
Glied in dieser Kette. Die besonders angesehenen Gruppen – das Bildungsbürgertum und das Beamtentum – idealisierten überdies kontemplative Werte, Lernen,
Arbeitsplatzsicherheit und die pflichtbewusste Erfüllung von Aufgaben anstelle von
Risikobereitschaft und dem heroischen Individualismus des ‚Selfmademan', der
sein Schicksal selbst in die Hand nimmt. In den Vereinigten Staaten hingegen standen diese Ideale und das Bild im Vordergrund, dass der einzelne durch systematische
Arbeit sein Leben selbst gestaltet und im ‚Land der unbegrenzten Möglichkeiten' die
Früchte des Erfolgs erntet; es gab keine Gegenkräfte, die das Prestige der unterneh-
merischen Tätigkeit hätten relativieren können. Und schließlich konnten weder die
amerikanischen Intellektuellen, die auf verbreitete Animosität stießen, noch die öffentlich Bediensteten in einem Staat, der möglichst wenig Einfluss nehmen sollte,
das hohe Sozialprestige des Unternehmers in Frage stellen.

In Deutschland gewann im 19. Jahrhundert noch ein anderer sozialer Bereich an
Bedeutung, ein Bereich, der als mächtiger sozialer Träger wirkte und die Vermächtnisse des klassischen lutherischen Arbeitsbegriffes noch weiter institutionalisierte:
der Staat. Wieder erleichtern Vergleiche mit den Vereinigten Staaten, die Konturen
der spezifischen deutschen Entwicklung deutlich herauszuarbeiten.

3.1.3   Der starke Staat

In den Vereinigten Staaten wurden politische und staatsbürgerliche Freiheitsrechte
immer so verstanden, dass sie Freiheit *von* staatlicher Einmischung bedeuteten.
Schon frühzeitig standen die Ideen der Aufklärung, des Liberalismus und des asketischen Protestantismus der Entwicklung eines starken Staates entgegen. In Anbetracht des verbreiteten, auf den asketischen Protestantismus und Jefferson zurück-
gehenden Vertrauens in den einfachen Mann – seine Anständigkeit, seinen guten
Charakter, sein Selbstbewusstsein, seine Unabhängigkeit und seine Fähigkeit, die
politischen Freiheiten klug zu nutzen – und (was Tocqueville hervorhob) der Allgegenwart von staatsbürgerlichen Assoziationen und Kirchen entstand gar kein Bedarf nach einer starken, beschützenden Regierung.

Als Folge dieser einzigartigen Konstellation und des historischen Umstands,
dass die ersten Einwanderer mit der Hoffnung nach Amerika kamen, frei von staatlicher Einmischung ihre religiösen Rechte ausüben zu können, wurde der Staat als

Gefahr für die individuelle Freiheit gesehen, und es wurden ihm nur wenige Aufgaben als rechtmäßig zugesprochen. Der hohe Stellenwert von Kapitalismus und Unternehmertum, der fest in der vorherrschenden religiösen Tradition verwurzelt war, förderte die Entstehung eines mächtigen Bürgertums. Diese Schicht widersetzte sich dann direkt der Ausdehnung der staatlichen Macht und vertrat eine Einstellung, die die positiven Seiten des Kapitalismus betonte und diese Wirtschaftsordnung im Einklang sah mit Gerechtigkeit und Demokratie.

Im Gegensatz dazu gehörte zur deutschen Tradition nicht der zurückhaltende Staat, sondern, wie angemerkt, das Bild eines Staates, der als mächtiger Förderer der Industrialisierung wirkte. Die besondere deutsche Konstellation – ein starker Staat und Staatsdienst, ein vergleichsweise schwaches Bürgertum und eine schwache Zivilgesellschaft, ein hohes Sozialprestige der gebildeten Schichten und Skepsis hinsichtlich der von Aufklärung und Liberalismus postulierten Fähigkeit des Individuums, die Übelstände der Welt zu transformieren – schwächte nicht nur den Kapitalismus gegenüber dem Staat, sondern hatte auch zur Folge, dass die Deutschen sich ganz auf den Staat hin orientierten. In ihren Augen waren der Staat und die Staatsdiener für die Beschäftigung verantwortlich, sie waren die ‚Hüter' des Allgemeinwohls gegenüber einem Wirtschaftssystem, das vermeintlich die Gemeinschaft sprengen wollte und seinem Wesen nach ungerecht und ausbeuterisch war. Ab 1889 bedachte ‚Vater Staat' seine Kinder mit einem Bündel von Maßnahmen, die sie vor den Belastungen durch die Urbanisierung und Industrialisierung schützen sollten: Arbeitslosenversicherung, Krankenversicherung, Unfallversicherung und Sozialfürsorge (Born 1975: 149).

In der zweiten Hälfte des 19. Jahrhunderts nahmen diese unterschiedlichen Sichtweisen des Staates und seiner Rolle gegenüber der kapitalistischen Wirtschaftsordnung und dem Allgemeinwohl endgültig Gestalt an. Sie wurden sowohl in Deutschland wie in Amerika vor dem Hintergrund der jeweiligen religiösen Traditionen sowie sozialen Strukturen als zentrale Werte institutionalisiert, und damit war sichergestellt, dass sie auch künftig handlungsleitend sein würden. So betrachtete man Arbeitslosigkeit in den Vereinigten Staaten als eine Privatangelegenheit und erklärte sie mit Charaktereigenschaften (Faulheit, mangelnde Initiative, moralische Schwäche und so weiter). Als Konsequenz aus der amerikanischen Tradition des heroischen Individualismus, der im asketischen Protestantismus gründete und im Laufe des 19. Jahrhunderts verstärkt wurde, ergab sich eine Tendenz, alle strukturellen Erklärungen für Arbeitslosigkeit abzulehnen.[10]

---

[10] Selbst Umfragen aus der Zeit der Großen Depression zeigen, dass die Arbeitslosen in der Regel sich selbst die Schuld an ihrer Notlage gaben und nicht dem Wirtschaftssystem (siehe Lynd und Lynd 1937).

Die deutsche Erfahrung mit der Industrialisierung führte zu der geradezu ent-
gegengesetzten Schlussfolgerung. Der Staat, nicht das einzelne Individuum, wurde
für Arbeitslosigkeit verantwortlich gemacht, und der Kapitalismus galt verbreitet als
ein Wirtschaftssystem mit Fehlern und Schwächen, das ohne regelmäßige Einmischung und Hilfestellung des Staates nicht funktionieren konnte, weil nur der Staat
für wirtschaftliche Stabilität sorgen konnte (Plessner 1974). Deshalb erschien als angemessene Reaktion auf ökonomische Probleme nicht die Aufforderung zu mehr
Anstrengung und mehr Initiative seitens der Einzelnen oder die Ermunterung zu sozialem Aufstieg, sondern der Ruf nach einer Änderung der staatlichen Wirtschafts-
politik in der Weise, dass der Staat die Menschen besser vor den Auswirkungen des
Kapitalismus schützen sollte. Diese unterschiedlichen Einschätzungen, welche Rolle der Staat angesichts von Arbeitslosigkeit spielen soll, waren Ende des 19. Jahrhunderts fest zementiert.

Der starke deutsche Staat versuchte in seiner Rolle als ‚Vater‘ die Bürger nicht
nur vor den Ausschlägen der modernen kapitalistischen Wirtschaft zu schützen, sondern auch vor den Umbrüchen in Folge der raschen Urbanisierung und der Entwicklung der neuen Zivilgesellschaft. Das hohe Ansehen, das der Staat und das Beamtentum genossen, und die ausgeprägte Schutzfunktion erlaubten, mit Blick auf Ordnung
und soziale Harmonie die vielen Einrichtungen der Zivilgesellschaft rechtlichen Regelungen zu unterwerfen (Kocka 1981; Kocka und Ritter 1974; Craig 1980). Diese
Einrichtungen wie Schulen, Universitäten und das Wirtschaftssystem wurden in
Amerika als fundamental der Privatsphäre zugehörig angesehen, dem rechtmäßigen
Zugriff zentralisierter staatlicher Kontrolle entzogen.

Vielleicht könnte man sagen, dass der *Ort* der Arbeit in der heutigen BRD vor
dem Hintergrund einer mutmaßlich generellen Ambivalenz der Deutschen gegenüber der Arbeit gesehen werden muss. Diese Ambivalenz, so könnte man weiter ver-
muten, dürfte hauptsächlich von der Tradition des starken Wohlfahrtsstaates herrühren, der vergleichsweisen Schwäche des deutschen Bürgertums und seinem
Unvermögen, eine Denkweise durchzusetzen, die das Ausnutzen von Chancen und
sozialem Aufstieg legitimieren könnte, weiter auf die große Bedeutung der von der
Romantik vertretenen Innerlichkeit und antimodernen Einstellung und schließlich
auf den Umstand, dass der höchste soziale Status zwei Schichten zugesprochen
wurde, die einen quasi-kontemplativen Ethos propagierten: dem Bildungsbürgertum
und dem Beamtentum. Eine solche Schlussfolgerung wäre freilich noch verfrüht.[11]
Nur eine noch stärker auf *Konfigurationen* ausgerichtete Analyse, welche der *Interaktion* von Vergangenheit und Gegenwart Rechnung trägt, wird uns erlauben, die genaue Lokalisierung von Arbeit und Berufsleben in der BRD zu klären. Zuerst muss

---

[11] Und sie wäre auch durch zu viele Vorannahmen aus amerikanischer Sicht belastet.

die spezielle Dynamik um die Jahrhundertwende untersucht werden, die aus der deutschen Situation resultierte, dass auf der einen Seite der starke Staat und das Berufsbeamtentum bestanden und auf der anderen Seite eine schwache Zivilgesellschaft und eine schwache parlamentarische Demokratie. Diese Dynamik erfüllte einerseits den lutherischen Berufsbegriff mit neuer Kraft, doch weil sie andererseits eine Wiederbelebung der deutschen Romantik auslöste, stärkte sie *auch* die Privatsphäre. Diese Entwicklung schlug sich bei einigen sozialen Gruppen in einem Rückzug aus dem Berufsleben und einer Entfremdung von der modernen Büro- und Fabrikarbeit nieder. Der spezifische Ort der Arbeit in Westdeutschland kann nicht geklärt werden, ohne dass wir den gewichtigen Vermächtnissen dieser Konstellation nachgehen.

4 Vergangenheit und Gegenwart I: Deutschland um die Jahrhundertwende und die Etablierung von öffentlichem Vertrauen

Die Zivilgesellschaft, die sich im 19. Jahrhundert in Deutschland allmählich entwickelte, war nicht von Werten durchdrungen, die eine parlamentarische Demokratie getragen hätten. Dies bedeutete jedoch weder, dass zweckrationale Kalkulationen und Macht im zivilgesellschaftlichen Bereich dominierten, noch führte es zu sozialen Auflösungserscheinungen und Chaos. Vielmehr bildete sich öffentliches Vertrauen heraus, getragen vom Beamtentum und dem Staat. Das Standesethos dieser Schicht und die Wertekonstellation, die einen starken Staat rechtfertigte, gaben jedoch weder ein solides Fundament für die Entfaltung demokratischer politischer Institutionen ab noch für soziale Gleichheit, sondern sie unterstützten und nährten die Werte, die zum lutherischen Berufsbegriff gehörten. Eine genaue Definition der deutschen Konstellation ‚starker Staat und schwache Zivilgesellschaft' und eine Bewertung ihrer Folgen für das Arbeitsleben können wir am besten nach einem kurzen Vergleich mit den Vereinigten Staaten geben.

4.1 Die Etablierung von öffentlichem Vertrauen durch eine starke Zivilgesellschaft in den Vereinigten Staaten

Die Amerikaner sind fest davon überzeugt, dass es um das Gemeinwohl am besten bestellt ist, wenn die Menschen frei von staatlicher Einmischung ihre eigenen Interessen verfolgen können. Am deutlichsten finden wir dies von Adam Smith in seinem Werk *Der Wohlstand der Nationen* formuliert und ebenso bei den englischen Utilitaristen und Liberalen (John Stuart Mill und Jeremy Bentham). Deutschen Denkern und Sozialphilosophen hingegen erschien diese Sicht immer unrealistisch und sogar gefährlich. In der amerikanischen Gesellschaft des 19. Jahrhunderts wurde sie jedoch sehr populär. Intensiver als jedes andere Land übernahmen die Vereinigten Staaten den Optimismus der Aufklärung hinsichtlich der Fähigkeiten des Einzelnen, sein Schicksal selbst zu schmieden, und ihre Vorstellung, dass der ‚einfache Mann‘ von Natur aus anständig ist. Amerika machte sich auch aus voller Überzeugung den sozialdarwinistischen Glauben an die Unausweichlichkeit des evolutionären Fort-schritts zu eigen, wie ihn Herbert Spencer und Graham Sumner formulierten. Be-reits in der frühen amerikanischen Geschichte existierte ein eigener sozialer Träger des Vertrauens in andere, der das öffentliche Leben in Amerika prägte: die innerwelt-liche Askese der protestantischen Sekten und Kirchen. An dieser Weichenstellung werden die Unterschiede zu Europa deutlicher.

Allein die Mitgliedschaft in einer Sekte oder Kirche begründete den Ruf des as-ketischen Protestanten, ein ehrlicher Geschäftsmann zu sein, der bei allen Handels-geschäften einen fairen Preis bot. Gerade weil die Gläubigen weithin in dem Ruf standen, in finanziellen Angelegenheiten aufrichtig und ehrlich zu sein, waren sie auch für Nicht-Gläubige bevorzugte Geschäftspartner. Die protestantischen Sekten und Kirchen wirkten als Träger von Vertrauen, durch sie verbreitete sich Vertrauen über den engen Rahmen der Familie hinaus und wurde auch auf andere Menschen übertragen – vorausgesetzt, sie waren Mitglieder einer protestantischen Sekte oder Kirche (Weber 1988b: 87–128, 160–206; 1988c).

Trotz großer regionaler Unterschiede griff die erfolgreiche Einführung von Ver-trauen in die ökonomischen Beziehungen durch den asketischen Protestantismus auch auf die Politik über, und daraus erwuchs ein starkes nationales *Ideal*, das Wahr-haftigkeit, Gutwilligkeit und ehrlichen Umgang in der Politik hochhielt. Diese aus der Religion stammenden Werte passten gut zu der optimistischen Einschätzung, dass die Menschen tugendhaft sind, die im englischen Liberalismus und in der fran-zösischen Aufklärung bestand und die breite Rezeption beider Denkweisen erleich-terte. Zudem neigte die amerikanische religiöse Tradition dazu, soziale Gleichheit und demokratische Formen zu unterstützen. Da diesen Werten keine feudale Tradi-tion hierarchischer Beziehungen und autoritärer Herrschaft entgegenstand, konnten sie sich relativ leicht in Amerika verbreiten. Der asketische Protestant glaubte, dass sogar der weltliche Herrscher verpflichtet war, sich an die Gebote zu halten. Als Diener Gottes und als Instrument zur Verwirklichung des göttlichen Heilsplanes war der weltliche Herrscher dem himmlischen Herrscher ‚untergeordnet‘. Handelte der weltliche Herrscher entgegen dem göttlichen Gebot, waren seine Untertanen verpflichtet, sich gegen seine Herrschaft aufzulehnen. Aufgrund ihres Glaubens hat-ten die Untertanen somit das *Recht*, über die Handlungen des Herrschers *zu urteilen*, und die *Pflicht*, all jene Handlungen zu verwerfen, die nicht den göttlichen Gesetzen entsprachen (Hill 1964; Miller 1961; Herr 1981; Weber 1988b: 87–128).

Die Werte der sozialen Gleichheit und der Optimismus hinsichtlich der menschlichen Fähigkeiten ergaben nicht nur eine solide Basis für öffentliches Vertrauen, sondern legitimierten auch eine Wertekonstellation, die einen umfassenden sozialen Wohlfahrtsstaat ablehnte. Vor dem Hintergrund dieses kurzen Überblicks können wir nun im Vergleich herausarbeiten, wie sich Vertrauen in der deutschen Zivilgesellschaft etabliert hat.

4.2   Deutschland: ein starkes Beamtentum und ein starker Staat, eine schwache Zivilgesellschaft und der Rückzug ins Private

Das Luthertum schaffte es nicht, den traditionellen wirtschaftlichen Dualismus aufzulösen: Vertrauen gegenüber Blutsverwandten und Misstrauen gegenüber allen anderen (Weber 1988b: 63–83; Dillenberger 1961; Troeltsch 1960). Deshalb konnte sich, wo die lutherische Religion Trägerin des Vertrauens war, im Laufe der Industrialisierung während des 19. Jahrhunderts das Vertrauen nicht über die Familie und die Sippe hinaus in die Geschäftswelt ausdehnen. Wie die Geschäftsbeziehungen im Mittelalter standen finanzielle Verhandlungen mit Lutheranern unter dem alten Motto ‚caveat emptor' statt unter den Spielregeln des asketischen Protestantismus, die Vertrauen und ehrlichen Umgang vorschrieben. Das Bürgertum war auch kein starker Träger rechtlicher Gleichheitsforderungen und anders als in Holland, England und Frankreich leistete es wenig Widerstand gegen die Privilegien und die Sonderstellung der Feudalaristokratie (Veblen 1966; Dahrendorf 1965: 15–242; Bussman 1958; Mann 1975: 193–233; Kocka und Ritter 1974; Walker 1971).

Darüber hinaus wirkte in Deutschland keine starke religiöse Organisation als Trägerin der parlamentarischen Demokratie und der sozialen Gleichheit. Da Luther den Gläubigen das Recht absprach, gegen den Fürsten zu rebellieren, und den Gedanken ablehnte, dass der Herrscher von den Untertanen vor Gott verantwortlich gemacht werden könnte, stellte sie die rigide Klassenstruktur und die obrigkeitsstaatliche Trennung von Herrschern und Beherrschten nicht in Frage. In seiner Lehre fehlt der Aufruf zu sozialer Gleichheit, den wir im asketischen Protestantismus finden. Für Luther gab es keine Gleichheit vor Gott; selbst wenn der Herrscher seine Untertanen ausbeutete und gegen Gottes Gebote verstieß, verlangte die religiöse Pflicht Gehorsam gegenüber dem Staat (Dillenberger 1961: 363–402; Troeltsch 1960). Zudem bedeutete die Feudalherrschaft, die sogar bis Mitte des 19. Jahrhunderts in Gestalt kleiner Fürstentümer weit verbreitet blieb, direkte Herrschaft. Schließlich stieß die französische Aufklärung, die Rechts- und Chancengleichheit propagierte, in Deutschland auf heftigen Widerstand und schaffte es nicht, eine Zivilgesellschaft auf der Grundlage der Gleichheit zu legitimieren (Mosse 1979: 21–160; Löwenthal 1970. 14–22; Brunschwig 1975).

So war die politische Sphäre im Deutschland des 19. Jahrhunderts nicht von Vertrauen in die Tugendhaftigkeit und das Urteilsvermögen des ‚einfachen Mannes' und vom Glauben an die Gleichheit durchdrungen, sondern von einem erheblichen Misstrauen gegen Demokratie, politische Parteien und die Moderne. Besonders ausgeprägt war dies bei den Angehörigen des Bildungsbürgertums und des Beamtentums. Doch obwohl kein starker Träger egalitärer und demokratischer Werte vorhanden war, fehlte das öffentliche Vertrauen nicht ganz; es wurde vielmehr vom Beamtentum und dem Staat getragen. Der lutherische Respekt vor und Gehorsam gegenüber dem Staat und seinen Gesetzen etablierte ebenso öffentliches Vertrauen in der deutschen Zivilgesellschaft wie die Werte des Beamtentums: Pflicht, Dienst, Gehorsam, Ordnung, Staatstreue und Disziplin bei der Erfüllung von Aufgaben.[12]

Indem diese Einstellungen das lutherische und das preußische Erbe bekräftigten, die beide dem Staat eine inhärente Würde zusprachen und eine Legitimität oberhalb und jenseits der Wünsche der Bürger, verstärkten sie die Macht und das Ansehen des Staates und der Staatsdiener. Als Resultat wurde das öffentliche Vertrauen noch enger an die Werte dieser sozialen Schicht und dieser Institution gekoppelt. Der alte lutherische Berufsbegriff erhielt so eine neue Bedeutung: Die Werte, für die der Staat und die Staatsdiener standen, verbreiteten sich über ihre jeweiligen Grenzen *hinaus* (Elias 1989). Die Schwäche der parlamentarischen Demokratie und das wenig ausgeprägte Bewusstsein sozialer Gleichheit schufen ein Vakuum, das diese Entwicklung ermöglichte, doch getragen wurde sie von einer Institution, die die lutherische *Berufsethik* hochhielt und pflegte: dem vom Staat unterstützten System der Lehrlingsausbildung. Dominierend in der deutschen Zivilgesellschaft wurden die mit der Standesethik der Beamten und der Autorität des Staates verbundenen Werte, bürgerliche Gleichheit und individuelle Freiheitsrechte einerseits, Habgier, Reichtum und demonstrativer Konsum andererseits traten dahinter weit zurück (Rosenberg 1931: 1–33; Sell 1953; Hollborn 1981: 227–407; Greiffenhagen 1981: 54–129; Kocka 1981; Weber 1988e: 202–302).

Dadurch wurden Bürger in das Berufsleben und in den deutschen Staat eingebunden, und zwar nicht nur durch zweckrationales Handeln um des ökonomischen Überlebens willen und aus dem Wunsch heraus, Reichtümer anzusammeln oder nur durch eine emotionale Bindung an den Wohlfahrtsstaat mit seinen großzügigen Sozialleistungen, sondern *auch* als Folge von Werten, durch welche die Zivilgesell-

---

[12] Tatsächlich schotteten die erfolgreiche Lenkung der Wirtschaft durch den Staat in der zweiten Hälfte des 19. Jahrhunderts und die Legitimation des Staates als „schützender und sorgender" Vater, die in den vielfältigen Einrichtungen der sozialen Sicherung ihren Niederschlag fand, große Teile der deutschen Bevölkerung gegen das Auf und Ab der kapitalistischen Wirtschaft ab.

schaft Vertrauen erhielt. Diese lutherischen Werte fanden um die Jahrhundertwende im Beamtentum und im preußischen Staat mächtige soziale Träger. Infolge des hohen Ansehens und der Macht des Staates funktionierte sie in weiten Teilen der deutschen Gesellschaft als geachtete Werte. Nichtsdestoweniger wurden sie durch die regelmäßig erhobenen Forderungen der Arbeiterschicht nach sozialer Gleichstellung, einer funktionsfähigen parlamentarischen Demokratie und wirtschaftlicher Gerechtigkeit ebenso immer wieder in Frage gestellt, wie auch durch rein zweckrationales Handeln im Interesse des ökonomischen Überlebens. Doch das Ausbildungswesen, die lutherischen Kirchen und das paternalistische Ethos eines vielfältigen und mächtigen Sozialstaates trugen die Werte des Beamtentums und des preußischen Staates tief in die deutsche Gesellschaft hinein.

4.2.1 Der Rückzug ins Private

Der Berufsbegriff und der hohe Respekt vor staatlicher Autorität waren gewichtige Vermächtnisse. Doch war auch eine *Konsequenz* der Art, wie in Deutschland öffentliches Vertrauen formuliert wurde, für die Etablierung des *Orts* der Arbeit nicht weniger wichtig. Weil die in der deutschen Zivilgesellschaft dominierenden Werte – Pflicht, Gehorsam, Respekt vor der Obrigkeit und Ordnung – in einem Spannungsverhältnis zu den Werten des Mitgefühls innerhalb der Familie gesehen wurden, konnten sie keine Verbindung und Durchdringung der beiden Sphären herstellen, wie es in Amerika während der Kolonialzeit und später in den Vereinigten Staaten der Fall war. Stattdessen wurde eine Dynamik in Gang gesetzt, die zu einer strikten Trennung zwischen der ‚öffentlichen Sphäre' sozialer Beziehungen und der privaten Sphäre von Familie und Freunden führte. Wie genau ging dies vonstatten?

Die speziellen, vom lutherischen Berufsbegriff, dem deutschen Staat und dem Beamtentum getragenen Werte standen im Gegensatz zu einem Bündel moderner Werte, die ein viel größeres *Potenzial* enthielten, um eine Brücke zwischen der öffentlichen und der privaten Sphäre zu schlagen: Grundrechte und Freiheitsrechte, Mitsprache des Volkes und soziale Gleichheit. Zwar wurden die Werte von Staat und Beamtentum in Deutschland weithin als angemessen und sogar unverzichtbar für die Stabilität des Arbeitslebens und selbst des politischen Lebens angesehen, dennoch standen sie in deutlichem Gegensatz zur privaten Sphäre von Intimität und Mitgefühl, und dies umso mehr, als diese Sphäre durch die Innerlichkeit des Luthertums und dann im 19. Jahrhundert durch die Romantik sehr gestärkt wurde.

Deshalb bildete die Familie einen starken Gegensatz zu den ‚unpersönlichen' Werten des deutschen Staates und des Ethos der deutschen Beamten, zu den rein konventionellen und sachlichen Beziehungen, zu Macht und Herrschaft, die für das Berufsleben, die Politik und das Wirtschaftsleben kennzeichnend waren. Anfang des

20. Jahrhunderts hatte sich diese Polarisierung so zugespitzt, dass der formale und hierarchische Charakter der sozialen Beziehungen in allen öffentlichen Bereichen eine Neuakzentuierung des privaten Bereichs bewirkte. Im Verlauf dieser Entwicklung wurde die alte romantische Verklärung der Werte von Intimität und organischer Harmonie innerhalb der Gemeinschaft ebenso wiederbelebt wie die latente Mystik und Innerlichkeit des Luthertums.

Gegen die unpersönlichen und rein sachlichen, von großer sozialer Distanz geprägten Beziehungen der Industriegesellschaft wurden klare Barrieren errichtet. Den Deutschen bedeutete die Intimität der Privatsphäre viel, sie erklärten sie zur Grundlage des ‚guten Lebens' und steigerten die Idealisierung der Familie[13] sowie der geistigen und emotionalen Bedeutung der innigen Freundschaft noch weiter. Um die Jahrhundertwende war die geringschätzige Betrachtung der Gesellschaft weit verbreitet, und die Familie galt gemeinhin als Zufluchtsort vor der ‚Anonymität' und ‚Homogenität' der deutschen Zivilgesellschaft (siehe Kapitel 2). Diese Zeit war das ‚goldene Zeitalter der Privatheit' (Kruse 1980: 39): „Es gibt Zeiten, in denen jede Überzeugung in die Familie flüchtet ... Heim und Herd sind und bleiben der sichere Hort des wahren Lebens, der Inbegriff der Menschlichkeit" (Gutzkow 1963: 7).

Je deutlicher die Privatsphäre den Gegenpol zu den Werten des Beamtentums und des Staates bildete, desto mehr sanken das Ansehen des Berufslebens und die damit verbundene legitimierende Konstellation von Werten. Wo immer dies stattfand, drohte das Berufsethos des Beamten auf rein sachliche Orientierungen hinsichtlich der Arbeit und der Zivilgesellschaft im Allgemeinen routinisiert zu werden. Darüber hinaus kam es häufiger zu Rückzug und Entfremdung von diesen beiden Bereichen. Dieser letztgenannte Weg stand zwar nur wenigen offen, insbesondere jungen Leuten und Studenten (siehe Becker 1949), aber die rein sachliche Sicht der Berufstätigkeit stellte zunehmend den lutherischen Berufsbegriff und die Werte des Beamtentums in Frage. Parallel dazu wurde Arbeit als einfach notwendig für das wirtschaftliche Überleben angesehen. Mit fortschreitender Urbanisierung und Industrialisierung galt die Arbeit auch als unverzichtbares und rein funktionales Mittel zur sozialen und psychischen Integration der Einzelnen in die ‚unpersönliche' Industriegesellschaft.[14] Diese deutsche Konstellation unterscheidet sich stark von der amerikanischen.

---

[13] Im 19. Jahrhundert wurden etliche Zeitschriften gegründet, die sich mit Familienthemen befassten (zum Beispiel *Über Land und Meer, Die Gartenlaube, Daheim*). Sie vermittelten ein sentimentales Bild der Familie voller Innigkeit und ohne Konflikte.

[14] Der Begriff ‚Arbeitsplatz' drückt diese Integrationsaufgabe gut aus: Die Arbeit gibt dem Menschen seinen *Platz* in der Gesellschaft.

4.3 Deutschland und Amerika im Vergleich

Die Werte der politischen und wirtschaftlichen Bereiche drangen in Amerika praktisch ungehindert in die Privatsphäre vor. Gesellschaftliche Gleichheit, individuelle Freiheitsrechte und parlamentarische Demokratie wurden sehr positiv eingeschätzt, genauso die legitimierenden Werte eines starken Bürgertums: Wettbewerb, Leistung, sozialer Aufstieg, Chancen und das Streben nach Zielen. Tatsächlich entstand über diese Werte ein Konsens; zusammengenommen verstärkten sie das öffentliche Vertrauen. Sie wurden zudem *in der Familie* als Ideale hochgehalten, in Freundschaften unterstützt und unter dem Stichwort ‚staatsbürgerliche Werte' erhielten sie einen zentralen Platz im Curriculum der öffentlichen Schulen (Cleveland 1927).

Durch eine einzigartige Konstellation – eine bestimmte religiöse Tradition, ein starkes Bürgertum und einen schwachen Staat – tief in der amerikanischen Gesellschaft verankert, bewahrten diese Werte ihre Wertschätzung. Selbst mit fortschreitender Industrialisierung war ihre Triebkraft ungebrochen und wurde nicht beispielsweise durch eine starke romantische Strömung ausgehöhlt, die die organische Harmonie der Gemeinschaft pries und dem ausgeprägten, aktivitätsorientierten Individualismus mit Misstrauen begegnete. Handeln entsprechend den in der amerikanischen Zivilgesellschaft dominierenden Werten galt als der sicherste Weg zu Erfolg in der Welt und einem guten Leben und deshalb konnte die öffentliche Sphäre *maximal* den Bereich des Privaten durchdringen. Dabei verstärkte die Sozialisation innerhalb der Familie die öffentliche Sphäre, und dies in einem Maße, dass die Grenze zwischen diesen beiden Bereichen durchlässig wurde und nicht mehr genau zu erkennen war.[15]

In Deutschland hingegen förderten inmitten des raschen strukturellen Wandels der Staat und dessen legitimierendes Ethos sowie die Berufsethik des Beamtentums das öffentliche Vertrauen. Die Werte dieser sozialen Träger waren jedoch nicht in der Lage, das vermehrte Drängen auf gesellschaftliche Gleichheit und parlamentarische Demokratie zu unterstützen. Im Gegenteil, die im Berufsleben, in Wirtschaft und Politik in Deutschland vorherrschenden unpersönlichen und sachlichen Werte führten zur Herausbildung einer scharfen Polarisierung: Der private Raum des Familienlebens stand zunehmend im Gegensatz zu den Konventionen und der sozialen Distanz in den formalisierten und hierarchischen Beziehungen, die für die deutsche Zivilgesellschaft typisch waren.[16] Daraus entwickelte sich eine Dynamik, die die ursprünglich vom lutherischen Glauben rund um die Privatsphäre aufgerichteten

---

[15] Lipset (1979) gibt eine Zusammenfassung zahlreicher vergleichender Studien, die diese Aussagen empirisch stützen. Siehe auch Bellah et al. (1985) und Caplow et al. (1982).

[16] Georg Simmels Mikrosoziologie dokumentiert diese strenge Polarisierung mit all ihren vielfältig verschlungenen Wirkungen. Umgekehrt kann man sich die Mikrosoziologie von Erving Goffman (1959) nur vor dem Hintergrund eines umfassenden und spezifisch amerikanischen

Mauern erhöhte und einen langen Schatten bis weit in das 20. Jahrhundert hinein warf. Die scharfe Trennung von Öffentlichem und Privatem und die Höherbewertung des Privaten führten zu einer verbreiteten Ambivalenz gegenüber Wettbewerb und sachlichen Beziehungen, zur Etablierung eines umgrenzten Gegenpols zum Berufsleben und der Ausbreitung der Werte des Berufslebens und zu einer Privilegierung privater Beziehungen. Manchen Gruppen erschien der Rückzug aus dem Berufsleben als einzig richtiger und achtbarer Weg.[17]

Diese deutsche Konstellation – die Polarisierung von öffentlicher und privater Sphäre und die Etablierung von öffentlichem Vertrauen durch eine starke Schicht und eine Institution, welche die Werte der parlamentarischen Demokratie und der gesellschaftlichen Gleichheit nicht trugen – hinterließ schwerwiegende Vermächtnisse. Um die Jahrhundertwende lassen sich drei Einstellungsmuster gegenüber der Arbeit unterscheiden:

(1) die Einstellung, die durch die Werte des Beamtentums und des preußischen Staates und die damit verbundene Handlungsorientierungen geprägt war;

(2) die zweckrationalen Orientierungen der neuen Arbeiterschicht, die Arbeit weiterhin als Mittel zum ökonomischen Überleben und als Weg zur sozialen und psychischen Integration in die ‚unpersönliche‘ Industriegesellschaft betrachtete, ungeachtet der Tatsache, dass das System der Lehrlingsausbildung wichtige Elemente aus dem oben genannten Standesethos und der lutherischen Konzeption vom Beruf erfolgreich durchsetzte; und

(3) eine generelle Entfremdung von den am Arbeitsplatz erwarteten Handlungsmustern und Rückzug aus dem Berufsleben.

Dieser *Pluralismus* der Einstellungen gegenüber der Arbeit war zu Anfang des 20. Jahrhunderts zwar tief verwurzelt, aber er überdauerte doch nicht unverändert bis heute. Vielmehr führten entscheidende historische Ereignisse und Entwicklungen zu neuen Handlungsorientierungen an neuen Werten, und diese *interagierten* dynamisch mit den Vermächtnissen der Konstellation Anfang des 20. Jahrhunderts. In der Folge veränderte sich *die Gewichtung* dieser für die Jahrhundertwende charakteristischen drei Säulen. Im letzten Abschnitt unserer an Weber angelehnten Konfigurationsanalyse des Orts der Arbeit im heutigen Deutschland untersuchen wir nun eben diese Transformation.

---

[16] Ansatzes vorstellen, der Öffentliches und Privates *verbindet*. Das gleiche gilt für die amerikanische Austauschtheorie (Exchange Theory). Der gleiche Hintergrund war auch die grundlegende Vorbedingung für die Entstehung und Beliebtheit der Rollentheorie in der amerikanischen Soziologie (und für die strukturell-funktionale Theorie insgesamt). Eine typisch deutsche Kritik liefert Tenbruck (1987), einen typisch deutschen Kommentar Münch (1986).

[17] Diese Haltung war bei den Anhängern der Jugendbewegung besonders ausgeprägt (siehe Becker 1949).

5   Vergangenheit und Gegenwart II: Der Niedergang des Beamtentums und der Widerstreit von Arbeitsmotiven in der BRD

Während die Handlungsorientierungen, die sich an den Werten der Berufsethik der Beamten ausrichteten, Ende des 19. Jahrhunderts in Deutschland immer noch eine größere Bedeutung hatten als rein sachliche Motivationen sowie Entfremdung und Rückzug aus dem Berufsleben, ist für die Arbeitseinstellungen in der heutigen Bundesrepublik ein offener und *gleichberechtigter Wettbewerb* zwischen diesen verschiedenen Motivationslagen kennzeichnend. Das Erbe des Nationalsozialismus, allgemeiner Wohlstand und die Herausbildung einer breiten Mittelschicht in den sechziger Jahren waren von entscheidender Bedeutung für diese wichtige Entwicklung. Die daraus resultierenden Veränderungen stellten die vorherrschende Orientierung an den Werten des Beamtentums und des preußischen Staates in Frage. Wie kam es nun zu diesem Wandel?

In der unmittelbaren Nachkriegszeit einte die Bürger der jungen BRD das Bemühen, die vom Krieg zerstörte Wirtschaft wieder aufzubauen. Für die meisten ging es um das nackte Überleben. Später wurde dies, motiviert durch Erinnerungen an die Weimarer Republik und das Chaos des Krieges und der unmittelbaren Nachkriegszeit, durch eine geradezu obsessive Fixierung auf wirtschaftliche Sicherheit ersetzt (Sontheimer 1971: 25ff.). Der Wiederaufbau und das ‚Wirtschaftswunder‘ der fünfziger Jahre hatten den Werten der Arbeitsdisziplin und der gewissenhaften Pflichterfüllung zunächst neuen Auftrieb gegeben. Drei Entwicklungen in den sechziger und siebziger Jahren stellten diese Werte dann in Frage und untergruben sie sogar, insbesondere bei der jungen Generation.

Zunächst einmal schwand mit dem Abschluss des wirtschaftlichen Wiederaufbaus, der Herausbildung einer breiten Mittelschicht, von allgemeinem Wohlstand und der Etablierung eines umfassenden Systems der sozialen Sicherung Mitte der sechziger Jahre die unmittelbare Notwendigkeit, das traditionelle Konzept des Berufs und die Standesethik des Beamtentums weiter hochzuhalten. Genau wie in den Vereinigten Staaten Ende der sechziger Jahre wurde die Arbeitsethik insgesamt von den Werten der jungen Generation offen in Frage gestellt. In Deutschland war im Verlauf der Geschichte indes eine ganz bestimmte Schicht vor allem Trägerin dieser Arbeitsethik gewesen: das Berufsbeamtentum. Und genau diese Schicht geriet nun weithin in Misskredit wegen ihrer Verstrickung mit der Nazi-Diktatur und ihrer Loyalität und Servilität gegenüber dem Staat.

Der Staat und das Beamtentum verloren an Ansehen, und diese Entwicklung wurde Ende der siebziger und Anfang der achtziger Jahre durch eine zweite Entwicklung noch beschleunigt und verstärkt. Die Untersuchung der Schrecken des Holocausts und die Auseinandersetzung damit konnten nur aus der Distanz stattfinden.

Nicht die Kriegsgeneration, sondern die zweite und die dritte Generation gaben den Anstoß zu der Diskussion (Herf 1980). Im Laufe der Auseinandersetzung gerieten die lutherischen und preußischen Werte von Pflichterfüllung, Ordnung, Gehorsam und die bedingungslose Treue zum Staat, die für das Berufsethos des Beamtentums und den Obrigkeitsstaat zentral wichtig waren, bei der jungen Generation weiter in Verruf. Diese Werte waren jetzt diskreditiert, weil man sie für die im Nationalsozialismus begangenen Gräueltaten verantwortlich machte.

Drittens war der Ansehensverlust des Staates und seiner Beamten in der deutschen Gesellschaft besonders ausgeprägt, weil sie traditionell in einer bestimmten Weise öffentliches Vertrauen entwickelt hatten, durch ihre Werte und ihre Achtung vor dem Staat. In den sechziger Jahren konnte auf diese Weise kein Vertrauen mehr geschaffen werden. Das daraus entstehende Vakuum erwies sich jedoch nicht als unausfüllbar. Vielmehr erzeugte die Stabilität während der Nachkriegszeit mit einer neuen Regierungsform allmählich neue Werte und diese Werte begründeten öffentliches Vertrauen – die Werte der demokratischen politischen Kultur, die es bis dahin in Deutschland nicht gegeben hatte.

Ende der siebziger Jahre bestand bereits ein deutlicher Trend weg vom traditionell niedrigen Niveau der ‚staatsbürgerlichen Kompetenz‘, wie es bis dahin für die deutsche politische Kultur typisch gewesen war. Das öffentliche Vertrauen erreichte ein höheres Niveau, die ideologischen Differenzen und die Feindschaft zwischen den wichtigsten politischen Parteien gingen zurück. Offenere Eliten kamen an die Macht. Formen der politischen Partizipation jenseits von Wahlen, von Bürgerinitiativen bis zu Demonstrationen, traten häufiger auf; sie wurden zudem von einem großen Teil der Gesellschaft als legitim angesehen. Kontinuierlich wuchsen bei den deutschen Staatsbürgern die Loyalität zu und der Stolz auf ihre demokratische Regierungsform.[18] Parallel dazu gingen zynische Einstellungen gegenüber den politischen Institutionen und der Prozentsatz derjenigen, die ein Gefühl der Ohnmacht bekundeten, deutlich zurück. Die Unterstützung für die zentralen Werte der repräsentativen Demokratie – Meinungsfreiheit, Grundrechte, Vertrauen in die Regierung – wuchs. In der BRD etablierte sich ein stabiles politisches System mit Kontinuität im politischen und wirtschaftlichen Kurs, das in der Bevölkerung auf breite Zustimmung stieß.[19]

Insgesamt können wir, trotz weitverbreiteter Unruhe, sagen, dass in den sechziger und siebziger Jahren eine umfassende und tiefgreifende Demokratisierung der deutschen Gesellschaft und der deutschen politischen Kultur stattfand. Der autoritären Anmaßung setzte man die Forderung nach gesellschaftlicher Gleichheit entge-

---

[18] Eine Ausnahme von diesem Trend war Mitte der siebziger Jahre unter sehr gut ausgebildeten jungen Leuten zu finden, zweifellos als Folge der ‚Berufsverbote‘.

[19] Diese Untersuchungen sind zusammengefasst bei Conradt (1980).

gen. Öffentliches Vertrauen war nicht mehr eng und ausschließlich an den Staat und das Beamtentum als seinen Trägern gebunden, es fand vielmehr zunehmend eine Stütze im Stolz auf das stabile politische System und die Werte der parlamentarischen Demokratie (Schoonmaker 1989; Baldwin 1989; Kalberg 1989b). Wie bereits um die Jahrhundertwende hatte die Art, wie in Deutschland Vertrauen etabliert wurde, bedeutsame Konsequenzen, nicht zuletzt für die Einstellung zur Arbeit und den Stellenwert der Arbeit. Diesmal jedoch war die Etablierung von öffentlichem Vertrauen nicht eng mit einer bestimmten Wertekonstellation verbunden – der Standesethik des Beamtentums –, die das disziplinierte, zuverlässige und systematische Arbeiten in einem Beruf hochhielt. Die Werte der demokratischen Institutionen der BRD etablierten zwar öffentliches Vertrauen, unterstützten aber nicht den alten lutherischen Berufsbegriff. Diese traditionellen Werte erregten vielmehr in der jüngeren Generation Misstrauen und sogar Verachtung.

Die amerikanische Situation stellte sich in dieser Hinsicht anders dar. Dort sehen wir eine *Kontinuität* der Entwicklung, und trotz aller Umwälzungen in den sechziger Jahren waren die für die amerikanische Mentalität prägenden Werte – Chancen- und Leistungsorientierung, soziale Gleichheit, Aufstiegsstreben, individuelle Freiheiten, keine Einmischung des Staates – nicht durch die Verbindung mit schrecklichen Ereignissen diskreditiert. Die amerikanischen Werte boten nicht nur weiterhin ein solides Fundament für ein starkes *Ideal* öffentlichen Vertrauens, sie stellten auch weiterhin die Arbeit auf ein Podest: Harte Arbeit war in den Augen der Amerikaner nach wie vor der mit Abstand beste Weg, Schwierigkeiten zu überwinden und das eigene Leben zu gestalten. Deshalb wurde der Arbeitsplatz zu einem festen Bestandteil des amerikanischen Selbstverständnisses. Wo immer die amerikanischen Ideale konkret in das Berufsleben einflossen, ging die Arbeitsmotivation über rein zweckrationale Erwägungen hinaus.

In der BRD entwickelte sich keine vergleichbare Wertekonstellation, die rein sachliche Einstellungen gegenüber der Arbeit in Frage gestellt oder abgelöst hätte. Kein ,Tellerwäschermythos' sagte den Deutschen, dass sie nur ihre Chancen ergreifen und selbst ihren Weg machen mussten (Craig 1982). Im Gegenteil, all diese Faktoren – der verbreitete Wohlstand, die Verbindung des Arbeitsethos der Beamten mit dem Obrigkeitsstaat einerseits und dem Holocaust andererseits und die Herausbildung von öffentlichem Vertrauen auf der Basis einer neuen, demokratischen politischen Kultur –wirkten in dieselbe Richtung: Sie verhinderten, dass sich die Arbeitseinstellung mit Werten verband.

Diese Entwicklungen schwächten den alten Berufsbegriff, die Werte, die mit dem Berufsethos des Beamtentums verbunden waren, und das paternalistische Ethos des preußischen Staates, und dies so nachhaltig, dass die Werte immer weiter die Bedeutung verloren, die sie um die Jahrhundertwende besessen hatten, und das Handeln am Arbeitsplatz nicht länger legitimierten, das heißt, sie konnten ihm über rein zweckrationale Erwägungen hinaus keinen Sinn geben. In den siebziger Jahren waren diese Werte erschüttert und sogar diskreditiert, vor allem bei großen Teilen der jüngeren Generation. Damit war ein wichtiges Hindernis gefallen, das die Routinisierung von wertrationalem zu zweckrationalem Handeln im Berufsleben hätte verhindern können. Das Eigeninteresse und instrumentelle Handlungsorientierungen konnten ohne weiteres an Bedeutung gewinnen. Die Arbeit wurde einerseits als notwendig für das Überleben und die wirtschaftliche Sicherheit angesehen und mit zunehmendem Wohlstand der deutschen Gesellschaft als unverzichtbar für die Anhäufung von Konsumgütern und die Sicherung eines hohen sozialen Status. Auf der anderen Seite erschien sie als ein wirksames Mittel, die Menschen sozial und psychisch in die Industriegesellschaft zu integrieren.

Nachdem die Arbeitseinstellungen nun nicht mehr so stark von Werten durchdrungen waren, standen sie auch einer anderen Entwicklung nicht mehr im Weg – oder vielleicht förderten sie diese sogar –, einer Entwicklung, die alle weiteren Versuche erschwerte, das Berufsleben entweder mit stützenden Werten auszufüllen oder ihm gegenüber anderen gesellschaftlichen Bereichen einen *herausgehobenen* Status zu geben: Gemeint ist die *Wiederbelebung* des Privaten in den siebziger Jahren. Dieses gewichtige Erbe war in der Aufbauzeit der fünfziger und sechziger Jahre latent vorhanden gewesen und konnte sich nun vor dem Hintergrund der Skepsis gegenüber dem Berufsethos der Beamten und dem Obrigkeitsstaat entfalten. Dabei wirkte das Unbehagen der jungen Generation am schieren Materialismus der kapitalistischen Konsumgesellschaft wie ein Katalysator. Darüber hinaus erzeugte die neue demokratische politische Kultur zwar in bestimmtem Umfang öffentliches Vertrauen, aber sie blieb noch zu unterentwickelt, um den neuerlichen Rückzug ins Private verhindern zu können. Die Orientierung am Privaten hatte in der deutschen Gesellschaft großes Gewicht, sie löste sich nicht einfach auf, denn sie war tief verwurzelt in der lutherischen Innerlichkeit und der Romantik des 19. Jahrhunderts und wurde Ende des 19. Jahrhunderts durch die Jugendbewegung und die Ablehnung der Moderne verstärkt. Wie schon früher brachte sie Distanz und emotionalen Rückzug aus der Arbeitswelt mit sich.

Noch ein weiterer Faktor unterstützte die Wiederbelebung des Privaten im Laufe der siebziger Jahre. Das System der sozialen Sicherung in der heutigen Bundesrepublik bekräftigt – und institutionalisiert damit – die beständige Betonung der Grenzen zwischen Privatleben und Berufsleben. Die Überzeugung, dass der Staat in umfassender Weise für das soziale Wohlergehen in allen Bereichen sorgen soll, von der finanziellen Förderung kultureller Ereignisse über die Organisation und Finanzierung der höheren Bildung bis zur Erhaltung der Konkurrenzfähigkeit der deutschen Industrie, findet in Deutschland breite Zustimmung. Der deutsche Staat genießt hohe Legitimität, weil er die Rolle der Instanz eingenommen hat, die Ressourcen mit dem Ziel zuteilt, das soziale Wohlergehen aller zu sichern. Der deutsche Staat stärkt durch vielfältige Maßnahmen und Regelungen die Familie[20] und erfüllt die ihm zugeschriebene Aufgabe, die Einzelnen vor dem harten Konkurrenzkampf des modernen Kapitalismus und dem freien Spiel der Marktkräfte zu ‚schützen'. Damit schlüpft er in eine paternalistische Rolle und *wirkt* an der Verteidigung der Privatsphäre *mit*. Während die Betonung der Privatsphäre um die Jahrhundertwende die Entstehung von sozialen Bewegungen zur Folge hatte, die sich einer Rückkehr zur Gemeinschaft verschrieben hatten, ist dieser Weg heute versperrt, denn die Industrialisierung und Urbanisierung Deutschlands ist zu weit fortgeschritten und der Wohlstand hat seit den sechziger Jahren alle Schichten der Gesellschaft erreicht. Eine neue Besinnung auf die Familie und auf Freundschaften kann nur in der Weise manifest werden, dass tiefen, dauerhaften persönlichen Beziehungen ein besonders hoher Stellenwert zugesprochen wird. Dass die Privatsphäre in Westdeutschland wieder verstärkt an Bedeutung gewonnen hat, ist beispielsweise an der ‚neuen Innerlichkeit' in der Literatur abzulesen (siehe Struck 1986; Moser 1984; Muschg 1986), an der Fülle von Ratgeberbüchern im Bereich Psychologie und privater Beziehungen, an der verbreiteten Entscheidung berufstätiger Mütter, ihre Karriere zu unterbrechen und jahrelang zu Hause zu bleiben, und an der mangelnden Bereitschaft von Arbeitslosen, selbst bei großzügiger finanzieller Unterstützung durch ‚Umzugsgeld' und ‚Fahrtkostenpauschale' einen Arbeitsplatz fernab von Familie und Freunden anzunehmen.[21]

Der Umstand, dass heute das Privatleben so wichtig ist, stellt die zwar geschwächten, aber nach wie vor existierenden Werte des Beamtentums weiter in Frage. Je mehr sich die Menschen emotional vom Arbeitsplatz zurückziehen, desto größere Bedeutung erlangt eine sachliche Arbeitseinstellung. Während Ende des letzten Jahrhunderts noch die mit der Berufsethik der Staatsdiener verbundenen Werte dominierten, herrscht heute in der Arbeitswelt der BRD ein *gleichberechtigter Wettstreit* unterschiedlicher Arbeitsmotive: Manch einer fühlt sich in seiner Arbeit entfremdet; andere betrachten die Arbeit als ein Mittel zum Erwerb materieller Güter oder zur Sicherung der sozialen und psychischen Integration in die Gesellschaft; wieder andere sind womöglich nach wie vor von den Werten motiviert, die zur Berufsethik des Beamtentums gehören. Der *Ort* der Arbeit in der BRD kann nur

---

[20] Zu nennen sind monatliches Kindergeld für jedes Kind bis zum Abschluss der Ausbildung, zwölf Wochen bezahlter Mutterschaftsurlaub, ein Rechtsanspruch auf Rückkehr an den Arbeitsplatz für jede Mutter bis drei Jahre nach der Geburt und die bezahlten Erholungskuren für Mütter (‚Müttergenesungswerk').

[21] Die meisten Deutschen können nicht nachvollziehen, dass die Amerikaner bereit sind, Familie, Freunde und die gewohnte Umgebung zu verlassen, um in einer anderen Stadt eine neue oder eine attraktivere Stelle anzutreten (siehe Walker 1971; Hall und Hall 1983; Kalberg 2000a).

geklärt werden, wenn diese offene und gleichgewichtige Konkurrenz der Handlungsorientierungen hinsichtlich der Berufstätigkeit anerkannt wird. Diesen Punkt müssen wir noch näher untersuchen.

6   Der Ort der Arbeit in der BRD: Berufsleben, Privatleben und Freizeit

Wir können nun den genauen Ort der Arbeit in der heutigen BRD bestimmen. Welches *Gewicht* hat das Berufsleben im Vergleich mit anderen Lebensbereichen? Hat es in Deutschland einen *höheren* Status als andere gesellschaftliche Bereiche?

Der Wettstreit unterschiedlicher Motive im Arbeitsleben erlaubt es den Deutschen, diesen Bereich klar abzugrenzen, sehr viel klarer, als es der Fall wäre, wenn die um die Jahrhundertwende vorherrschende wertrationale Orientierung, die das Arbeitsleben und die Zivilgesellschaft verband, weiterhin wirksam wäre. Darüber hinaus ist in jüngster Zeit ein Bereich wieder in den Vordergrund gerückt, der für die Berufsorientierung ein Hindernis darstellen kann: das Privatleben. Häufiger als in den Vereinigten Staaten, die keine vergleichbare Stärkung des Privatlebens erfahren haben, wird in Deutschland das individuelle Wohlergehen von der Pflege enger persönlicher Beziehungen abhängig gemacht. Es wird mehr Zeit für Familie und Freundschaften aufgewendet. Zwar sind Karriereziele und der gesamte Bereich der Berufstätigkeit für das individuelle Wohlergehen auch wichtig, aber sie werden so weitgehend vom Privatleben getrennt gehalten, dass in Deutschland sogar hochqualifizierte Spitzenkräfte sich nur bedingt auf das Berufsleben einlassen. Eine hohe Mauer trennt und schützt die Privatsphäre der engen persönlichen Beziehungen sehr viel wirksamer als in den Vereinigten Staaten vor der Ausdehnung des Berufslebens. Tatsächlich erzeugt diese lebendige Konkurrenz zwischen Berufsleben und Privatsphäre eine *dynamische* Interaktion, in der die Grenzen jeder Sphäre immer wieder neu benannt und bestätigt werden.

In den Vereinigten Staaten stellten der verbreitete Wohlstand und die sozialen Bewegungen der sechziger Jahre den Vorrang der Berufswelt nicht in Frage. Der Beruf ist unbestritten der wichtigste Bereich, in dem Männer und Frauen ihre individuelle Identität ausdrücken. Es ist weithin anerkannt, insbesondere in der Mittelschicht, dass der Beruf hohes emotionales Engagement verdient und der Bereich ist, in dem die „Selbstverwirklichung" stattfinden kann.[22] Zudem ist in der Mittelschicht nicht wie in

---

[22] Der Begriff *Selbstverwirklichung* ist noch ein Relikt des amerikanischen heroischen Individualismus und der Mentalität, dass man Gelegenheiten ergreifen muss. Die Auffassung, dass ein Mensch seine Persönlichkeit und seine Lebenschancen durch harte Arbeit oder Willensanstrengung gestalten kann, erscheint in den Ländern, die keine solche Tradition des heroischen, weltorientierten Individualismus und asketischen Protestantismus haben, wie etwa

der BRD der Wunsch nach lebenslanger wirtschaftlicher Sicherheit vorherrschend, sondern es gilt als erstrebenswert, etwas zu riskieren: Berufliche Mobilität und Aufstieg sind die Ziele.[23] Diese eindeutige Ausrichtung auf das Berufsleben macht einen Rückzug aus dem Beruf auf breiter Front ebenso unwahrscheinlich wie die Kultivierung privater Beziehungen und Werte,[24] insbesondere weil es in Amerika keinen umfassenden Sozialstaat gibt, der die Privatsphäre ‚schützt'. Außerdem fasste, wie bereits erwähnt, die Romantik in Amerika nicht als eine starke kulturelle Tradition Fuß, und sie führte auch nicht zur unbedingten Privilegierung der Privatsphäre.

Gleichwohl können wir auch nicht sagen, dass wir es in der BRD mit einer einfachen Polarisierung von Berufsleben und Privatleben zu tun haben. Der Wettstreit gleichgewichtiger Handlungsregelmäßigkeiten in der Arbeitswelt und die erfolgreiche Herausforderung durch die Orientierung am Privaten haben ein Vakuum entstehen lassen. Insbesondere haben sich als Folge des Wohlstandes und der Entwicklung einer breiten Mittelschicht andere Handlungsmuster ausgebildet und einen eigenen Bereich geschaffen: die Freizeit.[25] Der Rückzug aus der Berufswelt bedeutete nicht einfach eine Rückkehr in die Familie, wie es oft zu Beginn des 20. Jahrhunderts der Fall war, sondern ging mit der Kultivierung von Freizeitbeschäftigungen einher. Hobbys und Urlaub spielen in der BRD heute eine große Rolle im Alltagsleben, eine sehr viel größere als in den Vereinigten Staaten. Die meisten Beschäftigten haben einen

---

[22] Deutschland, als grenzenlos naiv, Maslows Theorie der Selbstverwirklichung (1973) ist fest in der amerikanischen Konstellation verwurzelt und spiegelt sie so weitgehend wider, dass man sie nur mit größter Vorsicht in andere Zusammenhänge übertragen sollte. Insofern ein Begriff von Selbstverwirklichung in Deutschland existiert, darf in Anbetracht des Ortes der Arbeit in der deutschen Gesellschaft nicht automatisch angenommen werden, dass das Berufsleben der wichtigste Bereich der Selbstverwirklichung ist (die Erwartung, dass der Arbeitsplatz die soziale und psychische Integration des einzelnen ermöglicht, scheint sehr viel weiter verbreitet zu sein). Vor dem Hintergrund des Erbes der Innerlichkeit kann man Selbstverwirklichung sehr viel eher in künstlerischen, kreativen und auch meditativen Betätigungen (wie Musik und Wissenschaft) erwarten.

[23] Während Relikte des deutschen Berufsbegriffs und des beruflichen Ausbildungssystems bis heute die Menschen in Westdeutschland zwingen, regelmäßig und gewissenhaft in einem vertrauten und stabilen Rahmen zu arbeiten, fühlen sich die Amerikaner gedrängt, beständig mit ihren Fähigkeiten, Qualifikationen und Neigungen zu experimentieren, um sie besser in Einklang mit den Anforderungen am Arbeitsplatz zu bringen und so ihren materiellen Wohlstand und ihr gesellschaftliches Ansehen zu steigern. In Deutschland wird derartiges Experimentieren oft als Zeichen mangelnder Reife gesehen.

[24] Eine Fülle von Berichten in den amerikanischen Medien deutet darauf hin, dass die Generation der sechziger Jahre überhaupt keine Skepsis gegenüber der Berufswelt und ihren Anforderungen an den Tag legt, sondern ihren Kindern eine noch viel ausgeprägtere Leistungsorientierung mit auf den Weg gibt, als sie selbst im Elternhaus erfahren hat.

[25] Natürlich spielte auch das Fehlen einer breiten asketischen Tradition in der deutschen Gesellschaft – besonders im Hinblick auf die Arbeit – eine wichtige Rolle.

gesetzlichen Urlaubsanspruch[26] von fünf bis sechs Wochen und in vielen sozialen Kreisen ist der Urlaub das wichtigste Gesprächsthema. Der hohe Stellenwert, den heute Freizeit und Privatleben genießen, schwächt das wertrationale Handeln in der Berufsethik und stellt damit eine direkte Herausforderung für das Berufsleben dar.

Während in den Vereinigten Staaten der Beruf eindeutig wichtiger ist als Freizeit und Privatleben,[27] sind diese drei Lebenssphären in der BRD gleichgewichtig und wetteifern miteinander. In der BRD hat eine ‚Dezentralisierung‘ der sozialen Bereiche stattgefunden und die Hegemonie des Berufslebens geschwächt, auch wenn das Prestige des Berufs, den jemand ausübt, nach wie vor den sozialen Status bestimmt. Der Ort der Arbeit in der BRD liegt an der *Schnittstelle* von Privatleben, Freizeit und Berufsleben.[28] Die in der *Allgemeinen Bevölkerungsumfrage der Sozialwissenschaften*[29] erhobenen Daten liefern eine eindrucksvolle empirische Untermauerung dieser Feststellung. Aus den Daten geht hervor, dass 52 Prozent mehr Deutsche als Amerikaner einen Beruf wegen der damit verbundenen Sicherheit wählen, 12 Prozent mehr Deutsche als Amerikaner wegen der vielen Freizeit. Umgekehrt entscheiden sich 32 Prozent mehr Amerikaner als Deutsche für einen bestimmten Beruf, weil er gute Aufstiegschancen bietet, und 25 Prozent mehr Amerikaner als Deutschen beurteilen einen Beruf danach, ob er sinnstiftend ist (Peterson 1985, Fragen 6B, 6D, 6E).

---

[26] In Deutschland spricht man vom ‚Recht auf Urlaub‘.

[27] Angesichts dieser Dominanz ist es nicht überraschend, dass Begriffe, die bislang ausschließlich mit der Arbeitswelt verbunden waren, nun auch in den Freizeitbereich Eingang gefunden haben. Beispiele wären Formulierungen wie ‚ich arbeite an meiner Bräune‘, ‚an meiner Rückhand‘, ‚Arbeitsessen‘ [working lunch] und ‚Arbeitsurlaub‘ [working vacation]. Solche Begriffe sind auch in die Privatsphäre eingeflossen: Wir leisten ‚Beziehungsarbeit‘ oder ‚arbeiten an unserer Partnerschaft‘. Ein Amerikaner kann ohne weiteres von der ‚Liebe zur Arbeit‘ sprechen, in Deutschland wäre das verdächtig. Weil in der Bundesrepublik feste Grenzen zwischen Arbeitsleben und Privatleben bestehen, hat ein vergleichbarer sprachlicher Austausch nicht stattgefunden. So ist es nicht verwunderlich, dass sich der Begriff ‚Feierabend‘ – der pünktlich um fünf Uhr nachmittags beginnt – nicht wörtlich ins Englische übersetzen lässt.

[28] Unsere Analyse deutet auch darauf hin, dass es keine Vorbedingung für das Vorhandensein außerordentlich fähiger Arbeitskräfte ist, wenn Arbeit und Berufsleben gegenüber allen anderen gesellschaftlichen Bereichen als vorrangig gelten.

[29] Dies sind die ersten standardisierten Umfragen in den Vereinigten Staaten und der Bundesrepublik (1982–1985); siehe Peterson (1985).

7   Schlussfolgerung

‚Der eigentliche Platz der Arbeit' kann in den postindustriellen Gesellschaften jeweils verschieden sein. Mit Hilfe des theoretischen Rahmens und der Forschungsstrategie der Weberschen Konfigurationsanalyse können die Unterschiede herausgearbeitet und eindeutig identifiziert werden. Der Ort der Arbeit in der BRD wurde
in der vorliegenden Studie durch eine nichtlineare Analyse geklärt, bei der wir uns
auf die dynamischen Interaktionen unterschiedlicher gesellschaftlicher Sphären
konzentriert und Vergangenheit und Gegenwart einbezogen haben.

Dies erlaubte uns, die relative Bedeutung des Berufslebens im Verhältnis zur Privatsphäre und dem Freizeitbereich zu bestimmen. Die zugrunde liegenden Einstellungsmuster gegenüber der Arbeit wurden zuerst in Beziehung zu der *einzigartigen*
Struktur der sozialen Schichtung in Vergangenheit und Gegenwart sowie der Konstellation politischer und historischer Faktoren gesetzt. Wir stellten fest, dass dabei
immer kulturelle Kräfte – die Religion und die Standesethik der Trägerschichten –
mit hineinwirkten. Handlungsorientierungen durch bestimmte kulturelle Kräfte sind
im Zuge der bedeutsamen strukturellen Veränderungen während der Industrialisierung keineswegs ausgestorben, sondern haben, sobald sie in mächtigen sozialen Trägern verankert waren, gewichtige Vermächtnisse hinterlassen. In dieser Untersuchung haben wir versucht zu zeigen, dass die kulturellen Vermächtnisse sogar mit
den Handlungsmustern der Gegenwart interagieren und in der BRD in signifikanter
Weise manifest geworden sind.

Mit der Weberschen Analysestrategie, die wir in dieser Fallstudie angewendet
haben, versuchten wir aufzuzeigen, in welcher spezifischen Weise diese Transformation stattgefunden hat. Tatsächlich sollte die Konstellation in der heutigen BRD,
weil sie einzigartig ist, die politischen Entscheidungsträger und Sozialwissenschaftler nicht dazu verleiten, aus der Diskussion über die Entkoppelung von Berufs- und
Privatleben verallgemeinernde Schlüsse zu ziehen und generell von einer ‚Krise der
Arbeitsgesellschaft' zu sprechen.[30] Wir müssen vielmehr erkennen, dass die gegenwärtige Diskussion über eine ‚Krise' tief in den kulturellen, politischen und historischen Gegebenheiten in Deutschland verwurzelt ist.

---

[30] In Deutschland gibt es eine lange Tradition der ‚Krisen'-Diskussionen (über die Krise des
   Kapitalismus, der Autoritäten, der Demokratie, des Industriestaates, der Regierbarkeit, der
   Moderne, der Konsumgesellschaft, der Familie und der Legitimität), in denen genau dieser
   Fehler begangen wurde.

Anwendungen II
Die politische Kultur in Amerika und Deutschland

Einleitung

Die vielfältigen Unterschiede der *politischen Kultur* in Deutschland und Amerika sind hier das Thema. Herausgearbeitet werden sie durch Vergleiche.

Die meisten soziologischen Untersuchungen auf dem Feld der Politik schlagen in der Forschung andere Wege ein als die, die hier beschritten werden. Die Studien beschäftigen sich im Allgemeinen mit spezifischen Gegenständen, etwa mit sozialen und politischen Bewegungen, den unterschiedliche Wahlbeteiligungen in den verschiedenen Klassen und religiösen Gruppierungen, der Rolle des Staates gegenüber der Wirtschaft sowie der Parteipolitik von Linken und Rechten. Stattdessen sollen in den Kapiteln 4 bis 7 die *Hauptachsen* der politischen Kultur in Deutschland und Amerika bestimmt werden. Diese Achsen, so wird behauptet, legen die grundlegenden Überzeugungen und Werte fest, die weitgehend für die unterschiedlichen Einstellungen der Deutschen und Amerikaner zu solchen Themen und Problemen verantwortlich sind. Die These lautet, autochthone, einzigartige Ursprünge und Entwicklungspfade bilden die Basis sowohl der deutschen als auch der amerikanischen politischen Kultur.

In Kapitel 4 wird der Frage nachgegangen, ob Tocquevilles These über die amerikanische Demokratie, es könne potentiell eine ‚Tyrannei der Mehrheit‘ entstehen, durch Webers Analyse der politischen Kultur Amerikas ‚bestätigt‘ wird. Untersucht wird darin ferner, ob der entscheidende Faktor, der nach Ansicht Tocquevilles die letztendliche Stabilität der politischen Kultur Amerikas erklärt – die große Verbreitung allerlei intermediärer bürgerlicher Vereine – wirklich seinen *Ursprung* dort hat, wo er ihn zu finden meint. Nach Weber steht im Zentrum des Falls Amerika eine eigentümliche Entgegensetzung: Ein ausgesprochener Individualismus der ‚Weltbeherrschung‘ ist allgegenwärtig, aber auch eine starke Wertschätzung der Amerikaner für eine von bestimmten ethischen Normen geprägten öffentlichen Sphäre (civic sphere).

In Kapitel 5 werden die wechselseitigen außenpolitischen Missverständnisse der Amerikaner und Deutschen analysiert. Obwohl die kausale Bedeutung geopolitischer, innenpolitischer und ökonomischer Interesse anerkannt wird, sind auch die Auswirkungen der politischen Kultur zu berücksichtigen. Deshalb werden in diesem Kapitel die einzigartigen Konturen der politischen Kultur in Amerika und Deutschland weiter untersucht. Deutlich werden sie hier durch den Verweis auf die unterschiedlichen Staatsauffassungen und den jeweils spezifischen sozialen Ort des ‚politisch-ethischen' Handelns. Es wird erforscht, wie diese Aspekte der politischen Kultur in Deutschland und Amerika die Grundlagen für die außenpolitischen Konflikte liefern. Tatsächlich wird in diesem Kapitel behauptet, dass internationale Streitigkeiten, die in abweichenden politischen Kulturen wurzeln, ihrer Form nach strukturierter und heftiger sind als Gegensätze, die wechselnden Interessen entspringen. Wiederum bilden Webers Begriffe und Forschungsstrategien den roten Faden der Analyse.

In Kapitel 6 werden die amerikanischen Präsidentschaftswahlen des Jahres 2004 unter dem Gesichtspunkt einer Frage analysiert, die nach Meinung vieler Wähler das entscheidende Thema war: ‚moralische Werte'. Gestützt auf eine Vielzahl von Beispielen wird behauptet, dass George W. Bush in den Augen der Wähler diese Werte stärker verkörperte als sein Gegner Senator John Kerry. Ihre Herkunft wird zu den Puritanern Neuenglands des 17. und 18. Jahrhunderts zurückverfolgt, und ihre anhaltende Wirkmächtigkeit wird herausgestellt: Sie zeigt sich an der weitverbreiteten Betonung, dass Moral eine Frage des Charakters sei, an der Haltung ‚man kann, wenn man will' (‚can do'), an einer starken Ausrichtung an Werten des Gemeinsinns und einem eigentümlich amerikanischen ‚Provinzialismus'.

Kapitel 7 widmet sich weiteren Möglichkeiten, Webers Methodologie für das Verständnis der heutigen politischen Kultur Amerikas nutzbar zu machen. Bereiche, in denen die politische Kultur in Deutschland sich von der amerikanischen absetzt, werden ebenso thematisiert wie Webers Albtraum von einem ‚stahlharten Gehäuse'. Die These dieses Kapitels lautet, dass die politische Kultur der Vereinigten Staaten heute von der Dynamik dreier Kräfte bestimmt ist – von einem Individualismus der Weltbeherrschung, von der Konsum- und Unterhaltungsindustrie und von den Idealen einer ethisch geprägten öffentlichen Sphäre –, deren Verhältnis zueinander verschieden ausfallen kann. Diese Dynamik erweist sich, wie weitere Vergleiche mit der politischen Kultur in Deutschland zeigen werden, als entscheidendes Charakteristikum der politischen Kultur Amerikas.

Kapitel 4
Tocqueville und Weber: Zu den soziologischen Ursprüngen der Staatsbürgerschaft – die politische Kultur der amerikanischen Demokratie[1]

Alexis de Tocquevilles Werk *Über die Demokratie in Amerika* gilt noch heute als die vielleicht profundeste Analyse der amerikanischen Gesellschaft, die je veröffentlicht wurde. Es ist ein Klassiker und weit mehr als ein ‚politischer Kommentar‘, denn es beleuchtet die ‚Sitten und Bräuche‘, die die eigentliche Grundlage der politischen Kultur der Vereinigten Staaten bilden. Im Mittelpunkt der Analyse stehen zwei Hauptthemen, die sich beide daraus ergeben, dass Tocqueville seinen Schwerpunkt auf die weitreichenden Unterschiede zwischen ‚aristokratischen und demokratischen Nationen‘ sowie auf den prägenden Einfluss der ‚Gleichheit der gesellschaftlichen Bedingungen‘ in der amerikanischen Gesellschaft legt: Zum einen beunruhigt ihn die potentielle Gefahr einer ‚Tyrannei der Mehrheit‘, zum anderen betont er, dass eine rege Beteiligung an Bürgervereinen unerlässlich sei, wenn die Demokratie stabil bleiben solle.

Auch Max Weber verbrachte, wie Tocqueville, einige Zeit in den Vereinigten Staaten und interessierte sich zeit seines Lebens für dieses Land. Obwohl seine Kommentare zur politischen Kultur Amerikas weit weniger bekannt und über seine Werke verstreut sind, berühren auch sie die beiden Themen, die Tocqueville beschäftigt haben.[2] Das Hauptziel der vorliegenden Arbeit besteht darin, diese Kommentare zu sichten und zu untersuchen, zu welchen Schlussfolgerungen Weber im Vergleich zu Tocqueville bei den angesprochenen Themen gelangt ist. Tocqueville versucht, die politische Kultur der Vereinigten Staaten vor allem unter den Gesichtspunkten der weitreichenden Gleichheit, der möglichen Tyrannei der Mehrheit und des großen Talentes der Amerikaner zu erfassen, wo nötig rasch Bürgervereine zu gründen. Wie Tocqueville weiß auch Weber um die schwächende Tendenz zu einem rigiden sozialen Konformismus im amerikanischen Alltagsleben, aber er stellt einen ‚weltbeherr-

---

[1] Übersetzt von Herbert Otter und Christa Broermann; durchgesehen vom Verfasser.

[2] In einem Brief an J. P. Mayer erklärt Webers Frau, Weber habe ‚zweifellos‘ Tocqueville gelesen (vgl. Mayer 1972: 166 Fn. 11). In seiner Besprechung der breiten Rezeption Tocquevilles in Deutschland schreibt Eschenburg, dass Dilthey, Roscher und Tönnies allesamt Tocqueville gelesen hätten (1976: 922ff., 927f.). Soweit ich weiß, zitiert oder kommentiert Weber jedoch nirgendwo Tocqueville.

schenden Individualismus' in den Vordergrund, der dieser Tendenz entgegenwirkt, und ebenso die Entwicklung einer von einem bestimmten Wertgefüge geprägten öffentlichen Sphäre.

Bei dem Vergleich zwischen Tocqueville und Weber soll in dieser Untersuchung herausgearbeitet werden, aus welchen unterschiedlichen Blickwinkeln die beiden klassischen Theoretiker die politische Kultur Amerikas betrachten. Sodann wird Tocquevilles stärker strukturell orientierter und an Interessen festgemachter Analyseansatz der besonderen Würdigung von Werten und religiösen Überzeugungen bei Weber gegenübergestellt. Schließlich sollen noch einige leitende Prinzipien aufgezeigt werden, die der politischen Kultur Amerikas zugrunde liegen. Ausgehend von den Erkenntnissen der beiden Theoretiker nehme ich zu einer Reihe von einflussreichen historischen Entwicklungen Stellung, die den Ursprung moderner Staatsbürgerschaft *(citizenship)* bilden.

1   Droht in den Vereinigten Staaten eine Tyrannei der Mehrheit?

1.1   Alexis de Tocqueville

Nach einer neunmonatigen Reise verließ Tocqueville die Vereinigten Staaten mit einem positiven Eindruck (siehe 1976: 4). Überzeugt, dass die Regierungsform der Demokratie über kurz oder lang auch in Europa Einzug halten würde, wollte er das, was er gelernt hatte, an seine Landsleute weitergeben und hoffte, dadurch die Entwicklung der Demokratie in Europa und besonders in Frankreich zu fördern (1976: 3ff., 15ff., 360–65). Dennoch blieb er in einem wichtigen Punkt skeptisch: Er fürchtete, dass Demokratien ohne wirksame Sicherheitsvorkehrungen unweigerlich in eine Tyrannei der Mehrheit ausarten würden (1976: 15ff., 363f.).

Tocqueville erklärt, ein tragender Pfeiler der Demokratie in Amerika sei die Annahme, die Meinung der Mehrheit besitze eine moralische Autorität. Diese beruhe auf dem Gedanken, dass „in vielen Menschen mehr Einsicht und Weisheit beisammen seien, als in einem allein" (1976: 285) und dass daher „die Interessen der großen Zahl denen der kleinen Zahl vorgehen" (1976: 286). Weiter sei „der Wille der Mehrheit der Ursprung aller Gewalten" (1976: 289), denn der Mehrheit stehe „auf Grund ihrer Einsicht [und Weisheit] das Recht zum Regieren der Gesellschaft" zu (1976: 285).

Tocqueville macht darauf aufmerksam, dass der ‚Keim der Tyrannei', schon in der einfachen Tatsache liegt, dass die „Macht und die Befugnis, alles zu tun" (1976: 291), die der Mehrheit übertragen wird, nicht durch eine gegensteuernde Macht beschränkt wird. „Gibt es … keine Hindernisse, die sie [die Mehrheit und die Macht der öffentlichen Meinung] aufhalten" (1976: 286, 290f.), an wen kann sich dann ein ungerecht behandeltes Individuum noch wenden? Die Legislative repräsentiert die Mehrheit, und die Exekutive wird von der Mehrheit gewählt. In vielen Bundesstaaten werden sogar Richter gewählt:

> Sehe ich also, daß irgendeiner Macht das Recht und die Befugnis, alles zu tun, eingeräumt wird, nenne man sie Volk oder König, Demokratie oder Aristokratie, werde sie in einer Monarchie oder in einer Republik ausgeübt, so sage ich: hier ist der Keim zur Tyrannei, und ich trachte, unter anderen Gesetzen zu leben. (1976: 291)

Tocqueville erklärt, dass die große Macht der Mehrheitsherrschaft besonders an der ‚Rolle des Denkens‘ sichtbar wird. Wo immer die Mehrheit vom Gesetz her die höchste Instanz bildet, werden sich die Menschen der Meinungen ihrer Mitbürger in hohem Maße bewusst und reagieren sehr sensibel auf sie. Ist ein Mehrheitsurteil erst einmal gefällt, setzt die getroffene Entscheidung allen Diskussionen ein Ende und bringt jede Debatte zum Verstummen. Auseinandersetzungen über ein breitgefächertes Spektrum fundamentaler Fragen werden abgeschnitten. Daher erklärt Tocqueville: „Ich kenne kein Land, in dem im allgemeinen weniger geistige Unabhängigkeit und weniger wahre Freiheit herrscht als in Amerika" (1976: 294). Und weiter: „Auf den ersten Blick könnte man meinen, in Amerika seien die Geister alle nach demselben Muster geformt, so sehr folgen sie der gleichen Bahn" (1976: 298). Der Spielraum der Meinungen ist so eng, dass sich Tocqueville die Frage stellt, ob von ernstzunehmenden politischen Freiheiten überhaupt die Rede sein könne. Wer Positionen und Meinungen vertritt, die von denen der Mehrheit abweichen, muss bald erkennen, dass ihm eine politische Laufbahn verschlossen ist und dass er zudem auch häufig gesellschaftlich geächtet wird.

Tocqueville zieht daraus eine eindeutige Lehre: Sobald eine Regierung ‚selbstgeschaffen‘ ist und die Menschen sich als gleichberechtigt empfinden, kommt es zu einer Meinungskonformität. Überall dort, wo Bürger nicht aufgrund ihrer Herkunft eine eindeutige soziale Stellung haben, sondern sich diese selbst erarbeiten müssen, wie das in Demokratien im Gegensatz zu feudalen Gesellschaftsformen der Fall ist, müssen sie im Übermaß auf die Meinungen anderer Rücksicht nehmen, um der Ächtung zu entgehen (1976: 295ff.). Während es sich ein Aristokrat leisten kann, die empörendsten Dinge zu sagen oder zu tun, ohne dass seine Überlegenheit in Frage gestellt oder angefochten wird, da sie fest in seiner adeligen Herkunft verankert ist, müssen die Bürger in egalitären Gesellschaften ihre soziale Stellung selbst erkämpfen und behaupten, und zwar durch ständige Rücksicht auf die Meinung ihrer gleichgestellten Mitmenschen. Außerdem gedeihen in diesem Klima auch Schmeichelei und Angst vor den Ansichten anderer.

Im Gegensatz zu Gesellschaften mit organisch gewachsenen Schichten, in denen die Menschen durch feste Verpflichtungen, Aufgaben und Zuständigkeiten eng miteinander verbunden sind, bringt die Gleichheit es mit sich, dass die Menschen voneinander isoliert sind – schon allein dadurch, dass das deutliche ‚Gefühl für den eigenen Platz' fehlt, das die feudale Gesellschaft auszeichnet. Diese Vereinzelung erlaubt einerseits jedem Menschen, „sich nur um sich selber zu kümmern" (1976: 506), und führt andererseits dazu, dass er sich der Meinungen anderer stärker bewusst ist und empfindlicher auf sie reagiert. Für Tocqueville:

> … hat ein König nur eine materielle Macht, die das Handeln beeinflusst und den Willen nicht erfassen kann; die Mehrheit jedoch besitzt sowohl eine materielle wie eine sittliche Macht, die auf den Willen ebensosehr wie auf das Handeln einwirkt, und die die Tat und zugleich den Wunsch zu handeln hemmt. (1976: 294; siehe 286 ff., 297 ff.)

Dennoch entdeckte Tocqueville auch eine Reihe von einflussreichen Kräften, die dieser ‚Tyrannei' entgegenwirken und sie im Zaum halten können. Zusammengenommen dämpfen sie seine Befürchtung, die ‚Allmacht' der Mehrheit habe gefährliche Folgen. Zunächst lenkt er die Aufmerksamkeit auf einige sekundäre Faktoren: auf die dezentralisierte Regierung in den Vereinigten Staaten, die davon Abstand nimmt, „die untergeordneten Dinge der Gesellschaft zu betreuen" (1976: 302 f.); auf den mächtigen Berufsstand der Rechtskundigen, welcher auf Gesetzlichkeit, geregelte Verhältnisse und öffentliche Ordnung ausgerichtet ist, als ‚natürliche' Aristokratie ‚über dem Volk steht', Neuerungen Widerstand entgegensetzt und „die der Volksregierung innewohnenden Mängel ausgleicht" (1976: 303–11) sowie auf die Institution der Geschworenengerichte, die Bürger mit Gesetzen bekanntmachen und „die Lenkung der Gesellschaft in die Hände der Regierten … legt" (1976: 314), was das Verantwortungsbewusstsein und die Umsicht beim Urteilen stärkt. Indem ein Geschworenengericht „die Menschen dazu zwingt, sich mit anderen als nur den eigenen Angelegenheiten zu befassen, bekämpft es die Selbstsucht des einzelnen" (1976: 317; 312–19). Tocqueville weist auch auf die Bedeutung einer freien Presse hin (1976: 820), auf die in den Vereinigten Staaten weitverbreitete Achtung vor dem Gesetz und auf die Stärke der Gerichte und der richterlichen Gewalt (1976: 331, 821). Schließlich behauptet er, dass Gemeindeeinrichtungen dem Volk den ‚Sinn für Freiheit' beibringen (1976: 331). Das Hauptgewicht legt Tocqueville jedoch bei seiner Analyse auf zwei weitere Sicherheitsvorkehrungen, die die ‚Mehrheitstyrannei mildern' und ‚die Demokratie erhalten': Religion und Bürgervereine.

Die Bedeutung der Religion unterstreicht er immer wieder. Schon allein der stete Wandel und die ständigen Veränderungen in solchen Epochen, die sich durch die Gleichheit der gesellschaftlichen Bedingungen auszeichnen, stellen eine große Gefahr für Demokratien dar. Für Tocqueville impliziert Gleichheit Innovation und fortwährende Verschiebungen in Tagespolitik und Moral. „In der sittlichen Welt erscheint alles zweifelhaft und ungewiss" (1976: 361), sobald Gleichheit herrscht.

Der ‚tägliche Lebensvollzug des Menschen' verlangt nach ‚Beständigkeit', so meint Tocqueville, und ‚Glück und Größe' können sich nur einstellen, wenn „dem Verstand ein heilsames Joch auferlegt" wird (1976: 505). Daher wird bei wachsender Gleichheit die Religion umso wichtiger, denn sie weckt „ganz entgegengesetzte Triebe" (1976: 506): „Bestimmte Vorstellungen von Gott und vom Wesen des Menschen" (1976: 505) und Maßstäbe für Tugend und Wahrheit, die dann nicht in der Tagespolitik gesucht werden müssen. Die Religion stellt absolute Prinzipien auf und bildet so ein Gegengewicht zu Gier, Neid und Selbstsucht. Die Freiheit betrachtet die Religion als „Schutzwehr der Sitte, die Sitte als Bürgschaft der Gesetze und als Pfand ihres eigenen Bestehens" (1976: 50). „Despotismus kommt ohne Glauben aus", so Tocqueville, „die Freiheit nicht. Der Republik … ist die Religion viel notwendiger als der Monarchie", denn „das sittliche Band" muss sich festigen, „derweil das politische sich lockert" (1976: 340; siehe 506, 510).

Auch Bürgervereine stellen eine starke Schutzwehr gegen die Tyrannei der Mehrheit dar. Nach Tocqueville dienen sie als Bollwerk gegen die unmittelbare Mehrheitsmeinung und schützen daher ihre Mitglieder. Gleichzeitig wirken die Bürgervereine der Vereinsamung entgegen, die aus der Gleichheit der gesellschaftlichen Bedingungen resultieren, setzen den ansonsten ruhelosen Menschen Schranken und bieten ihnen Richtlinien (1976: 605). Sie erleichtern es auch dem einzelnen, der „sich immer mehr in der Menge verliert" und „leicht in der … Unbekanntheit untergeht" (1976: 362), sich politisch zu engagieren und sich Gehör zu verschaffen, statt dass er sich entweder selbst überlassen bleibt oder sich einer unkontrollierten Masse anschließt: „Je mehr die Zahl dieser kleinen gemeinsamen Geschäfte zunimmt, umso mehr erwerben die Menschen … die Fähigkeit, gemeinschaftlich die großen Dinge durchzuführen" (1976: 604). Schließlich sorgen Bürgervereine auch für Kontinuität und, wenn sie zahlreich sind, für Ausgleich unter konkurrierenden Gruppierungen.

Diese Sicherheitsvorkehrungen könnten eigentlich vor den Gefahren schützen, die die Gleichheit der gesellschaftlichen Bedingungen mit sich bringt – Isolation und Konformitätsdruck – denn sie verhindern eine extreme Zentralisierung von Meinungen, die Voraussetzung für die Herstellung erdrückender Mehrheiten und ihrer entschlossenen Unterstützung durch die öffentliche Meinung ist. Dann würden politische Diskussionen weitergeführt und nicht mehr vorschnell als überflüssig angesehen, die Rechte von Minderheiten würden geschützt, die Meinungen wären weniger festgefügt und die Einschränkung des Denkens und der Phantasie weniger groß.

Dennoch tauchen in fast jedem Abschnitt von *Über die Demokratie in Amerika* große Zweifel an der langfristigen Stabilität der demokratischen Regierungsform unter den Bedingungen gesellschaftlicher Gleichheit auf, deren Chancen skeptisch beurteilt werden. Dieses Thema wird aus den unterschiedlichsten Blickwinkeln behandelt. Tocqueville beobachtet in den Vereinigten Staaten eine deutliche Verengung des Diskussionsspielraums und eine schmalspurige öffentliche Meinung. Aufgrund des großen Einflusses der Religion und der Bürgervereine in dieser Hinsicht, lehnt er es ab, die Übernahme einer Demokratie amerikanischen Stils für Europa zu empfehlen, wo Bürgervereine und Religion nach seiner Meinung wenig Wirkung haben (1976: 363f., 595). So bleiben seine Vorbehalte bis zum Ende bestehen.

1.2   Max Weber

Die Schriften von Max Weber werfen implizit die Frage auf, ob Tocquevilles Analyse die zentralen Parameter der politischen Kultur Amerikas korrekt erfasst. Hat Tocqueville vielleicht die Allmacht der Mehrheit und die Gefahr ihrer Tyrannei überbewertet? Hat er die Eigenart des amerikanischen Individualismus zutreffend geschildert?

Wie Tocqueville wies auch Weber auf den ungewöhnlich gruppenorientierten Charakter der amerikanischen Gesellschaft und den daraus resultierenden Konformitätsdruck hin. Er sah jedoch nie die Gefahr einer ‚Tyrannei der Mehrheit' oder eines ‚geschwächten' einzelnen. Vielmehr entdeckte er eine Kraft im Zentrum der politischen Kultur Amerikas – den aus dem asketischen Protestantismus hervorgegangenen ‚weltbeherrschenden Individualismus' – die jeder Tendenz zu einer solchen Tyrannei wirksam entgegensteuert, und zwar in viel umfassenderer Weise als die Sicherheitsmaßnahmen, die Tocqueville aufgeführt hat. Wird man der amerikanischen politischen Kultur möglicherweise am besten gerecht, wenn man Tocqueville *und* Weber gelten lässt und ein *Spannungsverhältnis* zwischen dem Konformitätsdruck, den die ‚Gleichheit der gesellschaftlichen Bedingungen' mit sich bringt, und dem eigenverantwortlichen *(self-reliant)* Individualismus in der Tradition des Puritanismus annimmt?[3] Wenn ja, welche Schlüsse lassen sich daraus für ein Verständnis der amerikanischen Demokratie und der politischen Kultur der Staatsbürgerschaft ziehen?

Weber lehnte die um die Jahrhundertwende in Europa vorherrschende Ansicht ab, die amerikanische Demokratie gründe sich auf isolierte und einsame Individuen (2004b: 317ff.; 1988c: 213–19). Vielmehr bringt er, wie Tocqueville, in Anschlag, dass sich diese Gesellschaft durch allgegenwärtige Vereine auszeichnet: Kirchen, Sekten, soziale Verbände, Freizeitklubs, Hobbygruppen, usw. Beide stellten fest, dass die Amerikaner außerordentlich rasch und gewandt Gruppierungen bilden. Weber betonte überdies, dass die Mitgliedschaft in diesen Gruppen zwar sicher zunächst

---

[3] Wie schon gesagt, verwende ich mit Weber die Ausdrücke ‚asketischer Protestantismus' und ‚Puritanismus' synonym.

ein Stück Zugehörigkeitsgefühl vermittelt und einen sicheren Ort für alle möglichen Aktivitäten bietet, gleichzeitig jedoch auch eine ‚Gewährleistung der Honorigkeit' oder der ‚sozialen Ehre' (2004b: 312) darstellt. Das in den feudalen Gesellschaften so zentrale Streben nach Ehre und Ansehen war keineswegs verschwunden, sondern blieb auch in den egalitären Gesellschaften ungebrochen erhalten, aber es nahm eine andere Form an: Ansehen wurde jetzt durch die Zulassung zu Vereinen ‚erworben', die in der Gemeinschaft großen Respekt genossen, und verdankte sich nicht mehr der adeligen Geburt (siehe 1988c: 213–17; 2004b: 311ff.; 1976: 535). Nach Weber kann man die amerikanische Demokratie nicht als eine Ansammlung einsamer Individuen begreifen, vielmehr ist sie von Menschen geprägt, die sich bereitwillig zusammenschließen und unzählige, zum Teil sehr exklusive Vereine bilden:

> Die genuine amerikanische Gesellschaft – und es ist hier gerade auch von den ‚mittleren' und ‚unteren' Schichten der Bevölkerung die Rede – war niemals ein Sandhaufen, niemals auch ein Gebäude, wo jeder, der da kommt, unterschiedslos offene Türen findet: sie war und ist durchsetzt mit ‚Exklusivitäten' aller Art. Nirgends bekommt – wo die alten Verhältnisse noch bestehen – der einzelne endgültig Boden unter die Füße, weder auf der Universität noch im Geschäftsleben, wenn es ihm nicht gelingt, in einem sozialen Verband, früher fast stets kirchlicher, heute irgendwelcher anderer Art, hineinballotiert zu werden und sich darin zu behaupten. (2004b: 318f.)

> … in der Vergangenheit und bis in die Gegenwart hinein war es ein Merkmal gerade der spezifisch amerikanischen *Demokratie*: dass sie *nicht* ein formloser Sandhaufen von Individuen, sondern ein Gewirr streng exklusiver, aber voluntaristischer *Verbände* war. (1988c: 215)

> Die amerikanische Demokratie [ist] kein Sandhaufen zusammenhangsloser Individuen, sondern ein Gewirr von höchst *exklusiven*, aber absolut frei gewachsenen Sekten, Vereinen, Klubs ist, in welchen und um welche sich das eigentliche soziale Leben des Einzelnen bewegt. (2005b: 672f.; siehe 2004b: 318f.)

Damit lenkt Weber die Aufmerksamkeit auf einen Aspekt des amerikanischen Lebens, den auch Tocqueville nachdrücklich unterstrichen hat: seine vielen und vielfältigen Bürgervereine. Obwohl er nirgendwo davon spricht, in welcher Weise diese Vereine die ‚Gedankenwelt' der Amerikaner beschränken, war ihm diese Gefahr sicherlich bewusst, wie besonders bei seiner Besprechung des Konformitätsdrucks in den asketischen protestantischen Sekten und ihrer Macht deutlich wird, die Ungehorsamen auszuschließen und sozial zu ächten:

> …diesem Renommee entspricht in weitem Umfang die wirkliche Qualität des Sektenmitglieds. Denn keine autoritäre Kirchenzucht einer Amtshierokratie kann an Intensität der Wirkung sich mit der Tragweite der Ausschließung aus der Sekte und vor allem auch mit der Intensität der Sektenerziehung messen. (2005b: 672; siehe 671–77; 1988c: 228; 2004b: 312ff.)

Diese Beobachtungen könnten Weber durchaus zu Tocquevilles Schlussfolgerung führen: in den Vereinigten Staaten besteht die große Gefahr einer Tyrannei der Mehrheit. Tatsächlich könnte der Einfluss der asketischen protestantischen Sekten und Kirchen auf das Verhalten, so wie Weber ihn schildert, geradezu die soziale Grundlage für eine solche Tyrannei erhellen. So sieht Weber das jedoch nie, vielmehr richtet er seine Aufmerksamkeit stark auf einen anderen Aspekt der amerikanischen Demokratie: den *weltbeherrschenden Individualismus*, den der Puritanismus hervorbringt. Dank dieser Ausrichtung gelangt Weber zu der Überzeugung, dass jede potentielle Gefahr in den Vereinigten Staaten durch eine Gegenkraft gedrosselt wird, die erheblich wirkungsvoller ist, als die von Tocqueville aufgeführten ‚Schutzwehren‘. Hinter dieser unterschiedlichen Beurteilung der politischen Kultur Amerikas stehen zwei sehr unterschiedliche Ansätze in der historisch-vergleichenden Soziologie: Während der eine sich dem Verstehen und einer starken Betonung der Werte verpflichtet fühlt, bedient sich der andere einer eher struktur- und interessenorientierten Methode.

1.2.1   Der weltbeherrschende Individualismus

Anhänger des asketischen Protestantismus befolgten die Gebote Gottes zweifellos unter anderem aufgrund der pragmatischen Einstellung, dass sie andernfalls aus ihrer religiösen Gemeinschaft ausgeschlossen und sozial geächtet werden könnten. Webers gesamte Soziologie betont jedoch auch eine andere Dimension menschlicher Erfahrung: den Glauben. Er zweifelt nicht daran, dass religiöser Glaube aufrichtig, bewusst gelebt und gesellschaftlich bedeutsam sein kann. Wie er häufig feststellt, ist es für ‚uns moderne Menschen‘ natürlich schwierig, uns die Dringlichkeit der zentralen Frage des asketischen Protestantismus des 16. und 17. Jahrhunderts vorzustellen: „Gehöre ich zu den Erlösten?" (1988b: 101ff., 163f., 205, 111f. [Fn.]; 2004b: 320). Diese Schwierigkeit sollte jedoch Soziologen nicht zu dem Schluss verleiten, dass Puritaner nicht ehrlichen Herzens fromm sein konnten.

Im Mittelpunkt von Webers Soziologie steht der Versuch, die subjektive Bedeutung des sozialen Handelns von Personen zu *verstehen*, die soziologisch bedeutsamen Gruppierungen angehören (wie etwa Stände und Verbände wie Kirchen, Sekten und Bürokratien). Rekonstruiert man beispielsweise, was für Puritaner subjektiv von Bedeutung war, so zeigt sich, dass Meinungskonformität unter den Glaubensgenossen nur *ein* Aspekt ihrer Frömmigkeit war. Eine andere Komponente – ihr ausgeprägter Individualismus oder, wie Weber sagen würde, ihre ‚weltbeherrschende Askese‘ – ist ebenso wichtig und zugleich unmittelbar in ihrem Glauben begründet. Während Tocqueville den Individualismus außer Acht gelassen hat, behauptet Weber, dass in der amerikanischen Demokratie sozialer Konformitätsdruck, der die Gefahr einer Tyrannei der Mehrheit in sich birgt, und Individualismus *nebeneinander* existieren. Zudem sei der Individualismus ein sicherer Schutz gegen diese Tyrannei. Wie kommt das?

Im Gegensatz zu den Katholiken standen die Anhänger des asketischen Protestantismus allein vor ihrem Gott, ohne die Hilfe von Autoritäten mit einem privilegierten Zugang zu Gott: Priestern, Bischöfen, Kardinälen und Päpsten. Von Puritanern wurde erwartet, dass sie die Heilige Schrift im stillen Kämmerlein lasen und interpretierten, so dass sie in einer unmittelbaren, persönlichen Beziehung zu Gott standen. Außerdem forderte ihr Gott – der zornige, rachsüchtige, ferne und allmächtige Gott des Alten Testamentes – die strikte Befolgung aller seiner Gebote, und menschliche Schwächen wurden nicht in einer Beichte vergeben. Schließlich sollten die Anhänger des asketischen Protestantismus allein Gott in Treue anhängen, wie schon vor ihnen die katholischen Mönche, so dass enge private Beziehungen, selbst die zwischen Eheleuten, nur in zurückgenommener und gemäßigter Form zulässig waren, da enge Bindungen an Menschen die wichtigste Beziehung nur gefährden konnten.

Eine solche Doktrin erzeugte zwangsläufig einen robusten und auf Eigenverantwortung bedachten Individualismus. Aber Weber meint, der Puritanismus tue das zudem noch in fundamentalerer Weise. Im 17. Jahrhundert hatte der einflussreiche englische Pfarrer Richard Baxter in seinen Schriften über puritanische Ethik Reformen vorgeschlagen und erklärt, das Handeln in der Welt – harte Arbeit, Wettbewerb, Gewinnstreben usw. – könne den Gläubigen einen Reichtum bescheren, der letztlich aus der gütigen Hand eines allmächtigen und allwissenden Gottes komme (jedenfalls konnten sie sich das *einreden*). Und natürlich ließ sich daraus logisch folgern, dass Gott nur diejenigen begünstigen würde, die er dazu auserwählt oder *prädestiniert* hatte, die ewige Seligkeit zu erlangen. Auf diese Weise erhielt das praktische Tun selbst, die *Weltbeherrschung* zugunsten der Erschaffung von Gottes blühendem Reich auf Erden, eine ‚religiöse Prämie‘ (siehe 1988b: 87–128, 163–202) – gesteigert durch den ausgesprochen *asketischen* Charakter dieser Lehre.

Daher wurde nun jegliches Handeln, das auf den Erwerb von Reichtum ausgerichtet war, legitimiert und sogar ausdrücklich begrüßt: scharfer Wettbewerb, die Einführung von Innovationen, das Bemühen um Aufstieg, das Entwickeln von Initiative und das Eingehen von Risiken. Diese neue Art der Lebensführung, die für Weber ein neues *Ethos* bedeutet, setzte nicht nur ungeheure Energien frei und brachte eine gewaltige Dynamik in die Entwicklung der amerikanischen Wirtschaft hinein, sondern bedeutete auch einen ausgeprägten, handlungsorientierten Individualismus. Zwar lenkte der asketische Protestantismus diesen Individualismus hauptsächlich darauf hin, dass sich der Gläubige mittels der Anhäufung von Reichtum zu vergewissern suchte, ob er im Stand der Gnade war, aber zugleich verlangte er, dass der Gottesfürchtige auch andere für ihr Verhalten verantwortlich machte. *Jeder einzelne* musste in der neuen *City on the Hill* Treue gegenüber Gott an den Tag legen und sich an seine Gebote halten, denn in Gottes Gemeinschaft mussten ,Schwäche' und ,weltliche Übel' überwunden werden. Die passive Hinnahme eines Übels war untersagt, der Fromme musste ,stark' sein und etwas gegen das Übel *unternehmen* (1988b: 87–128). Außerdem hatten im Puritanismus die Gläubigen die *religiöse Pflicht*, bei einem Verstoß der Obrigkeit gegen die Gebote Gottes gegen diese ,illegitime' Autorität zu protestieren und sie zu stürzen (2004b: 316f.; 2005b: 675ff.).

Auf diese Weise wurde der Gläubige dazu ermächtigt, im Sinne bestimmter Glaubensprinzipien entschieden zu handeln, und zwar im politischen ebenso wie im ökonomischen Bereich (siehe 1988b: 163–202):

> Die asketische Konventikel- und Sektenbildung insbesondere, mit ihrer radikalen Sprengung der patriarchalen und autoritären Gebundenheit und *ihrer* Art der Wendung des Satzes: daß man Gott mehr gehorchen müsse als den Menschen, bildete eine der wichtigsten geschichtlichen Grundlagen des modernen ,Individualismus'. (1988c: 235; siehe 2004b: 316ff.)

Dieser kurze und unvollständige Überblick über Webers These in *Die Protestantische Ethik* (siehe Kalberg 2011) muss genügen, um sichtbar zu machen, dass der asketische Protestantismus, wie der Puritanismus überhaupt, einen starken und eigenverantwortlichen Individualismus in die amerikanische Gesellschaft einführte. Aus seinen Kirchen und Sekten erwuchs allgemein die Bereitschaft, zu handeln und die Welt anhand religiöser Werte zu reformieren. Seine Anhänger waren weder zaghaft noch kontemplativ und akzeptierten auch nicht den willkürlichen Lauf der Dinge, sondern waren nun motiviert, die Gesellschaft im Ganzen durch ihr *ethisches* Handeln zu verwandeln. Die Pflege und Weitergabe dieses asketischen, weltbeherrschenden Individualismus fand in den Familien und in den selbstverwalteten Gemeinden statt.

Weber betont, dass sich die Gläubigen durch ihre Überzeugungen nicht nur dazu ermutigt sahen, gegen eine ungerechte weltliche Autorität zu kämpfen, sondern, falls nötig, auch gegen die öffentliche Meinung (2005c: 525ff.; 2004b: 316ff.). Widersprach ihr ,praktisch-ethisches' Handeln, das ihr Alltagsleben strukturierte, der Meinung anderer Gruppierungen – mochten sie sich auf eine Mehrheit stützen oder nicht – waren die Gläubigen *verpflichtet*, sich der öffentlichen Meinung zu widersetzen. Ihre Askese verlieh ihrem ethischen Handeln einen großen Nachdruck. Außerdem stellte die überragende Bedeutung der Heilsfrage sicher, dass bei den heroischen Bemühungen der Gläubigen, sich im täglichen Handeln zu bewähren, Gottes abstrakte Prinzipien und Gebote als Leitfaden dienten und nicht die persönlichen Eigenschaften von Menschen, emotionale Bindungen an sie oder populäre Strömungen und Modeerscheinungen (siehe 1988b: 111ff.; 2001b: 368ff.).

Als im 18. und 19. Jahrhundert Industrialisierung, Urbanisierung und Säkularisierung Einzug hielten, verwandelten sich die extremen Aspekte der innerweltlichen Askese in eine routinisierte utilitaristische Handlungsweise. Dennoch blieb an vielen Orten ein weltbeherrschender Individualismus erhalten und bewahrte eine normative Bedeutung. Zeitweise wurde er seines religiösen Gehaltes völlig entleert und nun von Familien, Nachbarn und Wortführern der Gemeinschaft gepflegt und weitergetragen. Dieser auf Handeln und Selbständigkeit ausgerichtete Individualismus war gekennzeichnet durch Resolutheit und einen unverwüstlichen Optimismus in bezug auf die menschliche Fähigkeit, mit festgefahrenen Traditionen zu brechen und mit sozialen Problemen fertigzuwerden. Außerdem motivierte er den einzelnen dazu, sich notfalls gegen die öffentliche Meinung zu stellen.

1.3   Tocqueville und Weber zur Tyrannei der Mehrheit

Tocquevilles Begriff vom Individualismus unterscheidet sich also drastisch von dem Webers. Er schreibt dem asketischen Protestantismus bei der Entwicklung des Individualismus in den Vereinigten Staaten keinen besonderen Einfluss zu. Seine Untersuchungen zum Thema Religion beschränken sich fast völlig auf eine allgemeine Diskussion darüber, in welcher Weise religiöse Überzeugungen Verhaltensrichtlinien und sittliche Maßstäbe bereitstellen,[4] die besonders unverzichtbar sind, wenn eine Tyrannei der Mehrheit in einer egalitären Gesellschaft vermieden werden soll (1976: 505–12).[5]

Für Tocqueville entwickelt sich der Individualismus, wie bereits dargelegt, einfach aus dem Niedergang des Feudalismus und der darauffolgenden Entstehung des Egalitarismus: „Der Individualismus ist demokratischen Ursprungs, und er droht sich in dem Grade zu entfalten, wie die gesellschaftliche Einebnung zunimmt" (1976: 585). Nach diesem rein strukturellen Ansatz hebt die voranschreitende Gleichheit die festgelegten Positionen und Pflichten auf, die im Feudalismus selbstverständlich sind, und ermöglicht es den Menschen, sich als von der Vergangenheit und jeder festen sozialen Verankerung losgelöst zu verstehen: „Das Band menschlicher Zuneigungen dehnt und lockert sich" (1976: 586). Ohne festgefügte gesellschaftliche

---

[4] Tocqueville hält fest, dass in den Vereinigten Staaten ‚zahllose' Sekten zu finden seien (1976: 336, 511), unterscheidet sie aber nirgendwo namentlich oder nach ihren Lehren. Vielmehr bleiben seine Äußerungen bemerkenswert allgemein (siehe S. 336, 511, 504–514 *passim*, 614ff.). Unterschiede zwischen Protestanten und Katholiken werden nur vereinzelt angesprochen (siehe S. 333, 513f.).

[5] Während Tocqueville die Wirkung der Religion in Europa als schwach ansieht (siehe 1976: 361), hält er sie in den Vereinigten Staaten für extrem stark (siehe 1976: 49f., 336ff., 341–348).

Hierarchien sind die Menschen nicht mehr ,Glieder einer Kette'; ihre Verbindung untereinander reißt ab, und sie werden einander fremd:

> Mit der fortschreitenden gesellschaftlichen Einebnung wächst die Zahl der einzelnen Menschen … die niemandem etwas schuldig [sind], sie erwarten sozusagen von niemandem etwas; sie gewöhnen sich daran, stets von den andern gesondert zu bleiben, sie bilden sich gerne ein, ihr ganzes Schicksal liege in ihren Händen. (1976: 586f.; siehe 585ff.)

Im Grunde definiert Tocqueville den Individualismus so, als bedeute er eine Isolierung des einzelnen, einen ,Atomismus', eine ,Konzentration der Aufmerksamkeit auf sich selbst':

> [Die Demokratie] führt ihn ständig auf sich allein zurück und droht ihn schließlich ganz und gar in der Einsamkeit seines eigenen Herzens einzuschließen. (1976: 587; siehe 783, 820)

Dieser Individualismus hat nichts mit ,Weltbeherrschung' zu tun und ist auch nicht – durch Askese – in der strengen Befolgung abstrakter Prinzipien und Regeln verwurzelt, sondern schwächt den einzelnen und beraubt ihn einer klaren inneren Richtung: „Die Gleichheit trennt die Menschen voneinander und schwächt sie" (1976: 820).[6] So verwundert es nicht, dass Tocqueville bei der Aufzählung der verschiedenen Sicherheitsvorkehrungen gegen eine Tyrannei der Mehrheit den Individualismus unerwähnt lässt. Der Individualismus, den Weber in der amerikanischen Demokratie erblickt – verwurzelt im Streben nach Weltbeherrschung, das dem asketischen protestantischen Glauben eigen ist, statt in einem Prozess gesellschaftlicher Einebnung – unterscheidet sich drastisch von dem Tocquevilles.

Zusammengefasst beruht also Tocquevilles These von der drohenden Tyrannei der Mehrheit auf der Auffassung, das Individuum sei in einer Demokratie im Grunde passiv und eingeschüchtert. Wie soeben dargelegt, deuten Webers Beobachtungen über die politische Kultur in Amerika auf eine ganz andere Art von Individualismus hin, auf einen, der ,von innen' kommt und fest in der Orientierung an absoluten Werten und Prinzipien verwurzelt ist. Da die Menschen fähig sind, ,in der Welt' im Sinne dieser Werte zu handeln, können sie sich aufgrund *dieses* Individualismus sogar *gegen* eine populäre Meinung stellen, die von der ,Allmacht der Mehrheit' gestützt wird.[7]

Webers Analyse offenbart, dass Tocquevilles These von der drohenden Tyrannei der Mehrheit auf einem Bild von der amerikanischen Demokratie beruht, das nur

---

[6] Tocquevilles Charakterisierung des Individualismus fällt sehr hart aus, auch ist seine Opposition gegen den Populismus ausgesprochen scharf (siehe 1976: 505f., 585f.).

[7] Weber sieht darin eine wichtige gesellschaftliche Quelle für die Idee der Menschenrechte (siehe 2005b: 675ff.).

einen von zwei Endpunkten einer Achse berücksichtigt. Im Mittelpunkt von Webers Untersuchung steht, dass es in der politischen Kultur der Vereinigten Staaten eine anhaltende *Spannung* zwischen einem weltbeherrschenden Individualismus einerseits und einem starken Druck zu sozialer Konformität und Gruppenorientierung andererseits gibt. Typisch ist eine *Pendelbewegung* über ein ganzes Spektrum hinweg, das von ‚weltorientiertem' Individualismus bis zu gesellschaftlicher Anpassung reicht. Beide Prinzipien sind nach Weber tief in der Religionsgeschichte Amerikas verwurzelt und keiner von beiden verdankt sich einem rein strukturellen Wandel, nämlich der Entstehung der Gleichheit gesellschaftlicher Bedingungen. Weber meint, wenn man den Egalitarismus als theoretischen Bezugspunkt heranziehe, vernachlässige man die entscheidende Frage nach seinem *kulturellen Kontext*.

Sowohl Tocqueville als auch Weber sprechen von der zentralen soziologischen Bedeutung von Bürgervereinen in der politischen Kultur Amerikas und beide staunen über deren Allgegenwart. Aber auch hier unterscheiden sich ihre Erklärungen: Sieht Tocqueville den Ursprung der bürgerlichen Vereine in den politischen Vereinen und in einer Vielzahl unterschiedlicher Interessen, meint Weber, wenn auf breiter Ebene Bürgervereine entstehen sollen, sei eine Reihe von Werten unverzichtbar, die diesen Vereine vorausgehen und zusammen eine bestimmte, *ethisch geprägte öffentliche Sphäre (civic sphere)* erzeugen.

2 Die entscheidende Rolle der Bürgervereine

2.1 *Alexis de Tocqueville*

Wie bereits erläutert, behauptet Tocqueville, dass durch den Zerfall der sozialen Hierarchie im Zuge des Niedergangs des Feudalismus und mit der wachsenden Gleichheit der gesellschaftlichen Bedingungen eine große Gefahr entsteht: der einzelne gerät in eine immer stärkere Isolation. Ohne einen ‚festen Standort' und daher ohne eine bereits definierte Verbindung zu anderen oder zur Vergangenheit, sind die einzelnen bei diesem Prozess der sozialen Einebnung immer mehr auf sich selbst gestellt (1976: 590f.). Diese Vereinzelung führt nicht nur zum Individualismus einerseits und einem weitreichenden Konformismus andererseits, sondern bringt obendrein noch „die Gefahr großer Instabiltät mit sich, auf die bald der Ruf nach der Autorität einer starken Führungsfigur folgt" (1976: 817). Die Allmacht der Mehrheit, so Tocqueville, „erscheint mir als … große Gefahr für die amerikanischen Republiken" (1976: 220; siehe 814ff.).

Darum meint er, „dass die Art der Unterdrückung, die die demokratischen Völker bedroht, in nichts der früheren in der Welt gleichen wird" (1976: 814): Anarchie und Knechtschaft bedrohen auf lange Sicht ihre Stabilität, denn „die Gleichheit erzeugt in der Tat zweierlei Neigungen: die eine führt die Menschen unmittelbar zur Unabhängigkeit hin und kann sie plötzlich bis in die Anarchie treiben; die andere lenkt sie ... zur Knechtschaft" (1976: 783; siehe 299f., 505f.). Diese Knechtschaft erwächst auch der „Tendenz der Demokratie, alles zu zerstören, was zwischen dem einzelnen und dem König steht", so dass das Individuum „allein und isoliert vor der Staatsmacht steht" (1976: 815).

All die oben angeführten Schutzmaßnahmen wirken der Anarchie und der Knechtschaft entgegen. Besondere Aufmerksamkeit schenkt Tocqueville dabei den Bürgervereinen. Er ist der Ansicht, die Tendenz egalitärer Gesellschaften zum Autoritarismus könne gebremst werden, wenn die Bildung von Bürgervereinen mit dem Maß der gesellschaftlichen Nivellierung Schritt hält (1976: 595–99). Ganz gleich, ob diese Verbände politisch, religiös, beruflich oder auf Hobby und Freizeitaktivitäten ausgerichtet sind, sie bilden ein Bollwerk gegen den Despotismus. Als Organisationen, die ansonsten schwachen Individuen zu Macht verhelfen und ihnen die Grundlagen der hohen Kunst des Regierens vermitteln, sind Bürgervereine unter den Bedingungen gesellschaftlicher Gleichheit unentbehrlich.

Wie Tocqueville feststellt, haben die Amerikaner glücklicherweise ein großes Talent, solche Vereine zu gründen. Sie tun das ‚ständig‘ in natürlicher und spontaner Weise. Tocqueville spricht von einer ‚außerordentlichen Kunst‘, sich zu Bürgervereinen ‚unzähliger Arten‘ zusammenzutun (1976: 595), so dass „kein noch so geringes Vorhaben" (1976: 596) davon ausgeschlossen bleibt (siehe 1976: 598). Werden in Amerika rasch Bürgervereine gegründet, um gegen soziale Missstände aller Art anzugehen, übernimmt diese Aufgabe in England die Oberschicht und in Frankreich die Regierung (1976: 595). In dieser Hinsicht könnte Amerika die Europäer vieles lehren (1976: 599).

Die zentrale Stellung der Bürgervereine in Tocquevilles Analyse wirft eine entscheidende Frage auf: Wie kommt es, dass die Amerikaner mit so ‚außerordentlicher Kunst‘ Vereine ins Leben zu rufen verstehen? Dass solche Vereine nicht einfach von alleine sprießen, sobald die Bedingungen gesellschaftlicher Gleichheit gegeben sind, wird aus Tocquevilles Äußerungen über Frankreich deutlich. Mit dem Verfall des Feudalismus und der fortschreitenden gesellschaftlichen Nivellierung im 17., 18. und 19. Jahrhundert wurde einerseits der Ruf nach einer ‚geschickteren und tätigeren Regierung‘ laut (1976: 597) und andererseits enstand ein ‚Gruppenindividualismus‘: Es entwickelten sich mehrere klar abgegrenzte Klassen, von denen eine jede Anspruch auf Ehre und Ansehen erhob (siehe Tocqueville 1955: 96).

Tocqueville meint, die ersten Impulse zur Gründung von Bürgervereinen in Amerika seien aus der Handelswelt gekommen. Gemeinsame wirtschaftliche Interessen bringen nach seiner Ansicht die Menschen zu Vereinen zusammen. Wenn die Versammlungen wegen ‚kleiner Anliegen‘ zunehmen, gewinnen die Menschen Erfahrung darin, sich aufgrund gemeinsamer Interessen zusammenzutun. Daraus erwächst mit der Zeit eine besondere Fähigkeit (1976: 604). Dann springt diese Fähigkeit auch auf den Bereich der Politik über. Politische Vereine wiederum fördern die Bürgervereine. Wenn das „Wissen über das öffentliche Leben" zunimmt, „stellt sich … der Gedanke an den Verein und der Wunsch, sich zusammenzuschließen … ein" und „die Politik [lässt] die Neigung und die Gewohnheit, sich zusammenzuschließen, allgemein werden" (1976: 604). Daher weckt die Politik selbst in vielen Menschen den Wunsch, ‚sich zu vereinigen' (1976: 604f.). Sie lehrt sie, sich zu Verbänden zu formieren und bringt sie immer wieder zusammen, so dass sie schließlich zugunsten einer Vielzahl von Zwecken aktiv werden (1976: 605).

So kommt nach Tocqueville der Hauptimpuls zu Zusammenschlüssen aus dem Bereich der Politik – nicht zuletzt deshalb, weil dort im Vergleich zu kommerziellen Verbänden, ein viel kleineres finanzielles Risiko besteht. Aber wenn die Mitglieder lernen, „wie man in einer großen Menschenzahl Ordnung hält" (1976: 605) und wie man Ziele gemeinsam erreicht, erwerben sie Fähigkeiten, die sie leicht auf die verschiedensten Aktivitäten übertragen können. Überall dort, wo politische Vereine sich frei und offen gründen können, sehen die Menschen „schließlich im Verein das allumfassende … Mittel, dessen sich die Menschen bedienen können, um die verschiedenen Ziele, die sie aufstellen, zu erreichen" (1976: 606; siehe 608). Tocqueville merkt an, „dass es eine natürliche und vielleicht notwendige Beziehung" zwischen politischen und bürgerlichen Vereinen gibt (1976: 604).

Dennoch führt er für das ungewöhnliche Wachstum von Bürgervereinen in den Vereinigten Staaten noch einige weitere Gründe an. Nach seiner Auffassung nehmen die Bürger deshalb an öffentlichen Angelegenheiten Anteil, weil ihnen bald klar wird, dass in Demokratien Erfolg bei der Vertretung privater Interessen eng mit dem Gedeihen des öffentlichen Bereiches verknüpft ist: und das öffentliche Wohl verlangt gemeinsames Handeln (1976: 592f.). Außerdem behauptet er, dass Freiheit an sich und freie Institutionen den Übeln entgegenwirken, die die Gleichheit hervorbringt, und zu bürgerlichen Vereinen führen (1976: 592f.). Auch weckt die Freiheit im Menschen die Vorstellung, er solle sich für die Allgemeinheit einsetzen:

> Die freien Einrichtungen…und die politischen Rechte…lenken seinen Geist immerzu auf diesen Gedanken, dass Pflicht wie Vorteil den Menschen gebieten, sich ihren Mitmenschen nützlich zu erweisen…und durch stetes Arbeiten für das Wohl seiner Mitbürger nimmt man schließlich die Gewohnheit und die Neigung an, ihnen zu dienen. (1976: 593f.)[8]

---

[8] Tocqueville erklärt: „In den demokratischen Einrichtungen gibt es also ein verborgenes Streben, das die Menschen trotz ihrer Fehler und Irrtümer zum Besten der allgemeinen Wohlfahrt zusammenwirken lässt" (1976: 270).

Tocqueville stellt in der politischen Kultur Amerikas auch einen gut entwickelten ‚Gemeingeist' *(public spirit)* fest. Dieser Gemeingeist wiederum fördert die Entwicklung von Bürgervereinen. Den Ursprung dieses Geistes erblickt er einerseits in der Überzeugung der Amerikaner, dass die Nation dank der möglichen Beteiligung aller von ihnen selbst geschaffen wird, und andererseits in ihrer Ansicht, dass die Beteiligung am öffentlichen Leben ihren eigenen Interessen zugute kommt (1976: 271; siehe 590f.).[9] Tocqueville ist überzeugt, dass das wirksamste Mittel, das Interesse von Bürgern an ihrem Staat zu wecken, darin besteht, „sie an der Regierung teilhaben zu lassen" (1976: 272). In Demokratien findet, wie er meint, der Mann aus dem Volk „im öffentlichen Reichtum seinen eigenen wieder, und er arbeitet für das Wohl des Staates nicht bloß aus Pflicht oder aus Stolz, sondern, ich möchte fast sagen, aus Begehrlichkeit" (1976: 273; siehe 593). Folglich gedeiht der Gemeingeist ebenso wie Bürgervereine.[10]

Webers Analyse der Gründe für die Entstehung von Bürgervereinen führt zu ganz anderen Ergebnissen. Will man den ungewöhnlichen Erfolg der Amerikaner bei der Bildung von Bürgervereinen erklären, muss man seiner Meinung nach eine bestimmte, *ethisch geprägte öffentliche Sphäre* berücksichtigen, die aus ganz spezifischen und fruchtbaren *Werten* entsteht. Wo immer bürgerliche Vereine eine solche Verbreitung haben, muss ihre Entstehung mit Bezug auf einen solchen sozialen Kontext verstanden werden, der sich durch eine Reihe klarer Grundsätze auszeichnet, die das Handeln leiten, Werte setzen und als *Ideale* dienen.

2.2   Max Weber: Das Entstehen einer ethisch geprägte öffentlichen Sphäre

Wie entstand nach Webers Auffassung in den Vereinigten Staaten eine ethische öffentliche Sphäre? Wieder verweist er auf religiöse Überzeugungen in der Kolonialzeit. Er untersucht, in welcher Weise die Lehre des asketischen Protestantismus den Gläubigen dazu ermutigte, das Reich Gottes auf Erden zu schaffen, befasst sich mit

---

[9] Tocqueville sucht also den Ursprung der Bürgervereine ebenso wie den des Gemeingeistes *(public spirit)* vorwiegend in den Eigeninteressen des Individuums. Diese Erklärung erscheint in *Über die Demokratie in Amerika* außerordentlich häufig, etwa bei den Themen Geschworenengerichte (1976: 312–319), Beistand für andere (611), Mäßigung und verwandte Tugenden (612), Einfluss der Religion (614ff.), Patriotismus (270), Sicherung von Rechten (274f.), die Achtung vor dem Gesetz und seine Durchsetzung (277), Zusammenarbeit bei öffentlichen Angelegenheiten (590f.), usw. An mehreren Stellen äußert Tocqueville direkt, welchen zentralen Stellenwert er dem Eigennutz als Antriebskraft zuschreibt (siehe 615, 478f., 593f.).

[10] Auch diese Erklärung – dass die Menschen unterstützen, was sie für ihr eigenes Werk halten – erscheint häufig in *Über die Demokratie in Amerika*.

dem Selbstverständnis der Kirchengemeinde als ‚ethischer Gemeinschaft' und mit der Ausdehnung der Werte der Kirchengemeinden auf säkularisierte Bereiche wie Nachbarschaft, Schulen und Gemeinden. Zusammengenommen schufen diese Entwicklungen einen sozialen Kontext, der zur Bildung von Bürgervereinen beitrug.

2.2.1 Die Schaffung des Reiches Gottes auf Erden

Der weltbeherrschende Individualismus des Puritanismus brachte, wie bereits dargelegt,[11] eine starke Ausrichtung auf das Heil des *Individuums* mit sich und gleichzeitig eine ebenso starke Ausrichtung *auf eine Gemeinschaft*: man musste den Willen Gottes erfüllen, indem man möglichst sein Reich auf Erden schuf. Der angestrebte Reichtum ist nicht für das selbstsüchtige Vergnügen der Gläubigen gedacht, sondern wird wieder investiert und dient dadurch der Gesellschaft als ganzer – denn *alle* sind Kinder Gottes, die sich an der ehrenvollen Aufgabe beteiligen, durch die Schaffung blühender Gemeinden seinen Ruhm zu mehren. Daher betrachteten die Gläubigen das Bemühen um das Vorankommen ihrer Gemeinden nie unter rein utilitaristischen oder kognitiven Gesichtspunkten, sondern als festen Bestandteil ihrer religiösen Pflichten. Das Streben nach Wohlstand für die Gemeinschaft war ausdrücklich ein Stück *Gottesdienst*.

Der Puritanismus verstärkte den Druck auf die Gläubigen in dieser Richtung noch weiter. Er überließ die Gläubigen sich selbst und sie mussten allein ‚Zeichen' für ihr schon prädestiniertes Schicksal finden. Weder eine Kirche und ihre Sakramente, noch heilige Mittler konnten die große Angst beschwichtigen, die in der bangen Frage lag, wie es um das eigene Heil stehe. Allerdings gab auch der asketischen Protestantismus ein gewisses Maß an Hilfestellung: Hatte der Gläubige Erfolg im weltlichen Leben, so konnte er sich *einreden*, dieser Reichtum sei ein Hinweis auf die Gunst seines mächtigen Gottes. Nichts in seinem Universum ereignete sich zufällig und selbstverständlich half Er *nur* den Auserwählten (siehe 1988b: 110f.; 2005b: 658–79; Kalberg 1996: 60ff.). Auf diese Weise wurde methodische Arbeit bei den Gläubigen durch ungewöhnlich hohe ‚psychologische Prämien' belohnt. Großer Reichtum ließ sich eben nur durch systematisches Bemühen erlangen.

Erstaunlicherweise resultierte aus dieser Intensivierung der Arbeit und daraus, dass sie einen zentralen Rang im Leben der Gläubigen erhielt, eine Vertiefung ihres Engagements für eine *Gemeinschaft*. Obwohl die Gläubigen nach der Lehre des Puritanismus ohne äußere Hilfe ‚Zeichen' für ihre Erwähltheit finden mussten, diente das Mittel, solche Zeichen zu erhalten – methodische Arbeit – nie nur dem Individuum. Vielmehr waren, wie erwähnt, die Arbeit zum Ruhme Gottes und die Schaffung

---

[11] Wiederum ist Baxters Lehre des Puritanismus das beste Beispiel für Webers Argumentation (siehe 1988b: 163ff.; Kalberg 2011).

eines Reiches Gottes auf Erden zwingende Verpflichtungen. Daher diente die Arbeit nun dazu, die Gläubigen an eine Gemeinschaft zu *binden*: Die Berufsarbeit erfuhr eine Intensivierung und war zugleich auf eine Aufgabe ausgerichtet, die viel weiter reichte, als rein selbstsüchtiges Bedachtsein auf die Anhäufung materieller Güter. Dementsprechend war die Beteiligung an der Gemeinschaft ein bedeutsames und wichtiges Tun, das von der Zugehörigkeit zu einer Kirchengemeinde noch gefördert wurde: Die Gemeinden waren natürliche Übungsfelder für den Erwerb von Fähigkeiten, die man für Gruppenaktivitäten benötigt, und für die Einübung der Selbstverwaltung (2005b: 674ff.). Entscheidend war dabei, dass die ganze Gemeinde über die Aufnahme neuer Mitglieder befand (siehe 1988c: 220f. [Fn. 2]) und ebenso, dass sie die wichtige Funktion hatte, die ‚Unwürdigen' zum Fernbleiben vom Abendmahl aufzufordern und bei der Wahl eines rechtschaffenen Predigers mitzuwirken (siehe 1988c: 224ff.) – all das, um die ‚Reinheit der Abendmahls-Gemeinschaft' sicherzustellen (1988c: 227 [Fn. 1]). Weber schreibt dazu: „Die Sekten … kontrollierten und reglementierten [die] Lebensführung [ihrer Mitglieder] *ausschließlich* im Sinne formaler *Rechtlichkeit* und methodischer Askese" (1988c: 236; siehe 220f. [Fn.2]; 2005b: 674ff.).

Auf diese Weise gaben die Kirchen des Puritanismus einen starken Anstoß zur Bildung von Bürgervereinen.[12] Das taten sie jedoch auch noch auf anderem Wege. Weber beruft sich hier in seiner Analyse auf eine Reihe weiterer Werte, die innerhalb des asketischen Protestantismus entstanden und gepflegt wurden. Es waren Werte, die eine besondere Atmosphäre für Beziehungen innerhalb der Kirchengemeinde schufen und diese bestimmten mit der Zeit immer mehr den Ton für die Beziehungen in Gemeinschaften überhaupt. Sie bereiteten den Bürgervereinen den Weg und trugen zu ihrer weiten Verbreitung bei.

2.2.2 Die ethische Gemeinschaft: die Kirchengemeinde

Nach Webers Analyse erzeugten und förderten alle Gemeinden des asketischen Protestantismus im kolonialen Amerika und in der Frühzeit der Vereinigten Staaten Ehrlichkeit und Vertrauen unter Personen, die keine Blutsverwandten waren. Die Mitglieder der einzelnen Sekten und Kirchen verstanden ihr Tun als Beitrag zu der großen Aufgabe, *Gemeinschaften* von Gläubigen zu schaffen, in denen alle *Brüder* sein sollten (1988c: 231f.). Neue *Familienbeziehungen*, die von Vertrauen, Hilfsbereitschaft, Zusammenhalt und ethischem Handeln unter dem wachsamen Auge Gottes geprägt waren, entstanden unter den ‚Brüdern'. Ein sehr praktischer Mechanismus stellte die Reinheit dieser ethischen Gemeinschaft sicher: Dank eingehender

---

[12] Weber spricht von einer ‚gemeinschaftsbildenden Kraft', die der ‚angelsächsischen Welt' durch die Sekten des asketischen Protestantismus verliehen wurde (1988c: 220).

Erkundigungen wurden nur Personen mit einem ‚guten moralischen Charakter' in die Gemeinschaft der Gläubigen aufgenommen. Daher bedeutete die Mitgliedschaft eine Gewähr für rechtschaffene Lebensführung und ebenso die verlässliche Bereitschaft aller Mitglieder, die Kinder Gottes in strikter Orientierung am Ethos von Gleichheit und Fairness zu behandeln (siehe 2005b: 673ff.). In den Gemeinden herrschten Gutwilligkeit und Offenheit statt Angst, Bedrohung, Unsicherheit, Manipulation und reines Interessenkalkül. Die Mitgliedschaft in Sekten und Kirchen schuf sogar eine so zuverlässige Reputation für Ehrlichkeit und Aufrichtigkeit im Geschäftsleben, dass auch Nichtgläubige lieber Geschäftsbeziehungen mit den Gläubigen unterhielten, denn sie waren überzeugt, von ihnen fair behandelt zu werden (2004b: 310ff.; 1988c: 217ff., 230ff.).

Auf diesem Wege wurden, getragen von asketisch-protestantischen Gemeinden, Vertrauen, ethisches Verhalten und Gutwilligkeit über ihren ursprünglichen Geltungsbereich in den privaten Bindungen der Familie und der Sippe hinaus ausgedehnt und auf ‚unbekannte andere' übertragen – vorausgesetzt diese waren Mitglieder einer asketisch-protestantischen Sekte oder Kirche. Wie Weber bemerkt, wurde Vertrauenswürdigkeit nun als *unpersönliches und bindendes Prinzip* verstanden – als starkes *Ideal* selbst für Geschäftsbeziehungen – und beruhte nicht mehr allein auf einer engen persönlichen Beziehung (siehe 1988c: 208ff., 218ff.; 2004b: 310ff.). Dieser Wandel erwies sich als entscheidender Schritt für die Bildung einer ethisch geprägten öffentlichen Sphäre, die sich durch das Ideal des Vertrauens auszeichnete.

Die ethische Gemeinschaft trug jedoch auch noch in einer anderen wichtigen Weise zur Entwicklung einer von Werten geprägten öffentlichen Sphäre bei: Sie gab den Bürgern einen starken Anstoß, sich aktiv zu engagieren. Weil von den Gläubigen erwartet wurde, dass sie weltliche Übel zu ‚überwinden' suchten und das Reich Gottes auf Erden verwirklichten, verbot es sich für sie das Böse zu tolerieren oder sich davon zu distanzieren. Stattdessen stellte die religiöse Verpflichtung zur Weltbeherrschung für die Gläubigen einen Imperativ dar: Sie mussten gegen das Böse in der Welt *ankämpfen*, selbst wenn dies bedeutete, sich der weltlichen Autorität oder der populären Meinung zu widersetzen. Wie bereits dargelegt, brachte der Puritanismus keinen zaghaften und kontemplativen Individualismus hervor, sondern einen weltbeherrschenden, der die *Bereitschaft* beinhaltete, die Welt nach dem Willen Gottes zu reformieren. Dieser ‚praktisch-ethische' Individualismus verlieh den Gläubigen großes Vertrauen in ihre Fähigkeit, an der Veränderung und Verbesserung ihrer Gemeinden mitzuwirken – d. h., sie in ethische Gemeinschaften zu verwandeln (1988b: 87–127; 200b: 330ff., 368ff.; 1988c: 318ff.). Das Handeln wurde danach beurteilt, ob es mit den abstrakten Prinzipien und Regeln Gottes *übereinstimmte*. Auch in dieser Weise gab der asketische Protestantismus einen starken Anstoß zur Bildung von Bürgervereinen (siehe Kalberg 2012: 198f., 211ff.).

2.2.3   Der Übergang der Werte der Kirchengemeinde in die soziale Gemeinschaft

Überall dort, wo es einflussreiche asketisch-protestantische Gemeinden gab, setzten sich ihre Werte in der ganzen sie umgebenden Gemeinschaft durch, und sie blieben nach Webers Ansicht auch dann noch dominierend, als die Sekten und Kirchen selbst durch die zunehmende Säkularisierung an Boden verloren. Mit anderen Worten: die Werte der religiösen Gemeinden wurden verallgemeinert und galten bald auch in den sozialen Gemeinschaften. Da nun diese aus der religiösen Sphäre stammenden Werte in Familien, Schulen, in der Nachbarschaft und in Organisationen unterschiedlichster Art gepflegt wurden, blieben sie lebendig.

Bei diesem Prozess wurden ‚Gemeinschaftsrichtlinien' *(community standards)* für ‚anständiges' (respectable) Verhalten festgelegt. Als soziale Beziehungen, die auf Vertrauen, Aufrichtigkeit, Ehrlichkeit, Fairness, dem Grundsatz der Gleichheit und allgemein ethischem Verhalten beruhten, in weiten Kreisen Fuß fassen konnten, entstanden *Ideale* einer öffentlichen Ethik – Ideale *für alle Bürger (civic ideals).* Jedes Handeln in der öffentlichen Sphäre konnte an diesen Richtlinien für ideales Verhalten gemessen werden. Daher bestimmten nach Weber nicht einfach irgendwelche beliebigen Verbände von Bürgern, losgelöst vom Staat, von der Familie und von Geschäftsorganisationen, allein die öffentliche Sphäre Amerikas, sondern auch ein ganz spezifisches *Wertgefüge*. In dem Maße, in dem soziale Beziehungen empirisch von diesen Werten beeinflusst wurden, kamen andere Beziehungen, die auf Macht, Herrschaft und ein instrumentell-rationales Interessenkalkül ausgerichtet waren und sich auf Konventionen stützten, die in einer starren sozialen Hierarchie verankert waren, auf den Prüfstand.[13]

Indem die Werte des Puritanismus, ethische Ideale im öffentlichen Leben der Vereinigten Staaten nach sich zogen, leisteten sie nach Weber einen Beitrag zur staatsbürgerlichen Sphäre. Das daraus resultierende Klima von Gutwilligkeit und Vertrauen erwies sich als angenehm und einladend, statt hart und autoritär zu sein, und brachte es sogar fertig, die Menschen in Bürgervereine zu locken.[14] Diese Ideale begünstigten die Bildung von Vereinen außerordentlich und legitimierten sie auch, wenn sie erst einmal gegründet waren.

---

[13] Angesichts der Stärke dieser Gegenkräfte hatten diese Ideale oft eine geringe praktische Wirkung, wie Weber durchaus bewusst war. Dennoch war für ihn die Spannung, die als Folge einer klar umrissenen Konstellation ethischer Werte der Bürger gegen diese Kräfte erzeugt wurde, von Bedeutung.

[14] Das ist eine der soziologischen Quellen für den in Amerika weitverbreiteten Glauben an den Populismus (das Vertrauen in die gesunde Urteilsfähigkeit und die natürliche Vernunft des einfachen Mannes). Tocqueville lässt diesen zentralen Aspekt der politischen Kultur Amerikas außer Acht und betont stattdessen die großen Gefahren, die eine Verlagerung der Macht auf das Volk mit sich bringt.

Auf diese Weise kristallisierte sich im kolonialen Amerika und in der Frühzeit der Vereinigten Staaten eine ethisch geprägte öffentliche Sphäre heraus. Weber siedelt deren Ursprung und Gehalt in seiner Analyse in einer bestimmten religiösen Tradition und ihren sozialen Trägern an – in den asketisch-protestantischen Kirchen und Sekten – und nicht in den verschiedenen Bürgervereinen, die überwiegend aus den Sphären von Wirtschaft und Politik hervorgingen, wie Tocqueville meint. Diese Tradition lieferte den *sozialen Kontext* – das Engagement der Bürger und die Ideale –, den Weber als unverzichtbar für die Entwicklung von Bürgervereinen in so großem Umfang ansieht.[15] Außerdem etablierte sie feste Verhaltensmuster. Obwohl Bürgeraktivisten im stärker säkularisierten Amerika des 19. Jahrhunderts ihr Handeln selten als ‚Gottesdienst' auffassten und auch nicht als Bemühen um Gottes Gunst, indem sie das Böse bekämpften und eine ethische Gemeinschaft auf Erden errichteten, wurden sie doch, wie früher, mit Ansehen in ihrer Gemeinschaft belohnt. Zwar war die Mitgliedschaft in Bürgervereinen jetzt kein Zeichen der Frömmigkeit mehr, aber sie bedeutete noch immer Vertrauenswürdigkeit und Ehrenhaftigkeit, war ein säkulares Mal der Respektabilität und eine ‚Statuserhöhung'. Da allein die Mitgliedschaft in einem exklusiven Klub einen Mann als vertrauenswürdig und als ‚Gentleman' auswies, war eine solche Mitgliedschaft sogar entscheidend, wenn man in seiner sozialen Umgebung voll akzeptiert werden und erst recht, wenn man aufsteigen wollte (siehe 1988c: 216ff.; 2004b: 310ff.; 2005b: 674ff.).[16] Das Erbe des asketischen Protestantismus in Gestalt von ‚community norms', die darauf drangen, dass man sich in der Gemeinschaft engagierte und für sie von Nutzen war, und in Form von Idealen, die eine öffentliche Ethik speisten, trug jetzt ganz wesentlich zur Bildung der verschiedensten Bürgervereine bei.

Weber verweist wiederholt darauf, dass man die in der amerikanischen Gesellschaft bestehende Neigung, solche Vereine in Hülle und Fülle zu gründen, nicht ohne den Rückgriff auf ein solches Erbe wird verstehen können Er schreibt: „…in der inneren Eigenart dieser Verbände waltet der alte ‚Sektengeist' mit schonungsloser Konsequenz" (2004b: 319). Und:

Massenhafte ‚Orden' und Klubs der allerverschiedensten Art haben nun heute begonnen, der religiösen Gemeinschaft diese Funktion teilweise abzunehmen: fast jeder klei-

---

[15] Weber ist davon überzeugt, dass die fortschreitende Industrialisierung und die damit einhergehende Ausweitung des öffentlichen Bereichs nie allein zum allgemeinen Ideal einer von Vertrauen geprägten öffentlichen Sphäre hätte führen können, die für die Bildung von Bürgervereinen so zentral ist. Vielmehr sind nach seiner Überzeugung für den Ursprung und die Aufrechterhaltung dieses Ideals ganz spezifische Werte und Trägergruppen unentbehrlich.

[16] Die außerordentlich große Bedeutung der Aufnahme in die Kirchen und Klubs eines Ortes für den sozialen Status eines Individuums bewog Weber zu der Aussage, in der Gesellschaft der Vereinigten Staaten herrsche ein ‚benevolent feudalism' (1996b: 99).

ne Geschäftsmann, der etwas auf sich hält, trägt irgendeine badge im Knopfloch. Aber das Urbild dieser Gebilde, welche *alle* dazu dienen, die ‚Honorigkeit' des Individuums zu gewährleisten, ist … die kirchliche Gemeinschaft. (2004b: 312; siehe 1988c: 214ff., 235)

> In allen diesen Punkten zeigen sich, wie man sieht, … amerikanische Sekten und sektenartige Verbände als gradlinige Ausläufer, Rudimente und Überlebsel jener einstmals in allen asketischen Sekten und Konventikeln herrschenden Verhältnisse, die heute im Verfall sind. (1988c: 232f.)

Tocqueville meint, Bürgervereine und soziales Engagement könnten zum Teil als Folge eines politischen Klimas der Offenheit verstanden werden. Weber indessen deutet dieselbe Entwicklung ganz anders und spricht von der Verfestigung einer klar umrissenen *ethisch geprägten öffentlichen Sphäre* im kolonialen Amerika und in der Frühzeit der Vereinigten Staaten, die eine Reihe von entsprechenden Werten enthielt. Für eine Erklärung der ungewöhnlichen ‚Neigung' der Amerikaner, Bürgervereine zu gründen, genügt es seiner Ansicht nach nicht, sich bloss auf kommerzielle und politische Verbände, auf Freiheit und freie Institutionen zu berufen, auf den Gedanken, dass das Schicksal der Nation in den Händen ihrer Bürger liegt und auf die Erkenntnis, dass die Förderung von privaten Interessen mit dem Wohlergehen des Staatsganzen verknüpft ist, denn diese Elemente gab es auch in politischen Kulturen, in denen Bürgervereine die Seltenheit waren. Vielmehr bildet sich nach Weber nur dort ein breites Spektrum solcher Bürgervereine, wo entsprechende ethische Werte, ergänzt durch die praktische Erfahrung der Selbstverwaltung in Sekten und Kirchen, den Weg für eine solche Entwicklung gebahnt haben (siehe Kalberg 2012: 205–24).[17]

---

[17] Obwohl Weber in seiner Analyse deutlich hervorhebt, wie wichtig Werte bei der Schaffung eines sozialen Kontextes sind, der zur Bildung von Bürgervereinen führt, belässt er es nicht dabei. Wie erwähnt, schenkt er den sozialen Trägern dieser Werte besondere Aufmerksamkeit und erkennt auch ausdrücklich den Stellenwert des Staates, der staatlichen Autorität und der Gesetze an. Eine umfassendere – und genauere – Webersche Analyse würde alle diese Faktoren in Betracht ziehen. Außerdem sollte man anmerken, dass Tocqueville, *wenn* er die öffentliche Sphäre als einen gesonderten Bereich angesehen hätte, der sich durch Konstellationen von wertorientiertem sozialem Handeln auszeichnet, gewiss zu dem Schluss gekommen wäre, sie könne, wie die Religion, eine Reihe von Idealen anbieten, die jeder Tyrannei der Mehrheit entgegenwirkt oder den Boden entzieht.

3   Schlussfolgerung

Obwohl Webers Schriften über Amerika viel weniger bekannt sind als Tocquevilles Analyse der politischen Kultur der Vereinigten Staaten, behandeln auch sie die beiden Hauptthemen von *Über die Demokratie in Amerika*: die Gefahr einer Tyrannei der Mehrheit und die zentrale Rolle der Bürgervereine. Zu beiden Themen bietet er jedoch Interpretationen an, die sich von denen Tocquevilles grundlegend unterscheiden.

Ein ganz spezifischer Ausgangspunkt ist für Tocquevilles gesamte Analyse bestimmend: Er sieht einen strukturellen Wandel – die Entwicklung von ‚aristokratischen' zu ‚demokratischen' Nationen und die Entstehung der ‚Gleichheit der gesellschaftlichen Bedingungen' – als die Wurzel all dessen an, was die Vereinigten Staaten auszeichnet. Der Egalitarismus erzeugt nicht allein einen schwächlichen Individualismus und die potentielle Gefahr einer Tyrannei, er macht auch Bürgervereine unentbehrlich, wenn die Demokratie stabil bleiben soll.

Weber lenkt seine Aufmerksamkeit auf andere Merkmale der politischen Kultur Amerikas und gelangt daher zu anderen Schlüssen. Die Eigenart dieser Kultur lässt sich nach seiner Ansicht am besten unter Berücksichtigung einer Reihe von religiösen Werten herausarbeiten und nicht anhand eines strukturellen Wandels. Der weltbeherrschende Individualismus des asketischen Protestantismus, der abstrakte Prinzipien zum Lebensmittelpunkt der Gläubigen erhob und sie dazu verpflichtete, ihr Handeln an ihnen auszurichten, steht in direktem Gegensatz zu aller sozialen Konformität und zu dem potentiellen Druck einer Tyrannei der Mehrheit. Anstelle eines gefährlichen Potentials der Tyrannei steht im Zentrum von Webers Analyse ein ständiges Spannungsverhältnis zwischen starkem Konformitätsdruck und Gruppenorientierung einerseits und dem weltbeherrschenden Individualismus andererseits.

Tocqueville und Weber sind auch in bezug auf die Bürgervereine unterschiedlicher Auffassung, obwohl beiden auffällt, mit welcher Leichtigkeit und Gewandtheit die Amerikaner sich zusammenschließen. Tocqueville versteht die Gründung von Bürgervereinen als Folge von kommerziellen und politischen Organisationen einerseits und von Freiheit und freien Institutionen andererseits, wobei der Gedanke zentral ist, dass das Schicksal der Nation in den Händen ihrer Bürger liegt und ebenso die Erkenntnis, dass das Gedeihen der eigenen Interessen mit dem öffentlichen Wohl zusammenhängt. Ganz anders als Tocqueville weist Weber auch hier wiederum auf die Bedeutung der Werte und der Religion hin. Ihm erschien eine Reihe von staatsbürgerlichen Werten ausschlaggebend, die sich in einer klar umrissenen, ethisch geprägten öffentlichen *Sphäre* konstituieren. Diese Werte erzeugten ein förderliches Klima für die Entwicklung von Bürgervereinen, in dem auch die Kräfte angesiedelt waren, die Tocqueville für seine Erklärung heranzieht.

In bezug auf beide Hauptthemen weist Webers *verstehende* Soziologie auf einen Hintergrundfaktor hin, den Tocqueville bei seinem Analyseansatz vernachlässigte: einen entscheidenden kulturellen Kontext, der vom asketischen Protestantismus beeinflusst wurde. Statt der Gleichheit der gesellschaftlichen Bedingungen spielen in Webers Analyse Werte, religiöse Überzeugungen und ihre ‚Trägerverbände‘ – Kirchen und Sekten – eine zentrale Rolle. Außerdem hat Tocqueville bei seinem Ansatz vorwiegend eine monumentale Makroveränderung im Blick, Weber hingegen konzentriert sich auf bestimmte Gruppen, ihre Werte und die Art und Weise, in der die subjektive Sinnbedeutung von Personen in Gruppen feste Handlungsmuster etabliert. Werden diese Muster von mächtigen Verbänden ‚getragen‘, wirken sie über lange Zeiträume hinweg prägend; als Erbe sind sie selbst dann noch spürbar, wenn gewaltige Veränderungen – wie etwa die Säkularisierung – dazu führen, dass ihre sozialen Träger andere geworden sind. Tocquevilles Betonung eines globalen Strukturwandels auf der einen Seite und der rationalen, aufgeklärten Interessen von Individuen auf der anderen Seite, lässt seine Analyse im Vergleich zu der von Weber ahistorisch und nicht kontextgerecht erscheinen.[18]

Weber identifiziert als ausschlaggebende Bestandteile der politischen Kultur Amerikas einen weltbeherrschenden, handlungsorientierten Individualismus und eine deutlich ethisch geprägte öffentliche Sphäre, die von einem bestimmten Wertgefüge durchdrungen ist, und führt deren Ursprung auf den asketischen Protestantismus zurück. In seiner Analyse behauptet er nachdrücklich, dass dieses merkwürdige Nebeneinander – ein eigenverantwortlicher Individualismus, aber auch Individuen, für die Bürgerengagement *(civic activities)* eine Selbstverständlichkeit ist – keinesfalls auf Zufälligkeiten oder auf unbedeutenden oder abweichenden Strömungen in der amerikanischen Geschichte beruht.[19] Vielmehr macht es den

---

[18] Immer wieder erklärt Tocqueville Merkmale der amerikanischen Gesellschaft unter Bezug auf die ‚Gleichheit der gesellschaftlichen Bedingungen‘, statt durch das Erbe des asketischen Protestantismus. So zum Beispiel die Arbeitswilligkeit, das hohe Ansehen der Arbeit, die Tendenz der Reichen, ihre Freizeit ‚einigen Aufgaben der Allgemeinheit‘ zu widmen (1976: 641), die Neigung der Menschen zu Handel und Industrie (643; siehe 645, 647, 467ff.), die Ausrichtung von ‚entschlossenen Leidenschaften‘ auf den Handel, die in Amerika einzigartigen ‚Fortschritte in Handel und Industrie‘ (645), die gemäßigte Lebensführung und den ernsten, berechnenden und nüchternen Geist aller Menschen, ‚die in den demokratischen Zeitaltern leben‘ (699; siehe 612), die ‚sittliche Lebensweise‘ der Amerikaner (700; vgl. 695f.), ihre ‚Liebe zum Reichtum‘ (719f.), die Übertragung der ‚Gewohnheiten des öffentlichen Lebens auf ihr häusliches Dasein‘ (352) sowie ihren methodischen und zielstrebigen ‚Eifer‘ (615).

[19] Diese Spannung wird in den Passagen unter einem anderen Blickwinkel sichtbar, in denen Weber selbst unter Gruppenmitgliedern eine eigentümlich individualistische Ausrichtung feststellt (2004b: 316–20).

Kern dieser Kultur aus. Der in dieser Intensität in Amerika einzigartige Dualismus bleibt jedem Analyseansatz verborgen, der globale Konzepte – die Industrialisierung, die Modernisierung oder den evolutionären Fortschritt – in den Mittelpunkt stellt, und lässt sich auch mit Tocquevilles Schlüsselbegriff, der Gleichheit der gesellschaftlichen Bedingungen, nicht erfassen.

Zudem verleiht das Nebeneinander eines ausgeprägten, weltbeherrschenden Individualismus und einer starken Orientierung auf die Ideale einer ethisch geprägten öffentlichen Sphäre, solang es besteht, der politischen Landschaft Amerikas eine grundsätzliche Spannung: Obwohl die ‚individuelle' und die ‚öffentliche' Komponente dieses Dualismus einen gemeinsamen Ursprung haben und untrennbar miteinander verflochten sind, bewegen sie sich in entgegengesetzte Richtungen und sorgen immer wieder für Konflikte (siehe Kalberg 2009, 2012: 222ff.).[20] Diese entstehen jedoch nicht einfach an beliebigen Stellen, sondern entlang einer klar festgelegten Achse; schlägt das Pendel zu weit in die eine Richtung aus, erfolgt unweigerlich eine Korrektur zur Mitte hin (siehe Kapital 7; Schlesinger 1986).

Dieser Dualismus bringt Dynamik in die politische Kultur Amerikas. Hätte einerseits eine ethisch geprägte öffentliche Sphäre gefehlt, wäre der weltbeherrschende Individualismus schon längst zu einem Individualismus routinisiert, der sich allein um die Wahrung von Privatinteressen kümmert. Letztlich stünde am Ende einer solchen Entwicklung der blanke Zynismus – *sowohl* im bezug auf den politischen Bereich *als auch* auf den Bereich des ethischen Handelns überhaupt. Hätte andererseits ein weltbeherrschender Individualismus gefehlt, dann hätte ein weitverbreiteter und erdrückender sozialer Konformismus, der im Gegensatz zur Macht eines Königs „auf den Willen ebensosehr wie auf das Handeln einwirkt" (Tocqueville 1976: 294), schon längst zu einer verheerenden sozialen, politischen und wirtschaftlichen Stagnation geführt. Gerade die Spannung zwischen diesen beiden miteinander verflochtenen Komponenten der politischen Kultur Amerikas verleiht dieser eine vitale Fähigkeit zur Verjüngung und Erneuerung. Dadurch stellt sich diese Spannung selbst den Tendenzen zu einer Tyrannei der Mehrheit in den Weg.

---

[20] Die Frage, ob sich dieses Spannungsverhältnis bis heute erhalten hat, bleibt offen und steht im Mittelpunkt einer lebhaften Debatte. Weber sah die ethische Prägung der öffentlichen Sphäre als bereits sehr geschwächt an und wies an mehreren Stellen auf die weitverbreitete Korruption in der amerikanischen Politik hin. In jüngerer Zeit haben viele Beobachter einen drastischen Schwund der ethischen Dimension des öffentlichen Lebens postuliert. Man könnte jedoch darauf verweisen, dass ein empirisches Indiz für die Lebendigkeit der ethischen Prägung der öffentlichen Sphäre in der nach wie vor starken missionarischen Komponente der amerikanischen Außenpolitik zu sehen ist: Bis heute gehen die Vereinigten Staaten davon aus, dass ihre eigenen ethischen Ideale für das öffentlich Leben auch für andere politische Kulturen geeignet sind und gelten sollen (siehe Kalberg 1989; siehe unten, Kapitel 5 und 6).

Kapitel 5
Der Einfluss der politischen Kultur auf Fehlwahrnehmungen von Verbündeten und auf die Außenpolitik[1]

Zwischen Deutschland und den Vereinigten Staaten gab es eine heftige Meinungs-verschiedenheit über den Irakkrieg. Viele Beobachter sprachen im Winter 2002 von einem tiefen Bruch zwischen den beiden langjährigen Verbündeten. Der Riss reicht tiefer als seinerzeit die Konflikte beispielsweise über die Ostpolitik, die Neutronen-bombe, die Erdgasleitung in die Sowjetunion, den Export von Hochtechnologie-produkten in die Sowjetunion, die Verhängung von Handelssanktionen gegen die Militärregierung in Polen 1980, die Stationierung von Mittelstreckenraketen in Deutschland Ende der siebziger Jahre und die Modernisierung der Kurzstrecken-raketen 1989.

Wiederholte Konflikte zwischen verbündeten Ländern werden häufig durch den Verweis auf unterschiedliche geopolitische Dynamik, innenpolitische Konstellatio-nen und wirtschaftliche Interessen erklärt. Viele zwischenstaatliche Meinungs-verschiedenheiten rühren tatsächlich von solchen Faktoren her, doch für sich allein genommen bieten sie keine überzeugende kausale Erklärung. Es muss darüber hinaus berücksichtigt werden, dass die zentralen Elemente der politischen Kultur eines Landes seine Außenpolitik beeinflussen – und folglich hin und wieder auch zu Konflikten mit Ländern führen, die andere politische Kulturen besitzen. Der vor-liegende Beitrag versucht am Beispiel von Konflikten aus jüngerer Vergangenheit zwischen der Bundesrepublik Deutschland und den Vereinigten Staaten zu zeigen, wie solche Kontroversen entstehen.

Zunächst werden die politischen Kulturen Deutschlands und der Vereinigten Staaten in einer kurzen historischen Analyse, die Einsichten und Vorgehensweisen Max Webers folgt, einander gegenübergestellt. Es wird untersucht, wie die beiden zentralen Merkmale der jeweiligen Kulturen Gestalt angenommen haben: die Vor-stellung von der Rolle des Staates und die Zuordnung von „politisch-ethischem"[2] Handeln. Sodann wird näher betrachtet, welche Besonderheiten der politischen Kul-turen der jeweiligen Länder heute aus diesen beiden Merkmalen hervorgehen, und es

---

[1] Übersetzt von Dr. Ursel Schäfer; durchgesehen vom Verfasser.
[2] Der Begriff ‚politisch' wird hier in einem breiteren Sinn verwendet, wie aus der weiteren Analyse hervorgeht.

wird herausgearbeitet, welche jeweiligen Stärken, Schwächen und Probleme sie mit sich bringen.[3] Unsere These lautet, dass ein ganzes Bündel vorhersehbarer – oder strukturierter – Fehlwahrnehmungen und Missverständnisse der Vereinigten Staaten bei den Deutschen und Deutschlands bei den Amerikanern in Unterschieden bei diesen beiden Faktoren wurzelt. Einige Fehlwahrnehmungen beeinflussen zudem regelmäßig die Außenpolitik beider Länder, bis zu dem Punkt, dass sie die unsystematischen – gar zufälligen – internationalen Konflikte prägen und verstärken, die sich aus einer unterschiedlichen geopolitischen Dynamik, unterschiedlichen innenpolitischen Konstellationen und unterschiedlichen wirtschaftlichen Interessen ergeben.

Zum Schluss geht es noch einmal darum, wie solche Konflikte ablaufen. Die scharfe Kontroverse zwischen Deutschland und den Vereinigten Staaten über den Irakkrieg wird als Beispiel für den Fall betrachtet, dass eine normale Differenz zwischen Verbündeten, die ihren Ursprung in der geopolitischen Dynamik, innenpolitischen Rücksichten und wirtschaftlichen Interessen hat, durch den Einfluss unterschiedlicher politischer Kulturen auf einmal sich zuspitzt, weil die politischen Kulturen ein ganzes Spektrum vorprogrammierter Fehlwahrnehmungen entstehen lassen. Eine angemessene Erklärung des Konflikts über den Irak muss, so die Kernaussage des vorliegenden Beitrags, die Fehlwahrnehmungen mit einbeziehen, die durch die politischen Kulturen zustande kommen, so diffus sie oft auch sein mögen.

1   Tief in die Kultur und weit in die Geschichte reichende Kräfte

1.1   *Unterschiedliche Vorstellungen vom Staat*

In den Vereinigten Staaten wurde der Staat von Anfang an in einer besonderen Weise definiert. Den Kern der Raison d'être der neuen Nation bildeten die Verfassung, die Bill oft Rights und die politischen Freiheitsrechte. Die Gründerväter legten aller-

---

[3] Der Vergleich von Kulturen ist immer eine heikle Angelegenheit, weil sich leicht Werturteile einschleichen. Die vorliegende Untersuchung will möglichst Lob wie Verurteilung der einen oder der anderen Kultur vermeiden. Außerdem soll von Anfang an betont werden, dass Gültigkeit für die hier gegebene Beschreibung und die hier skizzierten Idealtypen ausschließlich in vergleichender Perspektive beansprucht wird. Das Hauptziel sind tragfähige Vergleiche, nicht die Analyse bestimmter einzelner Merkmale der beiden politischen Kulturen. Deshalb bleibt die vorliegende Untersuchung auf einer höheren Ebene der Verallgemeinerung, als es für eine Fallstudie zulässig wäre, die abgegrenzte Merkmale entweder der deutschen oder der amerikanischen politischen Kultur untersuchen wollte. Derartige Fallstudien würden sicher eine Reihe von Ausnahmen zu einigen im Folgenden gemachten Aussagen zutage fördern – die, das sei noch einmal betont, ihre Gültigkeit nur in vergleichender Perspektive beanspruchen.

größten Wert darauf, den Staat daran zu hindern, dass er in individuelle Rechte und gesellschaftliche Entwicklungen eingriff, vielmehr sollte er ihre ungestörte Entfaltung sicherstellen, indem er die Meinungsfreiheit und den offenen Austausch von Ansichten schützte. Die gute und gerechte Gesellschaft würde sich entwickeln, davon waren die Amerikaner in der Anfangszeit überzeugt, wenn die Regierung alle Versuche unterließ, den Bürgern Vorschriften für ihre Lebensführung zu machen und den gesellschaftlichen und wirtschaftlichen Wandel zu steuern. Eine hohe Wertschätzung von Eigenverantwortung und ein starker Glaube an die Fähigkeit des Einzelnen, Schwierigkeiten zu meistern, waren allgemein verbreitet, vor allem verbunden mit dem Vordringen der Amerikaner nach Westen, mit der Rezeption des klassischen Liberalismus, Sozialdarwinismus und Erfolgsgeschichten im Stil eines Horatio Alger. Selbst der wuchernde Kapitalismus in der letzten Hälfte des 19. Jahrhunderts und die nachfolgenden massiven gesellschaftlichen Veränderungen veranlassten die Amerikaner nicht, von ihrer Überzeugung ‚wenig Staat, viel Eigenverantwortung' abzurücken. Die Unabhängigkeit des ‚einfachen Mannes', der gesunde Menschenverstand und die optimistische Einstellung, dass man alles schaffen kann, wurden auf ein Podest gestellt.

Diese Definition des Staates stand in scharfem Kontrast zur deutschen Auffassung. Der Kapitalismus, die Urbanisierung und die Säkularisierung hatten die alte Gemeinschaft erschüttert und führten, wie die Deutschen glaubten, zu außerordentlicher sozialer und politischer Unordnung. Der Staat erschien als die einzige Institution, die ausreichend Autorität besaß, den sozialen Zusammenhalt zu gewährleisten, und folglich wurde ihm die Verpflichtung zugeschrieben, eine aktive Rolle zu spielen. Vielfältige Einrichtungen des ‚Daseinsvorsorgestaates', die den – infolge der kapitalistischen Umwälzungen – zugleich als benachteiligt und potenziell aufrührerisch eingeschätzten Menschen zu Hilfe kommen sollten, galten quer durch das politische Spektrum als angemessen und notwendig: Arbeitslosen-, Unfall- und Krankenversicherung, Altersrente, Umverteilung durch Steuern und verschiedene Sozialleistungen. Der Staat sollte die treibende Kraft hinter der Forderung nach ‚sozialer Verantwortung' und ‚sozialer Gerechtigkeit' sein und eine aktive Rolle in der Lenkung der Wirtschaft spielen. Er sollte die ‚soziale Marktwirtschaft' fördern und damit der Destabilisierung effektiv entgegenwirken.

Diese idealtypischen Unterschiede hinsichtlich der Staatsvorstellungen werfen einen langen Schatten. Sie müssen durch Jahrzehnte des gesellschaftlichen Wandels zurückverfolgt und in ihren Folgen für die praktische Politik beider Länder heute untersucht werden. So wird etwa individuellen Freiheitsrechten und der freien politischen Meinungsäußerung in der Bundesrepublik ein im Vergleich zu den Vereinigten Staaten geringerer Stellenwert gegeben. Stattdessen appelliert man an den Staat, er solle für soziale Gerechtigkeit, ein Mindestmaß an sozialer Solidarität, einen gewissen Lebensstandard für alle und eine gleichmäßige Verteilung des Reichtums eintreten. Während die politische Debatte in Deutschland sich häufiger um Vorschläge dreht, wie die vermeintlichen Ungerechtigkeiten der kapitalistischen Wirtschaftsweise am besten abzumildern sind, geht es in der amerikanischen Diskussion eher darum, wie der Einfluss des Staates auf persönliche Freiheitsrechte und die vorausgesetzte Eigenverantwortung des Einzelnen aussieht. In der Tat hatten in den Vereinigten Staaten der Begriff der Eigenverantwortung und die Annahme, dass die Menschen mit den Herausforderungen des Kapitalismus fertig werden können, zur Folge, dass der Staat nur eingeschränkt soziale Verantwortung und ein Ethos der sozialen Gerechtigkeit entwickelt hat.

1.2   Die Zuordnung des politisch-ethischen Handelns: Zwei Arten von gesellschaftlicher Solidarität[4]

Im Mittelpunkt des politischen Lebens in Amerika stehen bis heute die Vermächtnisse der asketisch-protestantischen Kirchen und Sekten: der Baptisten, Presbyterianer, Methodisten, und Quäker. Die Gläubigen in diesen Gemeinschaften empfanden eine tiefe Verpflichtung, in allen Angelegenheiten des Alltagslebens strikt Gottes Geboten zu folgen, denn sie sahen sich mit einer hehren Mission betraut: Zum Ruhme Gottes sollten sie sein himmlisches Königreich auf Erden errichten. Weil es zudem ganz allein von den Gläubigen abhing, ob sie ,Heilsgewissheit' erlangten, wurde große Selbständigkeit von ihnen verlangt. Hilfe von Priestern, die zwischen Gott und dem gläubigen Menschen vermittelten, war nicht zu erwarten. Weil die Beichte abgeschafft war und das gesamte Verhalten der Gläubigen von allen Mitgliedern der Kirche oder Sekte streng überwacht wurde, mussten sie darauf bedacht sein, jede moralische Verfehlung zu vermeiden (siehe Weber 1988b: 93ff.; 1988c: 233ff.; 2004b: 318f.).

Somit bestand ein starker Anreiz, ethisch zu handeln (oder zumindest den Anschein zu erwecken). Neben Eigenverantwortung zählten auch ein klarer Universalismus und der faire Umgang mit anderen – denn wir sind *alle* Kinder Gottes, durch unsere Seele mit Ihm verbunden, und müssen daher mit Aufrichtigkeit und Respekt behandelt werden – zu den sichtbaren Merkmalen echter Religiosität. Weber zufolge waren vor allem die protestantischen Sekten in der Lage, ihren Mitgliedern ethische Werte zu vermitteln und so bestimmte Verhaltensweisen hervorzubringen. Dazu trugen auch die strengen Aufnahmebedingungen der Religionsgemeinschaft bei,

---

[4] Die Analyse in diesem wie im vorangehenden Abschnitt bietet nur einen knappen Überblick. Sie stützt sich auf mehrere Abhandlungen von Max Weber (1988b, 1988c, 2004b). Siehe auch Kapitel 4 und Kalberg (2009; 2012: 195–204, 227–48).

weiterhin die Selbstverwaltung der Gemeinschaft. Da alle Gemeindemitglieder über die Zucht der anderen wachten, war die Disziplinierung weniger zentralisiert und weniger autoritär, aber gründlicher und umfassender. Hinsichtlich dieser Disziplinierungsleistung können die Sekten, wie Weber meint, es mit den Mönchsorden aufnehmen (1988c: 229–33).

Werte und ‚erwünschte Eigenschaften' wurden durch die Sekten jedoch in einer noch intensiveren Weise gefördert. Für die Sekte ist eine spezifische soziale Dynamik kennzeichnend, die einerseits daher rührt, dass sie das Verhalten ihrer Mitglieder umfassend überwachen und sie ermahnen und strafen kann, andererseits daher, dass alles Verhalten eine religiöse Bedeutung erhält: Dass jemand in der Lage ist, ‚anständig und würdevoll' zu handeln, zeigt an, dass Gott in ihm wirkt – und Gott ist nur in den Erwählten gegenwärtig. Weil das Verhalten auf diese Weise von außen wie von innen kontrolliert wird, muss der Gläubige beständig richtig handeln. Jede Verfehlung kommt unweigerlich ans Tageslicht und wird als ein Indiz für den ‚Gnadenverlust' verstanden, nicht als zufälliger und verzeihlicher Fehler. Da die Sekte eine exklusive Organisation ‚reiner' Gläubiger ist, führt es umgehend zu sozialer Ausgrenzung, wenn jemand einen ‚schlechten Charakter' zeigt. Die Notwendigkeit, sich in der Sekte unter den wachsamen Augen von seinesgleichen ‚selbst zu behaupten' – das heißt, durch das Verhalten den anderen Mitgliedern gegenüber beständig zu beweisen, dass man zu den rechtschaffenen und gottesfürchtigen Auserwählten gehört –, wurde zum absoluten Gebot. Jeder Fehltritt barg die Gefahr, dass die gesamte soziale Existenz zusammenbrechen konnte (1988c: 233; 2005b: 672ff.). Anders als im Falle der autoritären Disziplin der Kirchen sah Weber diese Art, das soziale Verhalten zu prägen, als ‚nicht *obtrusive*' an. Letztlich aber war sie umfassender und strenger: „Ein stärkeres Anzüchtungsmittel als eine solche Notwendigkeit der sozialen Selbstbehauptung im Kreise der Genossen gibt es nach aller Erfahrung nicht" (1988c: 234; 2005b: 672ff.).

Durch die Sekten als soziale Träger konnte der asketische Protestantismus eine Reihe ethischer Werte so pflegen, dass sie die zweckrationalen, berechnenden Beziehungen, die für Politik und Wirtschaft typisch sind, durchdrangen und veränderten. ‚Diesseitige'⁵ Glaubensüberzeugungen bekamen eine starke zivilgesellschaftliche *(civic)* und sogar wirtschaftliche Orientierung. Auf Gemeinsinn und Integration ausgerichtete Werte – Universalismus, Fairness und Vertrauenswürdigkeit – wurden dort, wo die Kirchen und Sekten dominierten, zu Maßstäben für ethisches Verhalten (1988c; 2005b: 673f.).

---

⁵ Mit diesem Begriff bezeichnet Weber den religiösen Glaubensinhalt, dass die Welt als Ganzes (und nicht ein Kloster) der Bereich ist, in dem durch das Alltagshandeln echte Unterwerfung unter die Glaubenslehre bewiesen werden muss.

Im Zuge von Industrialisierung und Urbanisierung verloren diese Maßstäbe erheblich an Bedeutung, und auch der asketische Protestantismus lockerte seinen Zugriff auf die Amerikaner. Doch die integrierenden Werte blieben lebendig in den Gegenden, wo die Kirchen und Sekten einst großen Einfluss gehabt hatten, allerdings wurden sie nun von Familie, Nachbarschaftsgruppen und Bürgervereinen gepflegt und weitergegeben. Auf diese Weise überdauerten die solidarischen Werte in Form säkularer Ideale von allgemeiner Gerechtigkeit, Fairness, sozialem Vertrauen und Chancengleichheit – sie wurden zu ethisch-geprägte Idealen und einer ‚Ethik der öffentlichen Sphäre'. Mit anderen Worten: Obwohl es in der Praxis häufig Missbrauch und Verletzungen dieser Ideale gab, wurden sie zu Maßstäben des Handelns und nährten die Hoffnung, dass in wirtschaftlichen und politischen Beziehungen ethisches Handeln möglich sein könnte. Damit versetzten sie die Staatsbürger in den Stand, selbst zur Verwirklichung der Ideale beizutragen.[6] Diese integrierenden ‚civic' Werte sind heute zwar etwas verblasst, aber immer noch erkennbar.[7]

Die starke Betonung der öffentlichen Ideale hatte eine bestimmte Konsequenz: Durch die starke Betonung persönlicher Freiheiten und die Beschränkung der staatlichen Zuständigkeiten in der amerikanischen politischen Kultur bekam das ethische Handeln eine unübliche Zuordnung jenseits der traditionellen Ansiedlung in privaten Beziehungen, aber auch vollkommen losgelöst von den weltlichen politischen Autoritäten und dem Staat (siehe Weber 2004b: 318f.) Anders ausgedrückt: Ethisches Handeln verbreitete sich in die politische und die wirtschaftliche Sphäre der amerikanischen Gesellschaft hinein durch zahllose Bürgervereine, mit nicht zu unterschätzenden Folgen für die politische Kultur. ‚Politisch-ethische' Ideale prallten wiederholt und verbreitet mit utilitaristischen und interessengeleiteten Motiven zusammen, wie sie für Politik und Wirtschaft typisch sind. Hin und wieder durchdrangen und veränderten diese Werte das Handeln in diesen Bereichen, und dabei entstand die spezifisch amerikanische Form der sozialen Solidarität. Der Staat und seine Gesetze wirkten als ferne Mechanismen, die für die gesellschaftliche Integration eine zwei- oder drittrangige Rolle spielten.

Anders wurde das politisch-ethische Handeln in Deutschland zugeordnet. Der lutherischen wie der katholischen Kirche fehlte einerseits das asketische Element

---

[6] Dass die Ideale keineswegs immer hochgehalten werden – tatsächlich nur selten –, liegt für Weber auf der Hand. Doch er ist überzeugt davon, dass sie unter bestimmten günstigen Umständen das Handeln leiten können. Deshalb dürfen sie im Begriffsbestand der Soziologie nicht fehlen. Siehe zum Beispiel 1989c: 536f.; 1989a; Kalberg 2012: 43–91.

[7] Ihre Stärkung als ‚Geschäftsethik' (‚business ethics') und ‚civic responsibility' steht ganz oben auf der Agenda der Kommunitaristen. Siehe Etzioni 1997, 1998; Putnam 2000; Selznick 1992. Eine Auseinandersetzung damit bieten Hall und Lindholm (1999).

(siehe Weber 1988b: 76ff., 91f.), das die Einzelnen mit dem Gefühl erfüllte, für ihr Leben unbedingt allein verantwortlich zu sein, und ihnen fehlten andererseits Werte wie Universalismus, Fairness und soziales Vertrauen, die – wegen der ‚innerweltlichen' Ausrichtung der Askese – massiv und intensiv das Alltagshandeln des Gläubigen bestimmten und zu einem Gegengewicht der zweckrationalen Beziehungen in der politischen und der ökonomischen Sphäre werden konnten. Stattdessen durchdrangen mit der Urbanisierung, Säkularisierung und der Entfaltung des modernen Kapitalismus im 19. Jahrhundert quasi-feudale, partikularistische und hierarchische Sitten, Gebräuche und Gepflogenheiten die beiden Bereiche. Die Orientierung des Handelns daran bot kein angemessenes Gegengewicht zu den von Interessenkalkulationen geleiteten Beziehungen, die mit der Ausbreitung des Kapitalismus immer mehr in den Vordergrund traten. Man glaubte, als Gegengewicht das gesamte Arsenal eines starken Staates aufbieten zu müssen, insbesondere angesichts der weitgehenden Säkularisierung. Folglich erschienen der Staat und seine Gesetze als die maßgeblichen Träger von sozialem Vertrauen, Fairness und ‚staatsbürgerlicher Ethik' und nicht wie in den Vereinigten Staaten Kirchen, Sekten und Bürgervereine. Zu den ethischen Pflichten des deutschen Staates gehörten die Formulierung und Durchsetzung eines umfassenden Katalogs rechtlicher Bestimmungen, die Garantie der Gleichheit vor dem Gesetz, Steuerung und Beschränkung der kapitalistischen Wirtschaftsweise und die Förderung von sozialer Gleichheit, Wohlfahrt und Solidarität ganz allgemein.[8]

So wurde in Deutschland sehr viel mehr als in den Vereinigten Staaten der Staat zum wichtigsten Bezugspunkt für politisch-ethisches, integrierendes Handeln. Die Kristallisierung des politisch-ethischen Handelns um den Staat herum hatte zwei wichtige Folgen, die den deutschen und den amerikanischen Fall noch weiter voneinander unterschieden: Das politisch-ethische Handeln wurde in Deutschland stärker kanalisiert, und die Legitimität des politischen Bereichs wurde enger damit verknüpft, dass es dem Staat gelang, die von Kapitalismus, Säkularisierung und Urbanisierung verursachten sozialen Veränderungen und Ungerechtigkeiten abzumildern. Während in Amerika ein breites Spektrum von Bürgervereinen, die ethische Ideale in einem Spannungsverhältnis zu zweckrationalen und rein utilitaristischen Beziehungen artikulierten, eine ausgedehnte, nicht klar umrissene ‚politische Arena' bildeten, besetzten in Deutschland der Staat und schließlich die politischen Parteien dieses Feld.

---

[8] In diesem Sinne müssen die Gesetze und Vorschriften des deutschen Staates als Träger der universalistischen, integrierenden Ideale der deutschen Romantik verstanden werden. Dass diese Ideale gesellschaftlich beim Staat lokalisiert wurden und nicht in Kirchen und Sekten, hatte, wie zu zeigen sein wird, weitreichende Folgen für die deutsche politische Kultur.

Indem einerseits die Staatsvorstellungen und andererseits die Zuordnung des politisch-ethischen Handelns untersucht wurden, sind hier Unterschiede in der politischen Kultur Deutschlands und der Vereinigten Staaten deutlich geworden, die tief in der Kultur der beiden Länder wurzeln und weit in ihre Geschichte zurückreichen. Wenden wir uns nun, ausgehend von dem dazu Gesagten, der Frage zu, welche spezifischen Schwächen, Stärken und Probleme für die politischen Kulturen in Amerika und Deutschland heute charakteristisch sind; ihre jeweiligen Inhalte und Grenzen werden dadurch noch klarer hervortreten. Das wird es uns ermöglichen, in den weiteren Abschnitten eine Reihe vorprogrammierter Fehlwahrnehmungen und Missverständnisse zu identifizieren. Auf dieser Grundlage wiederum können wir ermessen, inwieweit außenpolitische Konflikte zumindest zum Teil durch Unterschiede der politischen Kulturen verursacht sind.

2   Politische Kulturen heute

2.1   Der Fall Amerika: Schwächen, Stärken und Probleme

Die heutige politische Kultur der Vereinigten Staaten weist bestimmte Schwächen, Stärken und Probleme auf. Weil das politisch-ethische Handeln die amerikanische Gesellschaft in Form einer anhaltenden Spannung zwischen integrierenden staatsbürgerlichen und ethischen Idealen einerseits und andererseits dem für moderne politische und wirtschaftliche Beziehungen typischen zweckrationalen Kalkül durchdrungen hat und deshalb nie eng mit dem Staat und der Leistung des Staates verknüpft wurde, konnte weder ein umfassender Daseinsvorsorgestaat noch eine echte gemischte Wirtschaftsordnung eindeutige Legitimität erlangen. Die Konstellation von schwachem Staat und hoher Eigenverantwortung konnte die Bürger nicht vor den vielfältigen Brüchen schützen, die mit der Industrialisierung und Urbanisierung unvermeidlich einhergingen, und so spitzten sich die sozialen Probleme mit Gewaltkriminalität, verbreiteter Armut und Obdachlosigkeit und einem enormen Gefälle bei Einkommen und Vermögen in Amerika in einem für nahezu alle anderen Industriestaaten unvorstellbaren Maße zu.

Andererseits besitzt die amerikanische politische Kultur auch einige Stärken. Ihre besondere Konstellation – eine außerordentlich starke Betonung von Individualrechten, Eigenverantwortung[9] und eine eingeschränkte Rolle des Staates, verbunden mit politisch-ethischem Handeln, das in einer Fülle von Bürgervereinen verankert und

---

[9] Siehe Kapital 4 über die Wurzeln des amerikanischen Individualismus im Puritanismus und seine Kultivierung durch eine Reihe aufeinanderfolgender Entwicklungen im 18. und 19. Jahrhundert. Siehe Fn. 15 unten und Kalberg 2009; 2012: 195–224.

auf die öffentlichen Ideale von allgemeiner Gerechtigkeit, Fairness, Chancengleichheit und sozialem Vertrauen ausgerichtet ist – mobilisiert die Bürger und fördert starkes, beständiges bürgerschaftliches Engagement und ehrenamtliche Tätigkeit. Zur besonderen Form der Solidarität in der amerikanischen politischen Kultur gehört es, dass man die Widersprüche zwischen der ‚ungerechten' Realität und den öffentlichen Idealen zur Kenntnis nimmt und durch verschiedenste bürgerschaftliche Aktivitäten darauf reagiert, anstatt Hilfe von Parteien oder vom Staat zu erwarten.[10] Zum Beispiel hat in vielen Fällen allein die Diskrepanz zwischen den Idealen der universellen Gleichheit und der verbreiteten Erfahrung von Diskriminierung den Anstoß für Bürgerbewegungen gegeben wie zum Beispiel die Bürgerrechtsbewegung, den Kampf gegen die Sklaverei, den Kampf für das allgemeine Wahlrecht, die Frauen- und die Homosexuellenbewegung.

Allerdings enthält dieses zentrale Element der amerikanischen politischen Kultur – die breite, auf Bürgervereine gegründete Aktivität, damit verbunden ihre Fähigkeit, das politisch-ethische Handeln regelmäßig neu anzuregen und sich dadurch vor dem Rückzug der Bürger auf breiter Front aus dem öffentlichen Bereich zu schützen – eine potenzielle Gefahr, die in der deutschen politischen Kultur eindeutig fehlt. Die große Bandbreite, der zuweilen große Einfluss und die Verbindlichkeit der öffentlichen Ideale bergen die Möglichkeit in sich, dass sich aus dem Engagement für eine Sache eine Kampagne zur moralischen Reinigung entwickeln kann. Dass dieses Potenzial immer wieder zutage tritt, hängt mit dem Fortbestehen des asketisch-protestantischen Erbes in säkularisierter Form zusammen, bei dem es immer um die Herstellung eines moralischen Universums geht. Und noch eine weitere wichtige Quelle für dieses spezielle Merkmal der amerikanischen politischen Kultur verdient Beachtung: Die amerikanische politische Kultur hebt in ganz besonderer Weise öffentliche Ideale auf ein Podest und vermittelt den eigenverantwortlichen Individuen ein großes Zutrauen, einen regelrechten Eifer, die verbundenen Hoffnungen zu erfüllen. Das rührt zum Teil daher, dass andere stabile Grundlagen für sozialen Zusammenhalt (wie gemeinsame ethnische Zugehörigkeit, Religion und Geschichte) fehlen (siehe Lipset 1963). Im Gegensatz zu Deutschland wird in Amerika diese Gefahr noch dadurch verstärkt, dass man dem Staat gerade keine größere Rolle bei der Integration der Gesellschaft zubilligen will.

Hierin besteht das entscheidende Dilemma der amerikanischen Situation, aber auch ihre Einzigartigkeit. Allein regelmäßig wiederkehrende moralische Kampagnen stärken das politisch-ethische Handeln, welches das Fundament der amerikanischen politischen Kultur bildet, und erweisen sich damit als unverzichtbar für die in-

---

[10] Dieser Faktor sollte bei Erklärungen für die traditionell niedrige Wahlbeteiligung in Amerika stärker berücksichtigt werden.

tegrierende Solidarität als Gegengewicht zu der spaltenden, eigensüchtigen, zweckrationalen Kalkulation des eigenen Vorteils – die in Amerika weder durch starke
politische Parteien noch einen umfassenden Daseinsvorsorgestaat und seine Gesetze eingeschränkt werden –, betrieben von eigenverantwortlichen Individuen in Politik und Wirtschaft. Derartige moralische Kampagnen enthalten jedoch immer auch
ein Element von Intoleranz und bedrohen potenziell persönliche Freiheitsrechte, die
in Amerika seit über zweihundert Jahren besonders hoch geschätzt werden. Moralische Kampagnen kommen regelmäßig vor und nehmen normalerweise harmlose
Formen an (zum Beispiel für Menschenrechte, gegen Ungleichheit, Diskriminierung, Kriminalität, Alkohol, Drogen, Korruption, gegen das Rauchen, gegen Porno-
graphie, Prostitution, staatliche Einmischung und so weiter), aber manchmal können
es auch verbissene Kreuzzüge gegen ‚das Böse' sein (wie in der McCarthy-Ära). Zuweilen wollen sie sogar die amerikanischen Werte und Ideale anderen Völkern auf-
zwingen (so im Vietnamkrieg und anderen Manifestationen einer missionarischen
Außenpolitik, wie weiter unten noch detaillierter dargelegt) (siehe Kalberg 1989b).

Die Aufrechterhaltung der schwierigen Balance zwischen der Bekräftigung
politisch-ethischer Werte und den persönlichen Freiheiten stellt eine bleibende Herausforderung für die amerikanische politische Kultur dar. Ihre die gesamte Gesellschaft umfassende, nicht klar umrissene und weitgehend wertbasierte Solidarität
wird immer ein vergleichsweise hohes Maß an sozialer Unordnung enthalten.
Gleichwohl würde jede Verminderung der Spannung, die zu dieser Balance gehört,
letzten Endes spaltend wirken, weil eine wichtige Quelle des typisch amerikanischen Tatendrangs, der Dynamik und Offenheit dadurch in Gefahr geriete. Gerade
diese Energie und diese Vielfalt begünstigen wissenschaftliche, kulturelle und wirtschaftliche Innovationen, beständige Kritik am Status quo, gefolgt von allmählichen
Reformen, und nicht zuletzt die Einbindung der zahlreichen Minderheiten.

2.2   Der Fall Deutschland: Schwächen, Stärken und Probleme

Die Vorstellung vom Staat und die Einordnung des ethischen Handelns in der politischen Kultur Deutschlands beinhalten ebenfalls spezifische Stärken, Schwächen
und Probleme. Quer durch das politische Spektrum besteht nach wie vor Konsens,
dass der Staat Verantwortung für soziale Gerechtigkeit und sozialen Ausgleich trägt,
und daher besitzt der Staat in Deutschland sehr viel mehr Legitimität als die US-Re-
gierung, gegen die Probleme der fortgeschrittenen Industriegesellschaft vorzugehen.
Der Staat kümmert sich um die Umverteilung von Einkommen und Vermögen mit
den Mitteln des Steuerrechts, versucht Armut und Obdachlosigkeit zu lindern, orga-
nisiert die Umschulung von Arbeitslosen, unterstützt die Familien durch ein monatliches Kindergeld, ermöglicht den kostenlosen Besuch von Hochschulen, fördert

großzügig die Künste und bietet generell eine breite Palette von Unterstützungsleistungen. Zudem fallen in Deutschland die Lorbeeren für Erfolge bei Wirtschaftswachstum, sozialem Frieden und Daseinsvorsorge unmittelbar dem Staat und den politischen Parteien zu.

Doch die Tendenz der politischen Kultur der Bundesrepublik, bei sozialen Problemen an den Staat zu appellieren und hohe Erwartungen auf den Staat und die Volksparteien zu richten, birgt zwei für diese Form des sozialen Zusammenhalts typische Gefahren in sich. Erstens tritt der Staat in Gestalt seiner Beamten den Bürgern zuweilen arrogant entgegen, beansprucht größere Urteilsfähigkeit und schüchtert die Bürger ein. Zweitens wird sofort, wenn die Leistungen der Regierung und der politischen Parteien einmal unzureichend erscheinen, heftige, aggressive Kritik laut, nicht selten sogar Zynismus. Das kann dazu führen, dass die Bürger sich von der Politik abwenden.

Diese Art der Verwundbarkeit trat besonders deutlich in den achtziger Jahren zutage und auch in den neunziger Jahren zeigte sie sich, ja sie ist bis heute spürbar. In dieser Zeit stiegen die Arbeitslosenzahlen und das Haushaltsdefizit stark an, die Regierungen Helmut Kohl und Gerhard Schröder kürzten einige Sozialleistungen. Noch ein weiterer Faktor verstärkte die daraus resultierende Enttäuschung und Verärgerung, die ‚Staats- und Parteiverdrossenheit': Da der Staat die Aufgabe übernommen hatte, sich um die vielfältigen Veränderungen zu kümmern, die die Urbanisierung und der fortgeschrittene Kapitalismus mit sich gebracht hatten, war ein gewaltiger bürokratischer Apparat entstanden. Die Ämter und Behörden waren zwar imstande, Ressourcen zur Bekämpfung von sozialer Ungleichheiten zu kanalisieren, aber sie entfernten sich immer weiter von den Bürgern und ihren Erwartungen – und manchmal schüchterten sie die Bürger auch ein. Als die sozialen Probleme und die Arbeitslosenraten immer weiter wuchsen, richtete sich der Unmut der Bürger gegen den Staat und die etablierten Parteien.

Dies macht das große Dilemma und zugleich die Einzigartigkeit der deutschen Situation aus. Trotz periodisch auftretender, heftiger ‚Verdrossenheit' über Staat und Parteien darf ihre zentrale Rolle in der politischen Kultur der Bundesrepublik nicht in Frage gestellt werden. Weil der Staat und die Parteien die wichtigste Rolle bei der Sicherstellung politisch-ethischen Handelns und sozialer Solidarität im Allgemeinen spielen (und deshalb die Gegenkraft zu der eigensüchtigen, zweckrationalen Vorteilskalkulation in der wirtschaftlichen und der politischen Sphäre darstellen), sind starke Parteien und ein entwickelter Daseinvorsorgestaat nach wie vor unerlässlich.

Diese zugegeben knappe Betrachtung lenkt die Aufmerksamkeit auf zwei wesentliche Achsen: das Bild vom Staat und die Zuordnung des politisch-ethischen Handelns. Sie hat es ermöglicht, einerseits zwei wesentliche Merkmale der politischen Kulturen Deutschlands und der Vereinigten Staaten herauszuarbeiten und andererseits ihre jeweiligen Stärken, Schwächen und Probleme zu identifizieren. Und diese Vorgehensweise führt uns bei einer zentralen Aufgabenstellung dieses Beitrags weiter: vor dem Hintergrund der jeweiligen historischen Entwicklungen aus vergleichender Perspektive zu definieren, worin die entscheidenden Unterschiede der beiden politischen Kulturen liegen. Denn aus den Unterschieden resultieren viele generelle Fehlwahrnehmungen und Missverständnisse zwischen Deutschen und Amerikanern. Sie müssen wir kurz behandeln, bevor wir uns explizit der Frage zuwenden, welchen Anteil die politische Kultur daran hat, dass außenpolitische Missverständnisse zwischen Deutschland und Amerika regelmäßig bestimmte Erscheinungsformen annehmen.

3   Über strukturierte Fehlwahrnehmungen und Missverständnisse zwischen Deutschland und Amerika

Der Ansatz, die unterschiedlichen Vorstellungen vom Staat und die unterschiedliche Zuordnung des politisch-ethischen Handelns in Deutschland und in den Vereinigten Staaten darzulegen, hat es erleichtert, einige Besonderheiten der politischen Kulturen herauszuarbeiten. Ein ‚schwacher Staat', Eigenverantwortung des Individuums, die Verortung des politisch-ethischen Handelns in der ganzen Gesellschaft durch eine Vielzahl von Bürgervereinen und eine institutionelle Neigung zu moralischen Reinigungskampagnen, die unter Umständen Intoleranz verbreiten und eine Gefahr für die individuellen Freiheiten werden können, sind typisch für die amerikanische Situation. Ihre politische Kultur zeichnet eine einzigartige Form von sozialem Zusammenhalt aus, zu der gehört, dass staatsbürgerliche Werte eine Fülle von Vereinigungen als Ideale durchdringen.

Die politische Kultur der Bundesrepublik unterscheidet sich deutlich davon. Dem Staat wird die legitime Zuständigkeit für einen sehr viel größeren Bereich zugesprochen, als dies in den Vereinigten Staaten der Fall ist, und darum kann er die mit Kapitalismus, Säkularisierung und Urbanisierung verbundenen sozialen Probleme entschiedener angehen. Die engere Verbindung des politisch-ethischen Handeln mit dem Staat und den politischen Parteien verstärkt den sozialen Zusammenhalt noch weiter. Doch diese Merkmale der politischen Kultur Deutschlands beinhalten bis heute die wiederkehrende Neigung zu politischer Enttäuschung, die zur Folge haben kann, dass die Bürger sich von der Politik und der aktiven politischen Betätigung abwenden. Kennzeichnend für die amerikanische politische Kultur sind eine öffentliche Ethik und nur lose mit dem Staat verknüpfte staatsbürgerliche Ideale, daneben gibt es eine hoch entwickelte Tradition der Eigenverantwortung. Beides schützt die Bürger vor allzu großen Enttäuschungen durch die Politik und sorgt dafür, dass sie sich vom Staat nicht einschüchtern lassen. Umgekehrt beschränkt diese Konstellation aber auch die legitime Zuständigkeit des Staates für gesellschaftliche Probleme.

Obwohl die zunehmende ‚Amerikanisierung' der deutschen politischen Kultur eine allmähliche Annäherung in manchen Bereichen zu bringen scheint[11], sind die Unterschiede entlang dieser Achsen nach wie vor erheblich. Einige Bereiche, die inhaltlich stark divergieren, schaffen ein Potenzial für transatlantische Missverständnisse, die stets einem bestimmten Muster folgen. Unterschiedliche Interessen – geopolitischer, innenpolitischer und wirtschaftlicher Natur – aktivieren dieses Potenzial regelmäßig, manchmal in einem Maße, dass aus normalen Meinungsverschiedenheiten zwischen Verbündeten schwere, dauerhafte Spannungen werden. Dies sei an einigen Beispielen kurz erläutert.

Weil Deutsche wie Amerikaner sich häufig nicht klar machen, dass sie unterschiedliche Auffassungen von der Rolle des Staates und von Eigenverantwortung haben, wird der jeweilige Kontext nicht berücksichtigt, und das verursacht dann Missverständnisse. So ist in Deutschland die Auffassung weit verbreitet, dass die soziale Sicherung in Amerika nur als eine unterentwickelte Form der europäischen Daseinsvorsorge verstanden werden kann (und nicht als tief verwurzelt in einer politischen

---

[11] In früheren Zeiten hatte die Spannung zwischen hohen Erwartungen an den Staat und der anschließenden Enttäuschung über sein vermeintliches Versagen üblicherweise den Rückzug in das Privatleben einerseits zur Folge und die Entstehung links- und rechtsextremistischer Bewegungen andererseits. Siehe Stern 1964; Mannheim 1984; Meyer 1920; Mommsen 1974; Mosse 1991; Hamerow 1958; siehe Kapitel 2. Ein generell höheres Niveau staatsbürgerlicher Aktivität bildete jedoch in den siebziger und achtziger Jahren eine wirksame Barriere gegen solches Aufflammen von Unzufriedenheit. Deutsche und amerikanische Sozialwissenschaftler stimmen darin überein, dass in der Bundesrepublik vor allem in den letzten dreißig Jahren das breite Spektrum *politischer* intermediärer Vereinigungen zwischen Staat und Individuen entstanden ist (im Gegensatz zu Gruppen mit wenig politischer Ausrichtung wie Wandervereinen, Gesangsvereinen, Schachclubs usw., die eine Jahrhunderte lange Tradition in Deutschland haben), das Tocqueville als unverzichtbar für eine stabile Demokratie betrachtete. Die alte ‚passive Staatsbürgerschaft' und auch die herkömmliche Definition von politischer Betätigung als nahezu ausschließlich auf den Staat und die politischen Parteien ausgerichtet, ist weitgehend verschwunden. Siehe Kaase et al. 1996; Conradt 1980; Berg-Schlosser und Schissler 1987. Die deutsche politische Kultur hat sich gewandelt mit der Folge, dass die Neigung zu Enttäuschung und verärgerter Abwendung nicht mehr so stark ist. Wann immer den etablierten politischen Parteien, der staatlichen Verwaltung und der Führungselite vorgeworfen wird, sie seien abgehoben und gingen zu wenig auf die Anliegen der Bürger ein, wird die Beteiligung der Staatsbürger in Richtung lokaler und regionaler politischer Vereinigungen *kanalisiert* statt in schweigenden Rückzug oder zu rechten oder linken Extremen. An der Entwicklung hatten zwar wirtschaftliche Veränderungen und Strukturwandel in den letzten vierzig Jahren einen größeren Anteil als langfristige religiöse Einflüsse wie in den Vereinigten Staaten, aber trotzdem nähert sich der Grad staatsbürgerlicher Partizipation in beiden Ländern auf lokaler und regionaler Ebene immer mehr an.

Kultur, die das europäische Modell ausschließt, sogar ablehnt).[12] Umgekehrt spiegelt die amerikanische Sicht des deutschen Daseinsvorsorgestaates eine spezifisch amerikanische Konstellation kultureller und historischer Kräfte wider: Aus amerikanischer Sicht erscheint der gewaltige deutsche Staatsapparat als eine beständige Bedrohung der persönlichen Freiheiten. Während die Amerikaner den ‚starken Staat' als unnötig und gefährlich ansehen, glauben die Deutschen, dass die Amerikaner naiv die Eigenverantwortung des Einzelnen übertreiben und unterschätzen, zu welchem Maß von sozialer Unordnung der Kapitalismus führen kann. Diese Sichtweise ignoriert jedoch die amerikanische religiöse Tradition, welche die ‚Weltbeherrschung' auf ein Podest hob und die kritische Einstellung gegenüber dem Kapitalismus minimierte.[13]

Die deutsche Ambivalenz gegenüber der amerikanischen politischen Kultur wird noch durch die beharrliche Überzeugung verstärkt, dass die amerikanische Gesellschaft zutreffend als ‚Massengesellschaft' atomisierter, isoliert nebeneinanderher lebender Individuen beschrieben werden kann, wo jeder seinen eigenen Weg gehen will und es keine echte soziale Solidarität gibt.[14] Als Beleg dient der Hinweis auf fehlende Elemente einer sozialen Marktwirtschaft und die unterentwickelte soziale Sicherung. Dieses Urteil rührt jedoch daher, dass die deutsche Sicht, welches der

---

[12] Diese Sichtweise scheint vor allem auf dem linken Flügel verbreitet zu sein als eine Erklärung für die Begrenztheit des amerikanischen Wohlfahrtsstaates, die die Kultur nicht berücksichtigt: Man glaubt den Einfluss einer sehr reichen und mächtigen Elite zu erkennen.

[13] Es scheint, dass der Begriff der Eigenverantwortung in einer politischen Kultur nur dann einen bestimmten Grad von Legitimität erlangen kann, wenn feudale Vermächtnisse entweder nicht vorhanden sind (wie in den Vereinigten Staaten) oder vollständig beseitigt wurden. Aber das wäre nur eine ‚negative' Vorbedingung. Es muss auch ein ‚positiver' Faktor ins Spiel kommen und ein soziologisch relevantes Gewicht erlangen. Von besonderer Bedeutung (gleichgültig ob der asketische Protestantismus oder eine andere Kraft diese Rolle übernimmt) ist die Fähigkeit, statische und abgeschlossene, damit einschränkende, auf Konventionen beruhende Hierarchien zu bekämpfen und gesellschaftliche Gleichheit sowie Dynamik einzubringen. Ohne einen solchen legitimierenden Kontext wird Eigenverantwortung als unrealistisch erscheinen, und entsprechende Appelle dürften auf taube Ohren stoßen. Dass Eigenverantwortung bei der jüngeren Generation in Deutschland zunehmend höher im Kurs steht, zeugt davon, dass die gesellschaftliche Gleichheit zugenommen hat.

[14] Es ist bemerkenswert, dass diese Sicht der Vereinigten Staaten immer noch existiert. Fast 100 Jahre zuvor hat sich Weber gegen dieses in Deutschland weit verbreitete Vorurteil ausgesprochen. Er betonte, die amerikanische Demokratie dürfe wegen ihrer ausgeprägten Neigung zu staatsbürgerlichen Vereinigungen aller Art nicht als ein ‚Sandhaufen' unverbundener, atomisierter Individuen angesehen werden: „Aber in der Vergangenheit und bis in die Gegenwart hinein war es ein Merkmal gerade der spezifisch amerikanischen *Demokratie*: dass sie *nicht* ein formloser Sandhaufen von Individuen, sondern ein Gewirr streng exklusiver, aber voluntaristischer, *Verbände war*" (1988c: 215; siehe 212ff.). Und: „Wer sich unter ‚Demokratie' , wie unsere Romantiker es lieben, eine zu Atomen zerriebene Menschenmasse vorstellt, der irrt sich, soweit wenigstens die amerikanische Demokratie in Betracht kommt, gründlich" (2004b: 316; siehe 316ff.; 2005b: 672–78).

adäquate Ort des politisch-ethischen Handelns ist, nämlich der Staat mit den politischen Parteien, das Verständnis für die Einzigartigkeit des amerikanischen Modells von Gemeinsinn versperrt: Politisch-ethisches Handeln gehört für die Amerikaner in eine nicht klar umrissene, integrierende zivilgesellschaftliche Sphäre, die dicht mit Bürgervereinen besetzt ist. Dass diese Art der sozialen Integration die Vorstellungen von Eigenverantwortung, ‚heroischem Individualismus' und Egoismus abschwächt, wird bei der deutschen Sicht auf die amerikanischen Verhältnisse oft nicht erkannt und nicht gewürdigt, weil eine andere Form von sozialer Solidarität als Maßstab genommen wird.[15] Tatsächlich haben die zentrale Bedeutung der zivilgesellschaftlichen Sphäre und das Erbe des asketischen Protestantismus in Amerika einen starken Konformitätsdruck erzeugt.[16]

---

[15] Weber sieht den amerikanischen Individualismus hauptsächlich verankert *in* Gruppen – oder zumindest wird er durch das Vorhandensein von Gruppen nicht bedeutungslos. Er bestreitet die implizite Annahme vieler Deutscher, der Einzelne in Amerika verliere, sobald er in einer Gruppe sei, die Fähigkeit, Entscheidungen im Hinblick auf selbst definierte Ziele zu treffen. Stattdessen betont er die Fähigkeit der Amerikaner, auch *in* Gruppen ‚sich zu behaupten'. Im Zusammenhang damit verweist er wieder auf die Vermächtnisse des asketischen Protestantismus (2004b: 319ff.). Der deutsche Individualismus hingegen steht in der Tradition der deutschen Romantik und ist insofern ganz im privaten Leben verwurzelt (in Familie und Freundschaft). Kennzeichnend für die deutschen Verhältnisse ist die Neigung, Gruppen eine sakrosankte Aura zuzusprechen. Deshalb verliert Weber zufolge der deutsche Individualismus in Gruppierungen der öffentlichen Sphäre tendenziell seinen Einfluss, er schwächt sich ab, bis er schließlich ganz verschwindet. Dies hängt mit der deutschen Romantik und dem lutherischen Glauben zusammen. Die Deutschen, so Weber weiter, übertragen dann oft ihr Verständnis von Individualismus auf die amerikanische Gesellschaft und dabei verstehen sie ein zentrales Merkmal falsch. Zum Beispiel: Soziale Verbände in Amerika „ruhen weder auf ‚Gemüts'-Bedürfnissen, noch erstreben sie ‚Gemütswerte; der Einzelne sucht *sich selbst* zu behaupten, indem er sich der sozialen Gruppe eingliedert; es fehlt jene undifferenzierte bäurisch-vegetative ‚Gemütlichkeit', ohne die der Deutsche keine Gemeinschaft pflegen zu können glaubt. Die kühle *Sachlichkeit* der Vergesellschaftung [in den Vereinigten Staaten] fördert die präzise Einordnung des Individuums in die Zwecktätigkeit der Gruppe – sei diese Football-Club oder politische Partei –, aber sie bedeutet keinerlei Abschwächung der Notwendigkeit für den Einzelnen, für seine Selbstbehauptung konstant besorgt zu sein: im Gegenteil, gerade *innerhalb* der Gruppe, im Kreise der Genossen, tritt die Aufgabe, *sich zu ‚bewähren'*, erst recht an ihn heran. Und nie ist daher der soziale Verband, dem der Einzelne zugehört, für ihn etwas ‚Organisches', ein mystisch über ihn schwebendes und ihn umschließendes Gesamtwesen [wie in Deutschland], *stets* vielmehr ganz bewusst ein Mechanismus für seine eigenen, materiellen oder ideellen *Zwecke*" (2004b: 319; siehe Mommsen 1974: 81ff.).

[16] Siehe Weber, 1988c: 229–35; 2004b: 316ff. Tocqueville sah nur den Konformitätsdruck und sprach davon, der amerikanischen Demokratie drohe die ‚Diktatur der Mehrheit'. Es ist eine zentrale Schwäche von Tocquevilles Analyse, dass er die *Spannung* zwischen Individualismus und Konformismus in der amerikanischen Gesellschaft ignorierte. Weber ist sich der Bedeutung des Konformismus sehr genau bewusst, aber er sieht die Spannung klar. Für ihn gehört *beides* zum Vermächtnis des Protestantismus, der ausgeprägte Individualismus wie der Konformismus. Siehe Kalberg 2009; Kapitel 4.

Die jeweiligen Auffassungen von der Rolle des Staates und Definitionen von politisch-ethischem Handeln haben noch zu weiteren Missverständnissen geführt. Der Umstand, dass sich die Amerikaner häufig auf öffentliche Werte und Ideale berufen, wenn sie politische Handlungen rechtfertigen wollen, wird in Deutschland oft als unaufrichtig und sogar heuchlerisch empfunden, und es wird unterstellt, die tatsächlichen Motive – ein unregulierter ‚Laissez-faire'-Kapitalismus ohne die Züge der sozialen Marktwirtschaft und ohne wohlfahrtsstaatliche Elemente – seien wirtschaftlicher und politischer Natur. Diese Art von Erklärung rührt zum Teil daher, dass auf staatsbürgerliche Vereinigungen ausgerichtete Ideale in der deutschen politischen Kultur unterentwickelt sind. Solche Ideale stehen, wenn sie stark ausgeprägt sind, Erklärungsweisen entgegen, die ausschließlich wirtschaftliche und politische Interessen anführen. Umgekehrt erscheint in den Vereinigten Staaten die deutsche Neigung, wirtschaftliche und politische Interessen als Hauptantriebskraft für öffentliches Engagement außerhalb des parteipolitischen Rahmens anzusehen, als berechnend und zynisch, weil scheinbar die öffentlichen Ideale fehlen – und das wird als Beleg dafür gewertet, dass es in der deutschen Gesellschaft keinen echten Gemeinsinn gibt. Dabei übersehen die Amerikaner allerdings – und vielleicht können sie es von ihrem eigenen Ausgangspunkt aus gar nicht sehen –, dass politisch-ethisches Verhalten und soziale Solidarität in Deutschland durch die soziale Marktwirtschaft und die vielfältigen rechtlichen Regelungen des Wohlfahrtsstaates kultiviert werden.

Die Übertragung von Vorstellungen aus der jeweils eigenen heimischen politischen Kultur über die nationalen Grenzen hinweg ist noch in anderen Hinsichten zu erkennen. Während die Amerikaner Watergate und die Lewinsky-Affäre als schwerwiegenden, nicht hinnehmbaren Bruch des Vertrauens der Öffentlichkeit betrachteten, erklärten die Deutschen (sofern sie nicht einfach sprachlos verblüfft waren) die Skandale hauptsächlich mit Blick auf die politischen Interessen der Oppositionsparteien und kritisierten die amerikanische Erklärung als naiv. Wohlwissend, dass die politischen Parteien in den Vereinigten Staaten eine geringere Rolle spielen, analysiert die deutsche Presse Wahlen regelmäßig ausschließlich im Hinblick auf die ökonomischen Interessen der Wähler und die strategischen Kalkulationen der Kandidaten – und blendet die Rolle staatsbürgerlicher Ideale vollkommen aus. Auf der andere Seite legt die amerikanische Presse im Allgemeinen wenig Verständnis dafür an den Tag, dass bei Wahlen die Parteien in Deutschland eine viel wichtigere Rolle spielen als in Amerika und dass dem Wohlfahrtsstaat ein hoher Stellenwert zugesprochen wird.

Solche strukturierten Missverständnisse, Fehlwahrnehmungen und Kontroversen sind keineswegs zufällig. Sie illustrieren die Unterschiede der politischen Kulturen Deutschlands und der Vereinigten Staaten. Weil sie tief in Geschichte, Tradition und

Werten verwurzelt sind, haben sie weitreichende Konsequenzen, oft bis in die Außenpolitik hinein. Wie nun zu zeigen sein wird, entstehen Missverständnisse und Meinungsverschiedenheiten in der internationalen Politik nicht nur aus dem geopolitischen Kräftespiel, aus innenpolitischen Rücksichten und ökonomischen Interessen, sondern auch aus Fehlwahrnehmungen, die in den politischen Kulturen verankert sind. Wie genau die politischen Kulturen ihre kausale Wirkung in Konflikten zwischen Deutschland und den Vereinigten Staaten entfalten, wie sie zeitweise sogar Spannungen intensivieren und strukturieren, die ansonsten eher zufällig auftreten und wieder abflauen würden, beschäftigt uns im nächsten Abschnitt.

4 Außenpolitische Konflikte: Die Rolle der politischen Kultur

Die Übertragung heimischer Voraussetzungen auf den jeweils anderen führt immer wieder zu Missverständnissen zwischen Deutschen und Amerikanern. Trotz einer unbestreitbar engen Allianz und wiederholter Bekenntnisse zur ‚deutsch-amerikanischen Freundschaft' und der ‚Festigkeit des atlantischen Bündnisses' sind in den letzten dreißig Jahren regelmäßig Differenzen entstanden. Aber nur selten wurden Unterschiede der politischen Kulturen als eine Ursache anerkannt.[17]

Die amerikanische Form von sozialer Solidarität, die auf Vermächtnisse des asketischen Protestantismus zurückgeht und politisch-ethisches Handeln diffus in einer Vielzahl von Bürgervereinen lokalisiert, ermöglichte die Entstehung idealistischer moralischer Kampagnen. Auch wenn die Ideale dieser sozialen Bewegungen oft, sogar regelmäßig in Frage gestellt werden, sind sie doch tief in der amerikanischen Gesellschaft verwurzelt und unauflöslich mit der Innenpolitik, manchmal auch mit der Außenpolitik verwoben. In Deutschland hingegen stoßen moralische Reinigungskampagnen vor dem Hintergrund einer politischen Kultur, die politisch-ethisches Handeln eng mit dem Staat und seinen vielfältigen Wohlfahrtsaufgaben verbunden hat, verbreitet auf Misstrauen und Skepsis. Ein tiefes Misstrauen gegenüber allen idealistischen Bekundungen (das mit so weit zurückliegenden Ereignissen zusammenhängt wie der gescheiterten Revolution von 1848 und Bismarcks Manipulation des Reichstages, der Instabilität der Weimarer Republik und der nationalsozialistischen Diktatur) prädisponiert die Deutschen, derartige Vorgänge in den Vereinigten Staaten als unehrliche und heuchlerische Show abzutun, die allein die heimischen Wähler beeindrucken soll. Selbst nach der Entscheidung des Bundestages, Truppen in den Kosovo zu entsenden, lehnte die deutsche politische Kultur

---

[17] Siehe in diesem Zusammenhang meine Untersuchung über die unterschiedliche Wahrnehmung der Sowjetunion in den Vereinigten Staaten und der Bundesrepublik (1989b).

weiter alle Erscheinungsformen von missionarischem Idealismus ab.[18] Auf der anderen Seite fehlt der in Deutschland vorherrschenden außenpolitischen Orientierung an nationalen, internationalen und ökonomischen Interessen[19] aus amerikanischer Sicht die ethische Dimension, und darum erscheint sie als illegitime Manifestation einer alten und mittlerweile diskreditierten Tradition, der ‚Realpolitik‘.

Dass ethisch-geprägte öffentliche Ideale in den Vereinigten Staaten in einer Vielzahl von Vereinigungen verankert sind und eine Neigung zu moralischen Reinigungskampagnen besteht, schränkt die Verbreitung von Paradigmen ein, die wirtschaftliches und politisches Handeln allein durch Bezug auf wirtschaftliche und politische Interessen erklären wollen.

Weniger effektiv in dieser Hinsicht ist die Zuordnung des politisch-ethischen Handelns zu einem umfassenden Wohlfahrtsstaat und den Volksparteien in der Bundesrepublik.[20] Die deutsche Form der sozialen Solidarität immunisiert die Bürger in der Regel nicht gegen Erklärungen aus der Perspektive der politischen und wirtschaftlichen Interessen, etwa mit dem ‚Streben nach der Weltherrschaft‘ oder der ‚Sorge um das Öl‘. Hier wird der Kontrast anschaulich.

Das unübersehbare Vorhandensein von missionarischem Idealismus und moralischen Reinigungsvorstellungen in der politischen Kultur der Vereinigten Staaten und ihr Fehlen in Deutschland müssen als eine entscheidende Ursache der Spannungen gesehen werden, die regelmäßig zwischen beiden Ländern auftreten. Bemerkenswerterweise hat die asketisch-protestantische Überzeugung – damit Gottes Reich auf Erden erstehen kann, muss das Böse ausgerottet werden, anstatt dass man es to-

---

[18] Der missionarische Idealismus ist eng mit dem Thema der ‚nationalen Identität‘ verwoben. Eine Vorbedingung für moralische Kampagnen gegenüber anderen Völkern ist ein ‚ungebrochenes‘, das heißt seiner selbst sicheres und nicht hinterfragtes Nationalbewusstsein. Wer stolz auf die eigenen Ideale ist, wird ohne Zögern bereit sein, die eigenen Werte und die eigene Lebensweise gegenüber anderen Völkern zu vertreten. Ausgeprägter Patriotismus ist bis heute für die Vereinigten Staaten typisch, trotz der Auseinandersetzungen in der Vietnamzeit und trotz des verlorenen Vietnamkrieges. Woodrow Wilsons ‚zehn Punkte‘ und Carters Menschenrechtskampagnen sind Beispiele dafür, dass die Vereinigten Staaten ihre Ideale universell proklamieren wollen und sie als einen wesentlichen Bestandteil der Außenpolitik betrachten.

[19] Der ‚Genscherismus‘ ist das deutlichste Beispiel in der Bundesrepublik.

[20] Diesen Zusammenhang erhellt meines Erachtens Webers Bemerkung in einem Brief aus dem Jahr 1906 an den renommierten Theologen Adolf von Harnack. Darin schreibt er, das Luthertum habe eine sehr negative Wirkung auf die deutsche politische Kultur gehabt: „Das *Luthertum* ist für mich, ich leugne es nicht, in seinen *historischen* Erscheinungsformen der schrecklichste der Schrecken und selbst in der Idealform, in welcher es sich in Ihren Hoffnungen für die Zukunftsentwicklung darstellt, ist es mir, *für uns Deutsche*, ein Gebilde, von dem ich nicht unbedingt sicher bin, wie viel Kraft zur Durchdringung des Lebens von ihm ausgehen könnte [im Gegensatz zum asketischen Protestantismus]... Aber dass unsere Nation die Schule des harten Askezismus niemals, in *keiner* Form, durchgemacht hat, ist ... der Quell alles Desjenigen, was ich an ihr (wie an mir selbst) hassenswert finde" (1990: 32f.).

leriert – die massiven strukturellen Veränderungen der letzten 200 Jahre überlebt, auch wenn sie heute nur noch in säkularisierter und abgeschwächter Form existiert und hauptsächlich in konservativen Kreisen größere Bedeutung hat. Nach wie vor kann sie dem Einzelnen die zupackende, optimistische Überzeugung vermitteln, dass er die Dinge ‚in die Hand nehmen' und sich dem Bösen in den Weg stellen kann.[21] In der komplexen Konstellation der Motive, die hinter der amerikanischen Außenpolitik stehen, ist der missionarische Idealismus natürlich nicht dominant, aber er darf auch nicht ausgeblendet werden in einer Untersuchung der zentralen Triebkräfte eben dieser Außenpolitik.

Die hier skizzierte Analyse, die von der Überzeugung ausgeht, dass die einzigartige politische Kultur eines jeden Landes Auswirkungen auf die Wahrnehmung der internationalen Gegebenheiten und die Außenpolitik hat, bietet eine Erklärung, warum man in Deutschland ungläubig auf alle Beteuerungen amerikanischer Politiker reagierte, ‚es geht nicht um Öl'. In der Tat kann der missionarische Idealismus der Amerikaner zuweilen internationale Konflikte durchdringen, die zuvor hauptsächlich mit geopolitischen, innenpolitischen und wirtschaftlichen Interessen zusammenhingen, sodass die Feindseligkeiten sich deutlich verschärfen und verfestigen – und sei es nur deshalb, weil das Element der moralischen Reinigung, kaum registriert, häufig hochgespielt und in den üblichen internationalen Ausdruck gekleidet wird: den von Arroganz und Selbstgerechtigkeit. Das kann sogar so weit gehen, dass nachfolgende Kontroversen ‚moralischen' Bahnen folgen. Wenn Konflikte sich in dieser Weise verschärfen, kann sich anhaltend und einem bestimmten Muster folgend ein Tenor moralischer Entrüstung und Schuldzuweisung einstellen.

Die Folgen eines solchen Teufelskreises sind offenkundig: In außenpolitischen Angelegenheiten reden Deutsche und Amerikaner oft aneinander vorbei, jede Seite steigert die Lautstärke, aber beide sind unfähig, die Argumente der jeweils anderen zu verstehen. Fehlwahrnehmungen, die von unterschiedlichen politischen Kulturen herrühren, durchdringen gelegentlich die interessenbasierten Argumente so weit, dass es nur noch um die Motive geht. Das erklärte Ziel der Amerikaner – ‚Demokratie im Irak zu schaffen' und ‚das irakische Volk zu befreien' – wurde in Deutschland allgemein mit Misstrauen aufgenommen, stattdessen suchte man nach den ‚wahren Gründen'. Rasch tauchten wieder alte, abgenutzte Klischees auf: Die Amerikaner mit ihren ‚hehren Idealen' sind wie Kinder, unschuldig, naiv und heuchlerisch; die Deutschen sind zynische, verbrauchte ‚alte Europäer', die ihre Energie und ihre Ideale verloren haben.

Zentrale Merkmale der politischen Kulturen in Deutschland und Amerika, wie sie in der vorliegenden Studie vorgestellt wurden, implizieren, dass die vertrauten

---

[21] Das ist das Böse in Ronald Reagans ‚Reich des Bösen' und, aktueller, in der ‚Achse des Bösen'.

Erklärungsmuster – mit der geopolitischen Dynamik, mit innenpolitischen Rücksichten und ökonomischen Interessen – notwendig, aber nicht hinreichend sind, wenn es gilt, die wichtigsten Ursachen aufzudecken, warum es zwischen beiden Ländern regelmäßig zu außenpolitischen Konflikten kommt. Immer wenn sich Differenzen zwischen Verbündeten verfestigen, das lehrt die vorliegende Untersuchung, übertreiben Analysen, die sich ganz auf gegensätzliche Interessen konzentrieren, deren Einfluss und blenden vieles andere aus.

Konstellationen im Umkreis und im Hintergrund, hier zusammengefasst unter dem Stichwort politische Kulturen, müssen stärker berücksichtigt werden. Dieses Konzept, das auch langfristige Kräfte berücksichtigt, fördert Merkmale zutage, die untergründig die geistige Landkarte einer Nation bestimmen. Regelmäßige und dauerhafte Konflikte zwischen Alliierten entstehen, wenn 1) Interessen, seien sie geopolitischer, innenpolitischer oder wirtschaftlicher Natur, in einer antagonistischen Beziehung stehen, ferner 2) zentrale Merkmale unterschiedlicher politischer Kulturen hervortreten lassen und mit ihnen interagieren, und wenn 3) dadurch Konflikte wegen unterschiedlicher Interessen eine Schärfe bekommen, die sie bis dahin nicht besaßen. Weil die politische Kultur jedes Landes tief in seiner spezifischen historischen Entwicklung und seinen einzigartigen Gegebenheiten verwurzelt ist, verfestigt und verselbständigt sich ein solcher Konflikt mit größerer Wahrscheinlichkeit, als es bei Konflikten der Fall ist, die mit dem üblichen Auf und Ab von Interessen zusammenhängen. Mit anderen Worten: Anders als Kontroversen, die hauptsächlich von Interessengegensätzen herrühren, die manchmal schwerer wiegen und manchmal weniger schwer, ohne dass sich ein Muster erkennen ließe, nehmen Konflikte, die zentrale Elemente der jeweiligen politischen Kultur aktivieren, die aus ganz spezifischen Werten, Traditionen und Identitätsüberzeugungen besteht, oft schwere Formen an, folgen einem bestimmten Muster und entwickeln eine Eigendynamik. Deshalb ist immer dann, wenn die politischen Kulturen von Verbündeten erheblich unterschiedlich sind, wie es bei Deutschland und Amerika der Fall ist, besondere Wachsamkeit angeraten, damit sich interessenbasierte Konflikte nicht zu Feindseligkeiten auswachsen können, die ihr Fundament in der politischen Kultur haben.

In der vorliegenden Fallstudie wurde versucht zu zeigen, dass Variablen der politischen Kultur mit berücksichtigt werden müssen bei der Untersuchung wiederkehrender Konflikte zwischen Verbündeten. Auf einer Ebene ist dies ein Plädoyer dafür, Geschichte und Kultur in die Analyse internationaler Konflikte stärker einzubeziehen. Auf einer anderen Ebene ergibt sich der Schluss, dass deutliche Unterschiede in den politischen Kulturen Deutschlands und der Vereinigten Staaten, die tief in der jeweiligen Geschichte verwurzelt sind, verhindern werden, dass substanzielle Differenzen zwischen beiden Ländern im Laufe der Zeit aussterben.

Kapitel 6
Die Rolle moralischer Werte in der amerikanischen Präsidentschaftswahl 2004[1]

Ganz Europa hat sich dieselbe Frage gestellt: Wie konnten die Amerikaner 2004 George W. Bush wählen? Was hat, angesichts einer schwierigen Wirtschaftslage und eines quälenden Krieges im Irak, seine deutliche Niederlage gegenüber John Kerry verhindert? 22 Prozent der amerikanischen Wähler gaben an, ‚moralische Werte' seien ‚das wichtigste Thema' bei der Wahl. 20 Prozent bezeichneten die Wirtschaft, 19 Prozent den Terrorismus und 15 Prozent den Irak als ‚am wichtigsten'. Was sind nun ‚moralische Werte' und warum waren sie wichtiger als der Krieg im Irak?

Dieses Kapitel behandelt diese Fragen in knapper und vorläufiger Form. Es wird davon ausgegangen, dass die in Kapitel 5 skizzierte Analyse zum Verständnis eines zentralen Aspekts der amerikanischen politischen Kultur beiträgt, der beim Blick aus dem Ausland so schwer zu erkennen und einzuschätzen ist: der Bedeutung moralischer Wertvorstellungen. Dieses Thema muss näher untersucht werden, wenn man den ‚American Exceptionalism', der in der Präsidentschaftswahl so offensichtlich wurde, wenigstens ansatzweise begreifen möchte.[2]

Politisch-ethisches' Handeln fand in den Vereinigten Staaten seinen Ort ausschließlich in Vereinigungen *(civic associations).* Solche allgegenwärtigen Organisationen trugen Wertekonstellationen in alle Winkel der amerikanischen Gesellschaft. Dabei pflegten und verstärkten sie eine breite, in Werten verankerte zivilgesellschaftliche *(civic) Sphäre.* Ob diese Sphäre nun unter dem Rubrum ‚öffentliche Ethik' oder ‚moralische Werte' in Erscheinung trat, immer verteidigte sie einen klar umrissenen Bereich des Handelns nach ethischen Idealen gegen die Ausrichtung des Handelns an utilitaristischen und instrumentalen Überlegungen.

Das einzigartige religiöse Erbe Amerikas – die asketischen protestantischen Sekten und Kirchen – spielte dabei eine entscheidende Rolle. Während ihr Einfluss in Europa regional beschränkt blieb, hatten sie in Amerika wesentlichen Anteil daran, dass eine *zivilgesellschaftliche Sphäre* entstehen und sich entwickeln konnte. Quasi-

---

[1] Übersetzt von Dr. Ursel Schäfer; durchgesehen vom Verfasser.

[2] Bush gelang es, in seinem Wahlkampf den internationalen Terrorismus und den Irakkrieg zu einem Thema zu verschmelzen, was ihm sehr zugute kam. Eine ausführlichere Erörterung dieses Aspekts ist unerlässlich, um den Wahlausgang vollständig zu verstehen, aber sie bleibt einer eigenen Analyse vorbehalten. Siehe Danner 2008.

religiöse Werte bilden die Konturen dieser Sphäre, durchdringen sie und behaupten sich als ihre bestimmende Kraft. Bis heute interagieren der verbreitete Glaube an Gott und die aktive Kirchenmitgliedschaft mit den Bürgervereinen und stärken sie.[3] Dank einer nicht so weit fortgeschrittenen Säkularisierung wie in Europa setzt sich die ursprüngliche religiöse Prägung der politischen Kultur in Amerika gerade durch die Bürgervereine bis heute fort.

Die Europäer nehmen dieses Merkmal der amerikanischen politischen Kultur nur selten explizit wahr; sein großer Einfluss wird oft nicht verstanden.[4] Teilweise waren dafür die europäischen Soziologen verantwortlich, die vor hundert Jahren mit Beginn der Industrialisierung und Urbanisierung die *universelle* Säkularisierung verkündeten.[5] Zweifellos verlor im 19. Jahrhundert die Religion in Europa und in den Vereinigten Staaten an Bedeutung, doch in Amerika behauptete sich ein starkes, unerkanntes ‚Sektenvermächtnis‘ in Form einer Vielzahl quasi-religiöser Bürgervereine. Untersuchungen, die von den wesentlichen Merkmalen der heutigen politischen Kulturen in Europa ausgehen und dann (bewusst oder unbewusst) ihre Arbeitshypothesen auf die amerikanische Konstellation übertragen, unterschätzen und verzerren diesen zentralen Aspekt der amerikanischen politischen Kultur.

Mit diesen kurzen Bemerkungen sind wohl schon die Konturen einer für europäische Beobachter schwer nachzuvollziehenden politischen Kultur umrissen. Nötig ist nun eine eingehendere Diskussion und *verstehende* Analyse. Wie lässt sich der spezifische Gehalt der amerikanischen zivilgesellschaftlichen Sphäre definieren? Wie manifestieren sich ihre religiösen und quasi-religiösen Werte heute? Wie kam es, dass sich ein zentraler Bestandteil – ‚moralische Werte‘ – so massiv in der Wahl von 2004 auswirkte? Die Untersuchung zentraler Parameter der amerikanischen politischen Kultur wird illustrieren, auf welch vielfältige Weise tief verwurzelte ‚moralische Werte‘ bei der letzten Präsidentschaftswahl in den Vordergrund rückten. Vier Punkte müssen in diesem Zusammenhang eingehender behandelt werden: der hohe Stellenwert der ‚moralischen Charaktereigenschaften‘ von Bewerbern um das Präsidentenamt; die verbreitete Einstellung, ‚Probleme lassen sich lösen‘; die Art

---

[3] In den Vereinigten Staaten glauben sehr viel mehr Bürger an Gott als in anderen westlichen Ländern (fast 94 Prozent). In Gallup-Umfragen geben regelmäßig rund 40 Prozent der Amerikaner an, dass sie jede Woche den Gottesdienst besuchen. Siehe Hadaway, Kirk, Marter und Chaves 1993. Diese erheblichen Unterschiede zwischen den Vereinigten Staaten und Europa beim Thema gläubig oder säkular können gar nicht überschätzt werden.

[4] Max Weber scheint unter den Klassikern der Soziologie die klare Ausnahme zu sein. Tocqueville hat zwar herausgearbeitet, wie viel weiter als in Europa die Bürgervereine in Amerika entwickelt waren, aber er übersah ihre Ursprünge in den protestantischen Sekten. Siehe Kapitel 4.

[5] Interessanterweise waren alle Verfechter der Ansicht, dass Säkularisierung und Industrialisierung Hand in Hand gehen, europäische Denker (wie Tönnies, Durkheim, Spencer und Simmel).

und Weise, wie moralische Werte in politischen Diskussionen auftauchen; und der spezifisch amerikanische Provinzialismus.

1   Der amerikanische Kandidat: Der hohe Stellenwert eines ‚moralischen Charakters'

Die asketische Ausrichtung der protestantische Sekten und Kirchen hat ein großes Vermächtnis hinsichtlich des persönlichen Verhaltens hinterlassen. Der fromme Gläubige im 17. und 18. Jahrhundert war überzeugt, dass ein allmächtiger, allwissender und zorniger Gott über *jegliches* Verhalten urteilt; darüber hinaus war ihm auch bewusst, dass jedes Abweichen vom rechten Pfad von den Angehörigen seiner Glaubensgemeinschaft sofort registriert und bestraft werden würde. Überdies konnte eine ethische Verfehlung nicht durch die Beichte wieder gutgemacht werden und die soziale Ächtung blieb eine gefürchtete Möglichkeit. Damit wurden auf die strikte Einhaltung einer strengen, ‚aufrechten' Lebensweise ‚psychologische Prämien' (Weber) gesetzt und das ganze Verhalten wurde jederzeit an inneren (das Gewissen, das Gottes Forderungen kennt) und äußeren (die genaue Beobachtung durch die religiöse Gemeinschaft) Maßstäben gemessen. Im 17. Jahrhundert kristallisierte sich die Überzeugung heraus, dass die *Fähigkeit* des Gläubigen, ‚anständig und würdig' zu handeln, davon zeugte, dass Gott ihm seinen Beistand gewährte – und natürlich verlieh Gott diese Fähigkeit *nur* den Auserwählten. Da zudem einerseits vermittelnde Instanzen fehlten, die den Gläubigen bei ihrer Suche nach Heilsgewissheit hätten helfen können, und andererseits ‚innerweltliches Handeln' erforderlich war, schuf der asketische Protestantismus starke Anreize für die Herausbildung eines Ethos der Selbstverantwortlichkeit.[6]

Die rigorose Disziplinierung der gesamten Lebensweise des Gläubigen – die *asketische Lebensführung* – verlor im 18. und 19. Jahrhundert an Bedeutung. Manches bestand trotzdem fort und ‚anständiges Benehmen', auch wenn aufrichtiger Glaube und die Überwachung durch Sekten fehlten, wurde erkennbar der Standard für angemessenes Verhalten.

Einige Vermächtnisse der asketischen Lebenseinstellung sind bis heute noch lebendig, wenn auch in abgeschwächter und säkularisierter Form. Diejenigen, die eine Gemeinschaft führen wollen, in welchem Bereich des Lebens auch immer, müssen ‚aufrecht' sein. Sie müssen ein Verhalten an den Tag legen, das von moralischer Strenge, Ehrlichkeit und Vertrauenswürdigkeit geprägt ist, denn ein solches Verhalten gilt weithin als Beleg dafür, dass der oder die Betreffende in der Lage ist, konse-

---

6 Dieser Abschnitt folgt Weber 1988b: 163–206; 1988c.

quent nach bestimmten, festgefügten Wertvorstellungen zu handeln. Konsequentes Verhalten im Leben wird so gedeutet, dass ein zuverlässiger moralischer Kompass existiert. Klare Ziele und Entschlossenheit werden gleichgesetzt mit Aufrichtigkeit gegenüber Gott und den Mitmenschen.

Anständiges Verhalten allein ‚beweist' natürlich noch nicht, dass jemand einen vorbildlichen moralischen Charakter hat. Auch der regelmäßige Kirchgang und ein konventioneller Lebensstil dienen diesem Zweck. Die vorbildliche Lebensführung (eine tadellose Vergangenheit, eine tadellose Ehefrau, wohlerzogene, gehorsame Kinder, eine stabile Ehe) gehört ebenso dazu.

Sehr viel erfolgreicher als John Kerry erweckte George Bush den Eindruck, sein gegenwärtiges und vergangenes Leben stehe im Einklang mit den in der Askese verwurzelten Maßstäben für anständiges Verhalten. Außerdem gelang es ihm sehr viel besser als John Kerry, einfache, direkte Vorschläge für gesellschaftliche Probleme zu formulieren, und das trug zu dem Image von ‚Offenheit und Aufrichtigkeit' bei. An John Kerry wurde hingegen wiederholt kritisiert, er äußere sich unklar und inkonsequent. Die Wahlkampfstrategie von George Bush kultivierte das Bild von Stärke, Selbstsicherheit, Zuverlässigkeit und ‚moralischem Rückgrat', wohingegen John Kerry als ‚verschwommen' (fuzzy), schwankend und sprunghaft in seinen Gedanken dargestellt wurde, jederzeit bereit, zu gegenteiligen Positionen umzuschwenken.

Die Wähler beklagten wiederholt, „man weiß nicht, wo er [Kerry] steht", und lobten regelmäßig die „Vertrauenswürdigkeit und Direktheit" von George W. Bush. Die Zügel der Macht durften einfach nicht in die Hände eines Mannes gelegt werden, dem es an Entschlossenheit mangelte und der häufig seine Meinung änderte – nicht zuletzt deshalb, weil solches ‚Hin und Her' letzten Endes Zweifel an den ethischen Grundsätzen, am Charakter und an der Entscheidungskraft des Kandidaten nährte. Die Nation brauche Führung, lautete die Wahlkampfbotschaft von George Bush, sie brauche einen entschlossenen Mann an der Spitze, der konsequent nach bewährten Wertvorstellungen handele. ‚Gut' und ‚böse' *seien* eindeutig voneinander geschieden, betonte Bush, und müssten ohne jegliche Unsicherheit und Zweideutigkeit benannt werden. In einer politischen Landschaft, die bis heute von der asketischen Lebenseinstellung beeinflusst ist, hat es einen positiven Klang, wenn man bei dem bleibt, was man einmal gesagt hat. Darin zeigt sich ‚moralische Charakterstärke'.

Die große historische Reichweite der asketischen protestantischen Kirchen und Sekten, vermittelt durch die Bürgervereine (siehe Kapitel 4), wird in verwandter Weise offensichtlich. Die großen protestantischen Vermächtnisse – „ein moralisch einwandfreier Charakter und Glaubwürdigkeit sind unverzichtbar" für ein politisches Amt – drängt andere Kriterien, die für Wähler in Europa wichtig sind, an den Rand, nämlich Kompetenz, die sich in breitem Fachwissen ausdrückt. Bei unzähligen Themen bewiesen Al Gore wie auch John Kerry, dass sie sich selbst noch bei

entlegensten Einzelheiten auskannten, wohingegen George Bush selbst bei den
wichtigen Themen nur halbwegs Bescheid wusste. Das schadete ihm aber nicht.[7]
Einflüsse des asketischen Protestantismus – Festhalten an Werten und Maßstäben, Konsequenz über einen langen Zeitraum, ‚moralisch einwandfreier Charakter‘ usw. – wirkten sich im Wahlkampf 2004 ungewöhnlich stark aus. Es zeigt sich,
dass sie einen größeren Ausschlag gaben als außenpolitische Themen (der Irakkrieg)
und innenpolitische Themen (die Wirtschaft) zum einen und Sachkenntnis, internationale Erfahrung und außenpolitisches Wissen auf der anderen Seite.

2   Probleme lassen sich lösen

Die Mitglieder asketischer protestantischer Kirchen und Sekten hatten von ihrem
Gott einen klaren Auftrag erhalten: Um Seine Majestät und Seinen Ruhm zu preisen,
sollten sie Sein gerechtes Königreich auf Erden errichten. Wer wirklich aufrichtig
glaubte, zweifelte an diesem Auftrag nicht, denn an Gottes unerforschlichem Rat-
schluss gab es keinen Zweifel. Da es gewiss nicht Gottes Ruhm vergrößerte, wenn
verbreitet tiefstes Elend bestand, mussten nach Seinen Geboten Gemeinschaften errichtet werden, in denen Wohlstand, Überfluss und Gerechtigkeit regierten. Wer sehr
gut in der Lage war, durch Geschäfte Reichtum zu schaffen, wusste, dass er sein
‚Glück‘ nicht nur harter Arbeit zu verdanken hatte, sondern einem allmächtigen und
allwissenden Gott, der ihn zu systematischer Arbeit befähigt und ihm die Gelegenheit eröffnet hatte, reich zu werden. Er war also *begünstigt*. Und Gott half nur denen,
die zu den Auserwählten gehörten. Natürlich konnte es vorkommen, dass man beruflich scheiterte, aber der Gläubige musste sich dann „am eigenen Schopf aus dem
Sumpf ziehen" und eine neue Unternehmung beginnen, um Sein Königreich auf Erden zu errichten.
  So kristallisierte sich ein auf ‚Weltbeherrschung‘ ausgerichteter Individualismus
heraus.[8] Der asketische Protestant handelte ‚in der Welt‘, um Gottes Gebote zu erfüllen und Seine ‚Stadt auf dem Hügel‘ zu bauen. Zudem ließ die subjektive Heilsgewissheit *nicht* zu, dass äußere Schwierigkeiten die gewählte ‚Mission‘ behinder-

---

[7] Eine weiter gehende Analyse transkultureller Unterschiede, wie die Wähler bei ihrer Wahlent-
scheidung die Sachkenntnis von Kandidaten bewerten, müsste nicht nur das asketisch-protestantische Erbe betonen, sondern eine Reihe weiterer Faktoren wie die ‚Leistungsorientierung‘
der amerikanischen Gesellschaft mit ihrem relativ hohen Maß an beruflicher Mobilität und
offenen Arbeitsmärkten sowie den verbreiteten Populismus und das soziale Gleichheitsden-
ken. All das trägt erheblich zum amerikanischen Misstrauen gegenüber Berufspolitikern, Po-
litikexperten, Regierungsbediensteten und Intellektuellen bei (siehe Fn. 13).

[8] Das ist, in denkbar knappster Form skizziert, Webers Argumentation. Siehe Weber 1988b:
163–206; Kalberg 2011.

ten. ‚Probleme' und ‚Hindernisse' waren in den Augen des Gläubigen einfach ‚Herausforderungen' Gottes, der damit die Glaubensstärke und Hingabe auf die Probe stellen wollte. Was in seinem Auftrag getan werden *soll*, das *kann* auch getan werden. Und wenn kraftvolle Individuen nicht in der Lage sind, die Schwierigkeiten zu meistern und voranzukommen, dann müssen *Gruppen* gebildet werden, die gemeinsam Hindernisse aus dem Weg räumen und die Mission erfüllen.

Den Widersprüchen zwischen den Idealen – wohlhabende Gemeinschaften, Mitgefühl für alle, soziale Gerechtigkeit und Gleichheit, denn wir sind alle Gottes Kinder – und der vorgefundenen Realität *muss* man sich stellen. Zum Ruhme Gottes muss Ungerechtigkeit aus seinem Königreich verbannt werden. Eine Aufgabe zu vernachlässigen oder verzögert anzupacken, verstößt gegen die religiöse Pflicht. In der Tat ist es ein Zeichen, dass ein Mensch nicht von Gottes Kraft erfüllt ist, wenn er Ungerechtigkeiten geschehen lässt – und das bedeutet weiter, dass er nicht zu den Auserwählten gehört.

Als die Haltung ‚alles ist möglich' und die optimistische Einschätzung der Fähigkeiten des Einzelnen im 18. und 19. Jahrhundert allmählich ihre religiöse Bedeutung einbüßten, verlor gleichzeitig die Lebensorganisation des asketischen Protestanten rund um Pflichten, Arbeit und Gewinn den methodischen Zug. Obwohl die alles entscheidende Frage – „Bin ich einer der Geretteten?" – in den Hintergrund trat, blieb sie in einer säkularisierten Form erhalten und führte dazu, dass einerseits Probleme energisch angepackt wurden, dass aber andererseits hartnäckig geleugnet wurde, dass manche Aufgaben sehr komplex sind und manche Taten womöglich nicht vollbracht werden können. Es war einfach noch mehr Anstrengung nötig oder eine andere Herangehensweise, eine andere Strategie, oder es wurden größere Fähigkeiten, eine bessere Organisation und bessere Technik gebraucht. Bürgervereine waren vonnöten, wenn ein Problem die gesamte Gemeinschaft betraf, Gruppen sollten ‚Teamwork' praktizieren und Organisationen bilden, um eine Herausforderung zu meistern. Auch schwierigste Aufgaben lassen sich anpacken und lösen, selbst die Erforschung des Weltraums und ferner Planeten hängt letztlich nur von Geld, Wissen und Einsatz ab. „Streng dich an, dann schaffst du es schon." „Du bist stark, mach etwas aus dir." Der Einzelne muss das Stück Realität, das er sich ausgesucht hat, so formen und gestalten, dass es den hehren Werten entspricht.

Die Konzentration auf Problemlösung und die Suche nach der ‚richtigen Strategie' bestimmt natürlich in allen Ländern die politische Debatte. Doch besonderes Gewicht haben sie in den Regionen, die historisch vom asketischen Protestantismus und einer seiner wichtigsten säkularen Erscheinungsformen beeinflusst wurden: einer gesamtgesellschaftlichen Neigung, angesichts komplexer Aufgaben Bürgervereine zu bilden. Die *Neigung*, die Fähigkeiten zur Überwindung von Hindernissen zu ‚überschätzen', ist überall da zu erwarten, wo der asketische Protestantismus und seine Vermächtnisse einflussreich sind, ebenso ist die *Tendenz* wahrscheinlich, die Komplexität großer Aufgaben zu ‚unterschätzen'.

Bewerber, die in einer entsprechend ‚prädisponierten' politischen Kultur für Ämter kandidieren, müssen optimistisch auftreten, was Ergebnisse angeht, und die Problemlösung in den Mittelpunkt rücken. In dieser politischen Kultur gilt eine solche Haltung als ‚realistisch' und solche Kandidaten gelten als ‚vertrauenswürdig', denn die öffentliche Meinung favorisiert die Kandidaten, die den Erfolg als wahrscheinlich ansehen und die pragmatischen Mittel zu seiner Erlangung anpreisen. Die Kandidaten müssen unbedingt vermeiden, an mögliche Rückschläge zu denken und Zweifel an der Mission zu artikulieren; mit Szenarios, die Schwierigkeiten und Scheitern beinhalten, sollten sie sich lieber nicht abgeben. Auch wenn es sich um ein großes, komplexes Unternehmen handelt, immer verlangt die Aufgabe, vor der man steht – beispielsweise im Irak zu siegen – den Herausforderungen mit einer gewissen unbeirrbaren Hartnäckigkeit und Entschlossenheit zu begegnen. Kommen diese Charaktereigenschaften zum Tragen, wird, so die gängige Meinungn, der Erfolg sicherlich nicht ausbleiben.

George Bush gelang es besser, diese optimistische Botschaft zu verbreiten: Greif ins Geschehen ein, gestalte das Ergebnis und orientiere dich dabei an klaren, eindeutigen Werten. Auch seine weiteren Botschaften – „In diesen schwierigen Zeiten braucht es einen starken Mann" und „Man wechselt nicht mitten im Strom die Pferde" – sprechen diese Überzeugungen an, die tief in der amerikanischen politischen Kultur verankert sind.

3   Sozialpolitik: Gewicht und Bedeutung moralischer Werte

Charakteristisch für den asketischen Protestanten war eine ungewöhnlich rigide Interpretation der Heiligen Schrift und der Lehre der Kirche. Zudem fühlte sich, wie bereits dargelegt, der Gläubige verpflichtet, sein Leben systematisch im Einklang mit Gottes Gesetzen zu führen. Eine allgemeine Orientierung an den Geboten reichte nicht aus, vielmehr mussten Handeln, Denken und religiöses Gesetz uneingeschränkt aufeinander abgestimmt werden. Da zudem die Möglichkeit versperrt war, die eigenen Sünden zu beichten, war nicht einmal ein kurzfristiges Abweichen vom Pfad der Tugend erlaubt. Permanente ‚Wachsamkeit', was das eigene Verhalten und das Verhalten der anderen anging, war gefordert.

Diese Art moralischer Strenge gab es nur in den frommen Gemeinschaften in Neuengland im 17. Jahrhundert. Doch Nachklänge und Vermächtnisse bestanden fort, wurden in abgeschwächter, säkularer Form durch Schulen, berufliche Organisationen und unterschiedlichste Bürgervereine über die Generationen hinweg

weitergegeben. ‚Maßstäbe' für richtiges Verhalten wurden entwickelt und frühe as-
ketisch-protestantischer Normen beeinflussten noch ausnahmslos, was Gemeinschaften im 18. und 19. Jahrhundert für anständiges Verhalten hielten.
Obwohl die sozialen Umwälzungen, die im 20. Jahrhundert die Urbanisierung und
Industrialisierung begleiteten, die Trägerorganisationen – nämlich Bürgervereine sowie asketische protestantische Kirchen und Sekten – veränderten, gewährleisteten sie
weiterhin, dass die strikte Haltung gegenüber idealem Verhalten immer wieder neu
bekräftigt wurde.[9] Eine Reihe von Berufsvereinigungen (American Medical Association, The Bar Association, The American Psychological Association usw.) legten
Maßstäbe für das Verhalten am Arbeitsplatz (‚Verhaltenskodex') fest. Von Angestellten und den Mitgliedern solcher Vereinigungen erwartete man, dass sie die ethischen
Maßstäbe einhielten, die richtiges ‚moralisches Benehmen' bezeichneten. Eigens
dafür eingesetzte Ausschüsse waren befugt, Verfehlungen hart zu ahnden und sogar
Mitglieder auszuschließen, die gegen einen solchen ‚Ehrenkodex' verstoßen hatten.
    Auf diese Weise blieben die strikten Moralvorschriften, die der asketische Pro-
testantismus praktizierte, über Generationen hinweg erhalten, wenn auch in abgeschwächter Form. Solche Vereinigungen und allgemeine Appelle an ‚Gemein-
schaftsstandards' und die Instanzen, die sie durchsetzten, hielten das Bewusstsein
und die Sensibilität für Fragen des ethischen Verhaltens wach. ‚Maßstäbe im öffentlichen Leben' galten nicht nur für Politiker. Auf diese Weise kam es in regelmäßigen
Abständen zum breiten Wiederaufleben des Sektenvermächtnisses, selbstverständlich in säkularer Form.
    Der extrem hohe Stellenwert von ‚moralischen Werten' bei der Wahl im Novem-
ber 2004 ist für den Beobachter von außen nur nachvollziehbar, wenn er sich vor Augen hält, wie stark die politische Kultur in den Vereinigten Staaten vom asketischen
Protestantismus noch heute geprägt ist. Moralfragen bekamen eine Bedeutung, die
nur im Hinblick auf diese tief in der Geschichte verwurzelte, spezifisch amerikanische Dynamik verständlich wird. Vielerorts war es ein zentrales Wahlkampfthema,
ob in öffentlichen Schulen das Schulgebet erlaubt sein soll. Viele äußerten sich sehr
besorgt über den Umgang der Nation mit Sexualität und Gewalt im Fernsehen, die
Haltung zu Abtreibung, Stammzellenforschung und gleichgeschlechtlichen Partner-
schaften (‚Homo-Ehe').[10] In elf Staaten wurde parallel zur Präsidentschaftswahl in
Referenden über die Legalisierung der ‚Homo-Ehe' abgestimmt und in allen elf Fäl-

---

[9] Bemerkenswerterweise fehlt in Bellahs Analyse der amerikanischen ‚Zivilreligion' vollkommen die ihr zugrundeliegende asketische Komponente. Die Erneuerung der Zivilreligion
(durch Feiertage usw.) wäre ohne den Fortbestand dieses Elements nicht möglich. Siehe Bellah 1963.

[10] Aktuellen Umfragen zufolge sind 63 Prozent der Eltern sehr besorgt über sexuelle Darstellungen im Fernsehen, 58 Prozent sind besorgt über Gewaltdarstellungen.

len gab es dafür keine Mehrheit. Die gesamte Moraldebatte war von einer Haltung bestimmt, die schon die frühen religiösen Siedler eingenommen hatten: Moralische Entscheidungen sind Gewissensentscheidungen und die Regierung darf sich in diesen privaten Bereich nicht einmischen.

Auch bei diesen Themen gelang es George Bush, seinen Herausforderer John Kerry als ‚schwankend' und ‚inkonsequent' erscheinen zu lassen – und damit als nicht vertrauenswürdig. Immer wieder lautete die Frage: ‚Wo steht er?', ‚Was ist mit seinem moralischen Rückgrat? Mit seiner Integrität?', ‚Was für Maßstäbe und Überzeugungen hat er?', ‚Warum sind seine Antworten auf Moralfragen nicht klar und eindeutig, sondern kompliziert und vielschichtig?'. ‚Wird er die Regierung in durch und durch private Fragen eingreifen lassen?' In der Überzeugung, dass ländliche Wähler die Offenheit von George Bush, seine moralische Strenge und seine rigorosen Positionen besonders zu schätzen wissen würden, organisierte Karl Rove, Bushs Berater im Weißen Haus und wichtigster Wahlkampfstratege, vier Jahre lang Kampagnen, um die Wähler zur Eintragung in Wählerverzeichnisse zu motivieren. Vor allem ging es um ländliche Wähler in den Staaten, wo der Wahlausgang offen schien (den so genannten ‚swing states').

4 Amerikanischer Provinzialismus: Seine besonderen Züge

Die verbreitete Ausrichtung auf individuelle Leistung, die Bewältigung von Aufgaben und die ‚Selbstverwirklichung' durch Arbeit: All dies gehört zum asketisch-protestantischen Erbe in den Vereinigten Staaten. Die Konzentration auf ein Anliegen, die unerschütterliche Fixierung auf das nächste Ziel und eine methodische Lebensführung waren kennzeichnend für die Gläubigen. ‚Tätigkeit' und Leistung, das wussten sie, müssen systematisch verfolgt werden; Untätigkeit missfällt Gott und dient auch nicht dem eigenen Heil.

Europäische Besucher bemerken seit 200 Jahren, wie fleißig Amerikaner doch sind. Viele Beobachter haben sich gefragt, warum das schiere Tempo des Lebens in den Vereinigten Staaten nicht zum gesellschaftlichen Chaos geführt hat. Doch diese Energie, so wichtig ihr Beitrag für das Credo vom ‚Land der unbegrenzten Möglichkeiten' und den erheblichen wirtschaftlichen Wohlstand gewesen sein mag, hat auch einen verbreiteten Provinzialismus hervorgebracht – und sei es nur deshalb, weil die Mühen des Alltags die Amerikaner voll in Anspruch nimmt. Die Hingabe des asketischen Protestantismus an Aktivität und die Ausrichtung an einer wichtigen Überzeugung – der Einzelne *kann* durch harte Arbeit, durch planmäßige Lebensführung sein Schicksal selbst bestimmen – erschwert es, das ‚andere' jenseits der festen amerikanischen Grenzen wahrzunehmen. Der Provinzialismus der Amerikaner hat zwar

auch mit mangelndem Wissen und mangelnder internationaler Erfahrung zu tun, primär rührt er aber von der umfassenden, dynamischen, sich immer wieder selbst er-
neuernden Intensität des Alltagslebens in den Vereinigten Staaten her. Die Arbeit
bindet die Amerikaner sehr; sie ist eine Quelle echter Verpflichtung. Arbeit stellt das
Fundament des Lebens dar und gibt ihm Sinn, und für viele hat der Beruf Vorrang
vor Familie, Freundschaft und Freizeit (siehe Kapitel 3).

Der Provinzialismus, der seine Wurzeln in Aktivität, Aufgaben und dem Aufgehen in dem Wunsch hat, sich nach oben zu arbeiten, wird ironischerweise durch
ein Motto gestützt, das überall häufig zu hören ist: „Im Grunde sind wir alle gleich."
Die kulturellen Ursprünge dieses integrierenden Ethos lassen sich bis zum Universalismus des asketischen Protestantismus zurückverfolgen – das heißt zu der festen
Überzeugung der Gläubigen, dass „wir alle Gottes Kinder sind" –, weniger zum politischen Erbe Amerikas, denn dazu gehört ein umfassenderer Universalismus, nämlich die Überzeugung, dass die Menschen *auf der ganzen Welt* gleich sind. Wenn erst
einmal autoritäre und Feindschaft säende Herrscher gestürzt wären, würde diese
Gleichheit aller rasch offenbar werden. Da alle Menschen nach Menschenrechten
und Grundfreiheiten streben, wird es nicht mehr lange dauern bis zur Etablierung
demokratischer Systeme.

Obwohl für den amerikanischen Provinzialismus eine ausgeprägte Konzentration
auf sich selbst und geringes Wissen über andere Kulturen typisch sind, lässt er sich
nicht auf partikularistische Ideologien wie den Sozialdarwinismus oder Lehren von
ethnischer, rassischer, nationaler oder religiöser Überlegenheit zurückführen. Überra-
schenderweise gehört stattdessen ein klares universelles Ideal zu seinen wichtigen
Bestandteilen.[11] Diese Kombination – das Aufgehen in einem intensiven, temporei-
chen Alltag, der den Einzelnen so sehr in Anspruch nimmt, dass er andere Gesellschaften und Lebensweisen kaum wahrnimmt, und die sichere Überzeugung, dass die
universelle Verbreitung der grundlegenden amerikanischen Werte den Sehnsüchten
der Menschen rund um den Globus entspricht und ihrem Interesse dient – hat den
‚american way of life' mit Nachdruck über die Grenzen der Vereinigten Staaten hin-
ausgetragen. Nicht einmal der Vietnamkrieg hat die Skepsis und den Selbstzweifel ge-
weckt, die nötig gewesen wären, diese mächtige Logik, die keine eingebauten Schranken kennt, kritisch zu betrachten, geschweige denn sich von ihr zu distanzieren.[12]

---

[11] Dass die Vereinigten Staaten jedes Jahr das Ziel von Millionen von Immigranten sind, trägt
indirekt zu diesem Provinzialismus bei: Der Zustrom so vieler Menschen bestätigt die Amerikaner in ihrer Überzeugung, dass sie auf dem richtigen Weg sind. Und er rechtfertigt es,
dass die Amerikaner mehr auf sich selbst blicken als auf das Ausland. Ähnliches gilt für den
amerikanischen Wohlstand und eine starke amerikanische Wirtschaft.

[12] Die ‚gebrochene' Weltsicht von Nachkriegsdeutschland steht am anderen Ende des Spektrums der nationalen Identität.

Hinzu kommt, dass die Fixierung auf Aufgaben, Problemlösung und eine optimistische ‚Macher‘-Gesinnung, die aus dem protestantischen Erbe stammt, das
Verständnis verhindert, dass politische und gesellschaftliche Probleme außerhalb
der Vereinigten Staaten für den missionarischen Idealismus Amerikas komplexe
Herausforderungen darstellen. Insofern fehlen die Bedingungen für die Einsicht,
dass manche Länder aufgrund ihrer historischen und kulturellen Entwicklungen, die
sich von der amerikanischen Entwicklung unterscheiden, die amerikanischen Wertvorstellungen vielleicht nicht teilen wollen oder nicht teilen können.

Die Wahlkampfbotschaft von George Bush fand vor dem Hintergrund dieses
Provinzialismus, der tief in der amerikanischen Weltanschauung verankert ist, star-
ken Widerhall. John Kerry teilte zwar weitgehend diese Anschauungen, aber die
Art, wie er sie ausdrückte, ließ oft eine Spur von Zweifel erkennen. Eine wahrhafte
Überzeugung schien ihm zu fehlen.

5   Schlussfolgerung

In diesem kurzen Kapitel wurde versucht, mehrere Aspekte des ‚amerikanischen
Partikularisrnus‘ zu umreißen, um zu verdeutlichen, welchen Anteil ‚moralische
Werte‘ am Wahlsieg von George Bush im November 2004 hatten. Es konzentrierte
sich auf den Einfluss, den das Erbe des asketischen Protestantismus bis heute auf die
amerikanische politische Kultur ausübt. In europäischen Diskussionen über die
Wahl und die ‚amerikanische Einzigartigkeit‘ kommt dieser Aspekt oft zu kurz. Dieses Erbe spielt in den politischen Kulturen Europas nur eine sehr geringe Rolle.

Eine umfassendere Analyse der amerikanischen politischen Kultur würde deutliche regionale Unterschiede herausarbeiten und zu einer Einschätzung gelangen, wie
tief die Nation heute gespalten ist. Unbedingt erforderlich wäre auch eine Erklärung,
warum die Intellektuellen eine im Vergleich zu Europa so wenig bedeutende Rolle in
der Politik spielen.[13] Ausländische Beobachter müssen vermeiden, dass sie Voraus-

---

[13] Dieses große und komplexe Thema – die Rolle der Intellektuellen – verdient eine genauere Betrachtung. Doch zwei Punkte sollen im Kontext der hier vorgelegten Analyse erwähnt werden:
(1) Die Rolle des Intellektuellen als Kritiker der politischen Verhältnisse ist in Europa geläu-
fig. Die Selbstdefinition der Intellektuellen und ihre daraus folgende Pflicht sind ganz eindeutig: Sie sollen das politische Leben beobachten und die Politiker zwingen, Rechenschaft
abzulegen. Für amerikanische Intellektuelle gilt das sehr viel weniger. Wieder spielt hier
eine entscheidende Rolle, dass politisch-ethisches Handeln diffus in zahllosen Bürgervereingen lokalisiert wird und weniger in den politischen Parteien und im Staat (siehe Kapitel 4
und 5). Das fördert einerseits eine populistische Orientierung und schwächt den Status aller
Eliten einschließlich der Gelehrten und Denker, andererseits hat es zur Folge, dass die Kritik

setzungen, die aus ihren eigenen politischen Kulturen stammen, auf Amerika übertragen. Die politische Kultur in den Vereinigten Staaten unterscheidet sich von ‚der
europäischen politischen Kultur' allgemein und ebenso von einzelnen politischen
Kulturen wie etwa der französischen, der deutschen oder der holländischen.

---

[13] der Intellektuellen pluralistisch zersplittert. Die Rolle als politische Kommentatoren und Kritiker war nur eine unter vielen. Mit anderen Worten: Der Intellektuelle in Amerika versteht
sich weniger als ‚Politikkritiker', aber sehr viel stärker als in Europa übernimmt er die Rolle
des ‚Sozialkritikers'. Die amerikanischen Intellektuellen äußern sich nur bei außerordentlichen politischen Umständen in einem ähnlichen Maß wie die europäischen kritisch zu politischen Fragen.
(2) Soweit sich die amerikanischen Intellektuellen wie ihre Pendants in Europa mit dem Staat
befassen, seinen Aufgaben und dem Feld der Politik allgemein, wird ihnen in den Vereinigten Staaten weniger Beachtung geschenkt, als es in Europa der Fall ist, und ihre Stimmen
haben weniger Gewicht. Wieder hängt das damit zusammen, dass das politisch-ethische
Handeln auf einer anderen Ebene lokalisiert ist, nämlich in den verschiedenen Bürgervereinen. Das verhindert, dass eine bestimmte Gruppe sich kontinuierlich über einen länge-
ren Zeitraum Gehör verschaffen kann. Typisch für die dynamische, ruhelose politische Landschaft in Amerika ist ein vielstimmiger Chor – und die Botschaft des Intellektuellen (wenn
er sich äußern darf) zählt nur wenig mehr (wenn überhaupt) als die Stimmen aller anderen,
die sich äußern (Gäste in Talkshows, Journalisten, Experten zu einem bestimmten Thema,
Prominente usw.). Der Umstand, dass die amerikanische Politik nie durch rechte und linke
‚Weltanschauungen' gefiltert wurde, hat ebenfalls den Einfluss der Intellektuellen geschwächt. Dieses Thema verdient eine ausführliche Untersuchung.

Kapitel 7
Die amerikanische politische Kultur heute: Ein „stahlhartes Gehäuse"?[1]

Spricht man in den USA von Max Weber, fällt sehr schnell sein Begriff ‚stahlhartes Gehäuse' als Charakterisierung der modernen Welt. Wie die meisten seiner Zeitgenossen um die Jahrhundertwende sah er dem Heraufziehen des modernen Kapitalismus mit bangen und bösen Vorahnungen entgegen. Wie definiert Weber die Metapher vom stahlharten Gehäuse? Reflektiert sie seine Auffassung von Modernität? Und vor allem für Amerikaner ist eine weitere Frage von Interesse: Können Webers soziologische Schriften, im 21. Jahrhundert, zu einem Verständnis der amerikanischen Gesellschaft und besonders ihrer politischen Kultur verhelfen?

1 Das stahlharte Gehäuse

In seinem bekanntesten Buch *Die Protestantische Ethik und der Geist des Kapitalismus* vertritt Weber den Standpunkt, dass mit der innerweltlichen Askese des Puritanismus die Idee des modernen ‚Berufsethos' geboren wurde. Diese methodische Einstellung zu Arbeit verlor bei ihrer Ausbreitung in den amerikanischen Kolonien im Laufe einiger Generationen ihre religiöse Grundlage. Dennoch hat dieses Ethos, der ‚Geist des Kapitalismus', der nunmehr lediglich eine praktisch-ethische Konstellation von Werten ist, wichtige Beiträge zur Entstehung eines industriellen und hochorganisierten Kapitalismus geleistet.

Wir, die wir in diese moderne Wirtschaftsordnung hineingeboren wurden, sind längst nicht mehr durch Berufung oder gar ein bestimmtes Ethos motiviert, methodisch zu arbeiten. Wir arbeiten vielmehr deshalb methodisch, weil die eng „an die technischen und ökonomischen Voraussetzungen mechanisch-maschineller Produktion" gebundene Wirtschaftsordnung (Weber 1988b: 203), uns aus Überlebensgründen dazu zwingt. Unser Leben wird von einem mächtigen Apparat bestimmt, der sich auf eine zweckorientierte Rationalität der Bedingungen von Technik, Verwaltung und Markt gründet. Der moderne Kapitalismus beruht auf ‚mechanischen Grundlagen' und einer unwiderstehlichen Kraft: „Der Puritaner *wollte* Berufsmensch sein, – wir *müssen* es sein" (1988b: 203). Die Werte, die einst eng mit der

---

[1] Übersetzt von Herbert Otter und Christiana Goldmann; durchgesehen vom Verfasser.

Arbeit verknüpft waren, sind nicht mehr ausschlaggebend und werden in der modernen, industriellen Arbeit nicht mehr gepflegt, obwohl die Arbeit in den Mittelpunkt
unseres Leben gerückt ist: „… als ein Gespenst ehemals religiöser Glaubensinhalte
geht der Gedanke der ‚Berufspflicht' in unserm Leben um" (1988b: 204).

Zudem hält sich der moderne Kapitalismus mit Hilfe spezieller Organisationen
aufrecht, die sein Funktionieren gewährleisten und die technische Administration
stärken. Weber drückt das so aus:

> *Geronnener Geist* ist auch jene lebende Maschine, welche die bürokratische Organisa-
> tion mit ihrer Spezialisierung der geschulten Facharbeit, ihrer Abgrenzung der Kompe-
> tenzen, ihren Reglements und hierarchisch abgestuften Gehorsamsverhältnissen dar-
> stellt. Im Verein mit der toten Maschine ist sie an der Arbeit, das Gehäuse jener
> Hörigkeit der Zukunft herzustellen, in welche vielleicht dereinst die Menschen sich,
> wie … im altägyptischen Staat, ohnmächtig zu fügen gezwungen sein werden, *wenn
> ihnen eine rein technisch gute und das heißt: eine rationale Beamtenverwaltung und
> -versorgung der letzte und einzige Wert ist, der über die Art der Leitung ihrer Angele-
> genheiten entscheiden soll.* Denn das leistet die Bürokratie ganz unvergleichlich viel
> besser als jegliche andere Struktur der Herrschaft. (1988f: 221)

In diesem Modell eines ‚stahlharten Gehäuses' bringt die dominierende Rolle von
Bürokratien eine Kaste von Funktionären und Beamten hervor, die ein Machtmono-
pol besitzen. Dies hat „die Fesselung jedes einzelnen an den Betrieb …, an die Klasse … und vielleicht einmal künftig an den Beruf" zur Folge. Die Beherrschten müssen sich obendrein das Regiment einer „ ‚ständischen' Organisation" gefallen lassen,
die der Bürokratie angegliedert ist (1988e: 221f.). Möglichkeiten zur Entwicklung
von echten Unternehmern und politischen Führungkräften verschwinden in dieser
starr stratifizierten Gesellschaft, die so „streng rational [ist] wie eine Maschine"
(1988e: 222). Wo auch immer die „unentfliehbare Macht" der Funktionäre herrscht,
führt dies gleichzeitig zu einem „Pazifismus der sozialen Ohnmacht" und einem
Verlust an gesellschaftlicher Dynamik (1988e: 222; siehe 1996b: 99f.). Die Folge ist
gesellschaftliche Stagnation.

Diese Gesellschaft eines stahlharten Gehäuses, bar jeglichen Gefühls von Brüderlichkeit und Anteilnahme, wird einerseits zunehmend von den unpersönlichen
Werten des Beamten, wie etwa Pflichtgefühl, Pünktlichkeit, Zuverlässigkeit, Respekt vor Hierarchien usw., und andererseits von persönlichem Interessens- und Vor-
teilsdenken dominiert. Der Rückzug in die Privatsphäre wird als die einzige Möglichkeit gesehen, sein Leben mit einem gewissen Maß an Würde zu gestalten. Haus
und Herd werden zum Zufluchtsort, zum einzigen Platz, an dem Wärme und Anteilnahme zu finden sind. In diesem Bild wird man nicht auf bürgerliche Tugenden oder
eine öffentliche Ethik stoßen. Die meisten Werte, die über das Persönliche hinausgehen, sind nur klägliche Hinterlassenschaften aus früheren, vor allem religiösen, Zei-

ten. Jetzt stehen sie durch die unaufhaltsame Ausweitung von Kalkulation, Manipulation und zweckorientierter Rationalität auf dem Aussterbeetat.

Viele Kommentatoren meinen selbst heute noch, Weber habe mit dieser Beschreibung tatsächlich unsere Zeit charakterisieren wollen. Folglich sieht man in ihm eine verdrießliche, schwermütige Persönlichkeit, einen Fatalisten und Pessimisten, aber auch einen heldenhaften, stoischen und grübelnden Giganten, der die drückende Last des 20. Jahrhunderts auf seinen breiten Schultern trug.

Zweifellos war Webers Sicht der Modernität weit von derjenigen angelsächsischer Theoretiker der Jahrhundertwende entfernt, die den Beginn des industriellen Zeitalters als ,Fortschritt', als Weiterentwicklung der Zivilisation, als weitere Etappe in der triumphalen Entwicklung der Menschheit priesen. Ebenso grenzte er sich von allen ,Theoretikern der Demokratie' ab, die in der industrialisierten Welt eine weite bürgerliche Sphäre sahen, in die jedermann eintreten konnte, in der öffentliche Ideale und eine Ethik herrschten und der persönliche Freiheiten anerkannt wurden. Hätte er in den 50er Jahren noch geschrieben, hätte er außerdem die Modernisierungstheoretiker scharf kritisiert, die allesamt auf die eine oder andere Weise behaupteten, dass die Industrialisierung selbst nach Demokratie verlangt und dass die Entwicklung der Demokratie mit der Industrialisierung Schritt halten würde.

Dennoch lässt sich Webers komplexe Betrachtungweise des 20. Jahrhunderts nicht auf die Metapher vom stahlharten Gehäuse reduzieren. Das stahlharte Gehäuse war weniger eine Realität oder ein unmittelbar drohendes Szenario als vielmehr sein Alptraum, der sich am Horizont abzeichnen *könnte*. Webers vorsichtige Wortwahl zeigt, dass er das Eintreten dieses Szenarios für möglich, aber nicht für notwendig hält.

Darüberhinaus hieß Weber in vielerlei Hinsicht die moderne Welt willkommen, besonders die Freiheiten und Rechte, die sie dem Individuum gewährte, sowie die Idee des autonomen Individuums selbst. Er jammerte der Vergangenheit nicht nach und spottete über die Rückwärtsgewandtheit der meisten seiner Kollegen: „Denn schließlich ist es eine gröbliche Selbsttäuschung, zu glauben, ohne diese Errungenschaften aus der Zeit der ,Menschenrechte' vermöchten wir heute (auch der Konservativste unter uns) überhaupt zu leben" (1988e: 222).

In Wort und Schrift trat er unermüdlich für starke, streitbare politische Parteien ein, für eine verfassungsmäßige Gewaltenteilung, für eine Ethik der Verantwortung unter Politikern, für verfassungsmäßige Garantien der Bürgerrechte, sowie für die Ausweitung des Wahlrechts (siehe 1988e; 1992: 157–254). Mit großer Überzeugung vertrat er den Standpunkt, dass Demokratie nur möglich sei, wo es starke Parlamente gäbe. Diese betrachtete er als ,Übungsfeld' für die politischen Führungskräfte der ,plebiszitären Führerdemoktratie', für die er plädierte (1988e: 229f., 271f.; 1992: 157–254). Weiterhin suchte er Mechanismen zu etablieren, welche die Existenz plu-

ralistischer und konkurrierender Interessensgruppierungen ermöglichten, um die
Macht von Bürokratien in Schach zu halten, denn „‚Wider den Strom' der materiel-
len Konstellationen sind wir ‚Individualisten' und Parteigänger ‚demokratischer'
Institutionen" (1996b: 99f.). Anstatt dem Fatalismus und der Verzweiflung zu verfal-
len, wie so viele seiner Zeitgenossen, vor allem Nietzsche und Georg Simmel (siehe
Kapitel 2), verband er Skepsis mit Wertschätzung.

Die verbreitete Ansicht, Weber charakterisiere das 20. Jahrhundert *als* ein stahlhartes Gehäuse, rührt in der Tat eher von seinen politischen und sozialphilosophi-
schen Aufsätzen als von seiner Soziologie her. Webers historisch-vergleichende Soziologie ist weitaus differenzierter. In ihr ist seine Haltung zur modernen und
industriellen Gesellschaft *dynamischer* und gleichzeitig *subtiler* als es die Metapher
vom stahlharten Gehäuse nahe legt.

2   Die Soziologie Webers: Ein dynamisches Bild der Modernität

Webers Auffassung, dass ‚Gesellschaften' aus einer Reihe von miteinander wechsel-
wirkenden Lebenssphären, die sich unterschiedlich schnell entwickeln – etwa die
Bereiche von Religion, Herrschaft, Wirtschaft, Recht, Politik, Statusgruppen und
Familie –lässt ihn zu der Überzeugung gelangen, dass vergangene Entwicklungen
zur Erklärung der Gegenwart extrem wichtig sind. Er ist außerdem davon überzeugt,
dass Bräuche, Konventionen, Sitten und Werte die Gegenwart auf vielfache Weise
und häufig in versteckter Form tief durchdringen. Er verwirft die Vorstellung,
dass Gesellschaft entweder ‚traditionell' oder ‚modern' sind, da die Vergangenheit
imstande ist, selbst im Kern der Gegenwart Jahrtausende lang fortzubestehen. Sogar
das abrupte Auftreten des ‚Neuen', ja selbst die außergewöhnliche Anziehungs-
kraft charismatischer Führern lassen die Verbindungen zur Vergangenheit nie
vollständig abreißen: „Überall ist das tatsächlich Hergebrachte der Vater des Geltenden gewesen" (1976: 15; siehe Kapitel 1, S. 17; Kapitel 2, S. 57; Kalberg 2001a:
215–45).

Weber macht beispielsweise darauf aufmerksam, in welch vielfältiger Weise die
Werte des asketischen Protestantismus, die ihren Ursprung im 17. Jahrhundert des
kolonialen Amerika hatten, im alltäglichen Leben in abgeschwächter und säkularisierter Form weiterbestehen: Sie zeigen sich in der eindeutigen Unterstützung des
modernen Kapitalismus, im Misstrauen gegenüber dem Staat, in einer grundlegenden Ausrichtung auf die Zukunft mit all ihren ‚Möglichkeiten', in der hohen Bereit-
willigkeit, regelmäßig für wohltätige Zwecke zu spenden, in der Fähigkeit, rasch und
leicht Bürgerverbände zu gründen, sowie in einem starken Glauben an die Fähigkeit
des Individuums, sein Leben selbst in die Hand zu nehmen. Trotz enormer gesell-

schaftlicher Umwälzungen bestehen solche Überreste aus der agrarischen Vergangenheit fort und finden Eingang in die homogenisierenden ‚Strukturen' des Industrialismus (1988b, 1988c, 2004b).

Weber vertritt die Ansicht, dass moderne Gesellschaften nicht radikal von der Vergangenheit abgeschnitten sind, sondern am besten als dynamische Mischformen aus Vergangenheit und Gegenwart zu verstehen sind. Gerade deshalb ist seine Einstellung zur ‚Modernität' in seinen soziologischen Schriften nie homogen. Stattdessen fordert er jeden Fall für sich zu betrachten und die *Einzigartigkeit* eines jeden Landes in den Blick zu nehmen.

So waren beispielsweise sowohl Deutschland als auch die Vereinigten Staaten um die Jahrhundertwende recht fortgeschrittene Industriegesellschaften, aber es gab dennoch bedeutende Unterschiede. In Bezug auf Deutschland führte Weber den starken Sozialstaat, die autoritäre Machtzentralisierung, das schwache Parlament, die passive Bürgerschaft, die sich wie eine ‚Herde von Schafen' regieren lasse, und die Staatsnähe der Kirche an, sowie die Relikte der alten Ständegesellschaft, die ‚von oben' gelenkte Industrialisierung und das in der Verfassung verankerte ‚formalrationale', kontinentale Rechtssystem (1988f: 202–302; siehe Kapitel 2). In den Vereinigten Staaten bildete sich eine andere Konfiguration heraus: ein dezentralisierter und ‚schwacher Staat', eine Aufteilung der politischen Macht und eine aktive Bürgerschaft, egalitäre soziale Verhaltensmuster, Trennung von Staat und Kirche, ein starkes Parlament und Industrialisierung „von unten", sowie ein Rechtssystem, welches dem auf Präzedenzfällen beruhenden angelsächsischen Common Law nachgebildet war (siehe 1988c, 2004b; Kapitel 4).

Folglich kann die in Amerika weithin akzeptierte Vorstellung, Weber habe von einem *globalen* stahlharten Gehäuse der Modernität gesprochen, nicht aufrechterhalten werden. In seinen soziologischen Schriften betrachtet er jede industrielle Nation als unterschiedlich geartet. Wie werden dann in seinen Schriften die Vereinigten Staaten portraitiert? Kann uns Webers Analyse heute, fast ein Jahrhundert später, Einblicke in die internen Vorgänge der amerikanischen Gesellschaft um die Jahrhundertwende und besonders in ihre politische Kultur verschaffen?

3   Weber über die amerikanische politische Kultur

Für Weber zeichnet sich das amerikanische Erbe durch einen ungewöhnlichen Dualismus aus. Ein von Initiative und Handlungsorientierung geprägter Individualismus und ein von Traditionen relativ unbeeinflusster unternehmerischer Geist der ‚Weltbeherrschung' werden seinem scheinbaren Gegenteil gegenübergestellt: einer ausgeprägten Sphäre von Idealen und Werten, die das Individuum von seinem puren

Eigennutz abrücken und sich für die Verbesserung der Gemeinschaft einsetzen lässt. Obwohl Weber erkennt, dass beide Teile dieses Dualismus im 20. Jahrhundert stark geschwächt worden sind, zeigt er sich von dieser Verquickung unvereinbarer Kräfte fasziniert. Letztlich gelangt er zu dem Schluss, dass beide Orientierungen – die hin zum Selbst und die hin zur Gemeinschaft – so nur auf amerikanischem Boden gedeihen konnten, was insbesondere an der Religionsgeschichte liegt (1988c, 2004b).

3.1   Die religiösen Ursprünge des weltbeherrschenden Individualismus und ethisch geprägte öffentliche Ideale

Der amerikanische asketische Protestantismus brachte einen strengen, handlungsorientierten Individualismus hervor. Die Gläubigen wurden dazu angehalten, ein besonders wachsames Auge auf alle menschlichen Triebe zu haben und den Verlockungen weltlicher Genüsse strikt zu widerstehen. Gleichzeitig wurde jedoch vom Gläubigen erwartet, sich ausschließlich auf seine inneren Kräfte zu verlassen. Sakramente oder andere Riten konnten ihm dabei nicht helfen, obwohl Gut und Böse in sehr eng gefassten, moralischen Begriffen verstanden wurden. Auch die Geistlichen vermochten ihm keine Heilsgewissheit vermitteln. Allein vor einem zornigen, allmächtigen und rachsüchtigen Gott des alten Testaments stehend und nur ihm allein gegenüber verantwortlich, mussten sich die Gläubigen auf sich selbst verlassen, um den ‚Beweis' für ihr Auserwähltsein zu erbringen (siehe 1988b: 87–128).

Das Gebot der Askese – um die Energie von Individuen mittels rigider Disziplin zu kanalisieren und die menschlichen Triebe zu zähmen – war jedoch nur eine Aufgabe, die sich den asketischen Protestanten stellte. Es wurde von ihnen auch erwartet, dass sie das Reich Gottes auf Erden schufen und so das Böse aus der Welt vertrieben. Da weder eine Tolerierung des Bösen, noch bloßes sich Fernhalten vom Bösen erlaubt war, wurde es dem Gläubigen zur Pflicht, durch Weltbeherrschung seiner religiösen Verantwortung nachzukommen: Er hatte gemäß den Geboten Gottes *handeln* und *gegen* weltliche Übel vorzugehen, und sei gegen Obrigkeiten und die öffentliche Meinung. So praktizierten diese Gläubigen nie einen Individualismus, der sich auf Kompromisse einließ, sich in Zurückhaltung und Kontemplation übte. Stattdessen wurde ein charakterfester, weltorientierter Individualismus gepflegt, der den frühen Amerikanern die Fähigkeit vermittelte, mit Entschlossenheit und einem robusten Optimismus gegen alte Traditionen anzugehen. Die Veränderung der Gesellschaft als Ganzes – die Schaffung des Reich Gottes – war das Ziel (siehe 1988b: 160–206).[2]

---

[2] Dazu, was diese Einstellung noch heute mit der amerikanischen Außenpolitik und ihrem Sendungsbewusstsein zu tun hat, siehe Kapitel 5 und Kalberg 1989b.

Auf diese Art und Weise hielt jeder asketische Protestant es für seine Pflicht und für einen Dienst an Gott, zum Wohl der Gemeinschaft zu wirken. Dies zeigte sich auch in anderer Weise. Wie schon gesagt, war jeder Gläubige auf sich gestellt, wenn ihn die entsetzliche Angst plagte, die mit der Ungewissheit bezüglich der für ihn zentralen Frage einherging: Gehörte *er* zu den Erwählten? Weber betont in diesem Zusammenhang einen wesentlichen Mechanismus: Wenn weltlicher Erfolg – verstanden als materieller Wohlstand – erlangt wurde, konnte der Gläubige davon ausgehen, dass dieser Erfolg an sich Ausdruck davon war, dass der allwissende und allmächtige Gott ihm wohl gesinnt war. Und Gott würde natürlich nur dem Erwählten ein solches ‚Zeichen' geben. Darum wurden der methodischen Arbeit ungewöhnlich hohe ‚psychologische Heilsprämien' zugesprochen, denn nur systematische Arbeit war imstande, materiellen Wohlstand zu erzeugen (1988b: 192; 2001b: 362–66; 2005b: 656–62, 667–79).[3]

Bemerkenswerterweise hatte diese Intensivierung von Arbeit, obwohl sie letzten Endes dadurch motiviert war, dass sich das *Individuum* Heilsgewissheit verschaffen wollte, den Effekt, das Engagement des Gläubigen für die *Gemeinschaft* zu betonen. Nach der Lehre des asketischen Protestantismus ruhte die Last, nach Belegen für seine Auserwähltheit zu forschen, zwar ganz allein auf den Schultern jedes einzelnen Gläubigen, aber die methodische Arbeit des Gläubigen – die diesen Beleg erbringen sollte – diente nie nur dem Individuum allein. Vielmehr verlangte es Gottes Herrlichkeit, dass der Gläubige nach Gottes Geboten handelte und zu Ehren Gottes ein irdisches Gottesreich errichtete. Folglich nahm Arbeit einen systematischen Charakter an, verfolgte dabei nicht nur das indviduelle Eigeninteresse, sondern stellte sich zum Teil eine weitergespannte Aufgabe: die Erfüllung einer *religösen* Verpflichtung. Auf diese Art und Weise verband Arbeit die Gläubigen zu einer Gemeinschaft und verfolgte einen höheren Zweck als bloßes utilitaristisches Kalkulieren, dem es um die Anhäufung materieller Güter zu tun war. Hier ist ein klarer Dualismus zu erkennen: einerseits ein Individualismus der Weltbeherrschung, der individuelle Rechte und die Fähigkeit des Individuums, sein persönliches Schicksal immer wieder neu zu gestalten, in den Mittelpunkt rückt und andererseits ein ebenso starker Antrieb, sich für das Wohl der Gemeinschaft einzusetzen.

Außerdem kristallisierte sich ein Verband als sozialer Träger der psychologischen Heilsprämie heraus, die der asketische Protestantismus auf die aktive Teilnahme am Gemeinschaftsleben setzte: die Gemeinde. Da diese *familienähnliche* Organisation Vertrauen und gegenseitige Hilfe förderte, diente sie als brauchbares und natürliches ‚Übungsfeld' für Gruppenbeteiligung. Hier war es möglich, in der

---

[3] Die außerordentlich komplexe Analyse Webers kann hier nur sehr kurz gestreift werden. Siehe Kapitel 2–4; Kalberg 1996, 2011.

sicheren Gemeinschaft von Mitgläubigen die Regeln der ‚Selbstverwaltung' und des Gemeinsinns zu vermitteln. So schälte sich sowohl ein Bestreben nach bürgerlichem Engagement als auch nach zielorientiertem Individualismus heraus, was das koloniale Amerika und die Frühzeit der Vereinigten Staaten stark prägte (1988b, 2004b).

Aufgrund der zentralen Bedeutung von Arbeit und der religiösen Bedeutung von erfolgreichem Handel und Profit sowie der strikten Befolgung von Gottes Geboten durch den Asketen, wurden Vertrauen, ehrliche Ratschläge sowie die Ethik von ‚fair play' auch in Geschäftsbeziehungen zu festen Idealen. Diese Ideale setzten sich auch im politischen Bereich durch – wenngleich infolge von regionalen Unterschieden mal mehr mal weniger stark. So waren im öffentlichen Leben Ehrlichkeit, soziales Vertrauen, Gutwilligkeit und fair play lange vor Beginn der Industrialisierung als starke Ideale präsent. Eine ethisch geprägte Sphäre wurde ins Leben gerufen, und von gewählten Volksvertretern wurde erwartet, dass sie sich an deren strenge Richtlinien hielten.

Weber zufolge bildeten sich derart bestimmende Ideale in anderen Ländern nur selten aus, und es wäre falsch, sie als natürliche Nebenprodukte des Industrialisierungsprozesses zu begreifen (siehe Kapitel 4). Darüberhinaus glaubte er, dass ihre Verbindung mit einem weltbeherrschenden Individualismus äußerst ungewöhnlich war. Auf der gemeinsamen Grundlage des asketischen Protestantismus verquickten sich öffentliche Werte sogar mit diesem zupackenden Individualismus. Als diese ‚ethisch geprägte öffentliche Sphäre' an Bedeutung gewann und sich entsprechend ausbreitete, war sie stark genug, um den Individualismus zu zügeln und ihn – was der geschwächten Askese allein nicht mehr gelang – einer ausschließlichen Ausrichtung auf eigennütziges Streben nach materiellem Wohlstand zu entziehen und auf eine Verbesserung des Gemeinschaftslebens hinzulenken (siehe Kapitel 4).

Ethisch geprägte öffentliche Ideale verhinderten auch, dass dieser Individualismus allzuschnell auf das Niveau von lediglich zweckorientierten Interessens- und Vorteilskalkulationen absank. Da es andererseits dieser weltorientierte Individualismus war, der den Amerikanern in der Kolonialzeit und der frühen Periode ihrer Unabhängigkeit die Kraft und das Selbstvertrauen verlieh, aktiv in die Welt einzugreifen und ihre Werte. Prinzipien und Recht auch gegen große Widerstände zu verteidigen, wenn nötig unter Berufung auf moralische Grundsätze, besaß die öffentliche Ethik das natürliche Potential zur ständigen Verjüngung. Man könnte in der Tat sagen, ein solcher auf Eigenverantwortung beruhender Individualismus ist eine sozio-kulturelle Notwendigkeit, wenn es einen tragfähigen Begriff vom Recht des einzelnen geben soll, sich Obrigkeitsstaatlichkeit und Macht zu widersetzen. Dank der hohen Anforderungen, mit denen die ethisch geprägte öffentliche Sphäre die Leute konfrontierte, – schließlich sollten sie nicht in ihrem Bemühen nachlassen, den ethischen Werten in der Gemeinschaft Geltung zu verschaffen, frischte sich der Individualismus der Weltbeherrschung ständig neu auf. Dieses Wechselspiel brachte eine sich selbst erhaltende Dynamik hervor.

Aus einer vergleichenden Perspektive betrachtet, zeichnet sich diese politische Kultur also durch einen ungewöhnlichen Dualismus aus. Dieser hat darüberhinaus die in der Annahme vom stahlharten Gehäuse angelegte Dichotomie aufgelöst, derzufolge eine ‚öffentliche' Sphäre, die wesentlichen von den Imperativen der Technik, der Verwaltung und des Marktes beherrscht wird, der es an Idealen des Gemeinsinns fehlt und in der reines, ‚werteloses' Machtstreben und Eigennutzkalküle dominieren, ihr absolutes Gegenstück auf den Plan ruft: die unpolitische Flucht in ein Privatleben, in dem zwischenmenschliche Beziehungen von Wärme und Anteilnahme gepflegt werden. Während der Kolonialzeit und der Frühzeit der Vereinigten Staaten war der öffentliche Bereich von ethisch-geprägten *Idealen* wie Aufrichtigkeit, fairem Verhalten, sozialem Vertrauen, Gutwilligkeit und Gleichberechtigung – kurz einem *Ethos* – durchdrungen wodurch der Individualismus über die alltäglichen, rein interessensorientierten Bestrebungen ‚hinausgehoben' wurde.

Weber war sich natürlich bewusst, dass es im Amerika des späten 19. und frühen 20. Jahrhunderts unbegrenzt Gelegenheit zur Korruption gab, dass ethische Werte im öffentlichen Bereich oft genug in den Hintergrund traten und dass Macht und reines Kalkül häufig die Oberhand gewannen. Er wusste durchaus, dass ethisches Handeln in diesem Bereich eher die Ausnahme war und die korrupte Politik der ‚Parteimaschinen', vor allem in den Städten, weit verbreitet war. Dennoch sah er, dass das Erbe und die Existenz öffentlicher Tugenden großen Einfluss ausübten. Das Modell vom stahlharten Gehäuse ging demgegenüber von ganz anderen Parametern und Dichotomien aus, so wie auch jene politischen Kulturen, in denen die öffentliche Sphäre praktisch deckungsgleich mit dem Staat und seiner gesetzgeberischen Tätigkeit war. Das ungewöhnliche Wechselspiel, das durch diesen einzigartigen amerikanischen Dualismus in Bewegung gesetzt wurde – nämlich durch eine ausgeweitete öffentliche Sphäre, deren ethische Werte eng mit einem weltbeherrschenden Individualismus verknüpft sind – war zum großen Teil, so Weber, für die Dynamik und die Ruhelosigkeit verantwortlich, die für die amerikanische politische Kultur so typisch sind (siehe auch Kapitel 2 und 4).

4   Die Anwendung der Analyse Webers auf die Gegenwart

Weber hat einsichtig den klassischen Dualismus in der politischen Kultur Amerikas beschrieben, das Ausmaß seiner Schwächung aber hat er nicht gleichermaßen klar verstanden. Er schien ihm wahrscheinlich, dass mit der Industrialisierung in den

USA eine massive Bürokratisierung einhergehen würde, was den Beamten und Managern einen Zuwachs an Macht und Prestige einbringen würde (siehe 1988e; 1996b: 99–100). Sollten sach- und fachkundige Funktionäre, die imstande waren, die Macht in großen Organisationen zu konzentrieren, auf Entscheidungsprozesse stärker einwirken, insbesondere auf öffentliche politischen Debatten, auf Parteikonflikte und ideologischen Auseinandersetzungen, dann, so befürchtete Weber, würden die wenigen verbleibenden Überreste der Ideale aus dem bürgerlichen Bereich allmählich schwinden. Die Folge davon wären eine massive Versteinerung und eine geschlossene, starre, nach innen gerichtete Gesellschaft bar aller höheren Ideale, ohne pluralistische, mit einander wetteifernde Werte und ohne ethisches Handeln. Der Menschentyp des Beamten – risikoscheu, vorsichtig und pedantisch – würde so zu beherrschenden Figur (1988e: 202–302; 1992: 157–252; 1996b: 99ff.).

In den letzten Jahren haben Gesellschaftskritiker in den Vereinigten Staaten eine Schwächung der bürgerlichen und öffentlichen Ethik beklagt. Zu dieser Veränderung kam es jedoch aus Gründen, die Weber nicht benannt hat. Bis heute hat sich die amerikanische Politik wiederholt durch Wellen von öffentlichen Protesten gegen eine Bürokratisierung ausgezeichnet, und es konnte sich keine geschlossene Kaste von Funktionären mit besonderem Prestige herausbilden. In welchem Ausmaß es der amerikanischen Wirtschaft und Regierung, im Vergleich zu Mitteleuropa und Japan, gelungen ist, ohne eine extreme Bürokratisierung in die Epoche des Post-Industrialismus eingetreten zu sein, scheint in der Tat einzigartig. Wirklich geschwächt worden sind die ethisch geprägten öffentlichen Werte durch den allgegenwärtigen Konsumismus und eine außerordentlich pulsierende Unterhaltungskultur. Beide sind attraktive Domänen, die den Idealen der öffentlichen Sphäre entgegenstehen und mit ihr wetteifern.

Der amerikanische Individualismus scheint sich immer weniger auf eigennützigen materiellen Wohlstand im Verbund mit einer Konstellation von öffentlichen Werten auszurichten. Stattdessen scheint er die Verbindung von eigennützigem, materiellen Wohlstand mit einer Konsumenten- und Unterhaltungskultur zu seinem Leitideal zu machen. In dieser Intensität wird man es in anderen post-industriellen Ländern vergeblich suchen. Der tatkräftige Individualismus, der ursprünglich mit der ethisch geprägten öffentlichen Sphäre verknüpft war und durch sie verstärkt wurde, , hat sich von diesem Leitbild in erheblichem Maße abgekoppelt. Nun wird er systematisch von den Führungskräften der Madison Avenue mit ihren sozialwissenschaftlichen Diplomen in der Tasche umworben und kultiviert. Eine öffentliche Sphäre, die heute weitgehend von der Konsum- und Unterhaltungsindustrie besetzt wird, hat die ethisch geprägten Ideale schrumpfen lassen. Beide Industrien werben mit Freundlichkeit, Zufriedenheit, Aufregung, erotischen Verheißungen und der Hoffnung auf individuellen Wohlstand.

Aber noch etwas unterscheidet die neue politische Kultur von der alten. Während der frühere Dualismus starke ethisch geprägte Komponenten beinhaltete, die den Individualismus vor einem Abrutschen in den puren Eigennutz bewahrte, errichtet der neue Dualismus Barrieren ganz anderer Art gegen den Egozentrismus: Heute lässt sich der Individualismus nicht mehr in bestimmte Bahnen lenken, indem man ihm den Einsatz für die Gemeinschaft oder die Überwindung des Böses zur höheren Ehre Gottes als Ideale vorsetzt. Stattdessen macht sich der unterschwellige und intensive Zwang breit, sich nach der Mode richten, nach dem, was ‚angesagt', nach dem ‚letzten Schrei'. Während der frühere Dualismus – ein tatkräftiger Individualismus einerseits eine ethisch geprägte öffentliche Sphäre andererseits – eine symbiotische Dynamik hervorrief, die für beide von Vorteil war, folgt der neue Dualismus – ein tatkräftiger Individualismus einerseits und und eine Konsum- und Unterhaltungsindustrie andererseits – einer anderen Devise: Statt das Individuum davon abzuhalten, ausschließlich nach materiellem Wohlstand zu streben, leistet die Konsum- und Unterhaltungskultur dem eher Vorschub. Langfristig muss das zur Folge haben, dass sowohl der Individualismus und die ethisch-geprägte öffentliche Sphäre als auch die gesellschaftliche Dynamik und Offenheit geschwächt werden, wobei gleichzeitig eine eindeutige Tendenz zu einem massiven Konformismus gestärkt wird.

Weber wäre nicht erstaunt gewesen über diese paradoxe Wende, bei der ein einziger Faktor, der in der Befolgung transzendenter Gebote und religiöser Werte gründete – nämlich ein selbstverantwortlicher und weltbeherrschender Individualismus – in einer späteren historischen Epoche sein lebensnotwendiges Gegenstück untergrub: eine ethisch geprägte Sphäre, die von substantiellen, klar umrissenen Idealen bestimmt ist. Solche ironischen Wendungen und unvorhergesehenen Folgen von historischer Bedeutung waren ihm immer wieder in der Geschichte aufgefallen, ob im Osten oder im Westen. Schließlich beruht seine historisch-vergleichende Soziologie ja zum Teil auf ihnen.

Dennoch steht diese Beschreibung der neuen politischen Kultur Amerikas, die annimmt, dass die Ideale einer ethisch geprägten öffentlichen Sphäre in naher Zukunft vrschwinden werden, im Gegensatz zu einer weiteren Grundannahme, die für Webers soziologische Untersuchungen zentral ist und ein ganz anderes Licht auf diese monumentale Umwälzung wirft. Weber behauptet wiederholt, dass bedeutende Entwicklungen, wenn sie in der Gesellschaft erst einmal richtig Wurzeln geschlagen haben, nicht von heute auf morgen aus der sozialen Landschaft einer Nation verschwinden, erst recht nicht infolge vorübergehender Herausforderungen. Selbst wenn sie sich lange Zeit nicht bemerkbar machen, überdauern solche Hinterlassenschaften und können dank einer veränderten Gesamtkonstellation wieder wirksam werden. Darüberhinaus begriff Weber Gesellschaften als Konstrukte, die nur selten

kontinuierlichen, unvermeidbaren und bedeutenden Konflikten und Auseinandersetzungen aus dem Wege gehen. Eliten und ‚Aristokratien' bilden sich heraus und bald
darauf erscheinen wieder neue (1996b: 99f.). Herrschaft wird nie abgeschafft werden, wie die utopischen Denker glauben; andererseits ist keine Regierung auf Dauer
gestellt. Durch Konflikte und Auseinandersetzungen entstehen kontinuierlich neue
Herrschaftsgruppen.

Sobald man diese beiden zusätzlichen und grundlegenden Dimensionen von Webers Soziologie in Anschlag bringt, wird man das oben skizzierte Szenario revidie-
ren müssen. Es wird dann nämlich deutlich, dass der Dualismus von Individualismus
einerseits, Konsum- und Unterhaltungskultur andererseits die politische Kultur des
heutigen Amerika nur unzureichend erfasst. Zu konstatieren ist vielmehr das Wirken
dreier verschiedener Kräfte: eines tatkräftigen Individualismus, der Konsum- und
Unterhaltungsindustrie und der Ideale einer ethisch geprägten öffentlichen Sphäre.
Diese Ideale mögen vom Verschwinden bedroht sein, tot sind sie deshalb noch lange nicht. Zu manchen Zeiten stehen diese drei Sphären unterschiedlich stark zueinander im Gegensatz, je nach den spezifischen Verwerfungen der Gegenwart. Zu anderen Zeiten wieder wird eine jede von den jeweils anderen beeinflusst und ist mit
ihnen verknüpft. Manchmal wetteifern diese Bereiche ständig miteinander. Dann
wiederum zielen sie alle in die gleiche Richtung. Und zu manchen Zeiten scheint ein
einziger Bereich dominant zu sein.

Das Pendel der politischen Kultur Amerikas wird heute von einem Dynamismus
bestimmt, der drei Pole hat. Diese neue Konstellation hat sich ganz vom alten Dualismus gelöst; darin liegt die Einzigartigkeit der politische Kultur Amerikas und
darin unterscheidet sie sich von allen anderen post-industriellen Nationen. Sie steht
zudem in krassem Gegensatz zur Metapher des stahlharten Gehäuses. Max Webers
Soziologie, obgleich zur Jahrhundertwende verfasst, trägt heute dazu bei, den Inhalt,
die Richtlinien, Spannungen und innere Dynamik dieser Konstellation zu identifizieren.

Bibliographie

Adams, John 1961 (1918). *The Education of Henry Adams. An Autobiography*, Boston.

Almond, Gabriel A. und Bingham Powell Jr. 1966. *Comparative Politics. A Developmental Approach*, Boston.

Almond, Gabriel A. und James S. Coleman (Hg.) 1960. *The Politics of Developing Areas*, Princeton.

Amin, Samir 1974. *Accumulation on a World Scale*, New York.

Aptheker, Herbert (Hg.) 1973. *The Correspondence of W.E.B. Du Bois*, Bd. 1, 1877–1934, Amherst, MA.

Bahrdt, Hans Paul 1983. „Arbeit als Inhalt des Lebens", in: *Krise der Arbeitsgesellschaft?*, hrsg. von J. Matthes, Frankfurt, S. 120–137.

Baldwin, Peter 1989. „Postwar Germany in the *Longue Dure*", *German Politics and Society* 16, 1, S. 1–9.

Baltzell, Digby 1979. *Philadelphia Quaker. Boston Puritan*, Boston.

Barber, Bernard 1983. *The Logic and Limits of Trust*, New Brunswick.

Barrett, Richard E. und Martin King Whyte 1982. „Dependency Theory and Taiwan", *American Journal of Sociology* 87, S. 1064–1089.

Becker, Howard 1949. *Vom Barette schwankt die Feder. Die Geschichte der deutschen Jugendbewegung*, Wiesbaden.

Bellah, Robert 1963. *Civil Religion*, Berkeley.

Bellah, Robert, Richard Madsen, William M. Sullivan, Ann Swidler und Steven M. Tipton 1985. *Habits of the Heart*, Berkeley. [Dt.: Gewohnheiten des Herzens, übersetzt von Ingrid Peikert, Köln 1987.]

Bendix, Reinhard 1970, „Tradition and Modernity Reconsidered", in: ders., *Embattled Reason*, New York, S. 36–54.

Bendix, Reinhard 1980, *Könige oder Volk. Machtausübung und Herrschaftsmandat*, 2 Bde., Frankfurt a. Main.

Bendix, Reinhard und Guenther Roth 1971. *Scholarship and Partisanship*, Berkeley.

Benseier, Frank, Rolf G. Heinze und Arno Klönne (Hg.) 1982. *Zukunft der Arbeit*, Hamburg.

Berg-Schlosser, Dirk und Jakob Schissler (Hg.) 1987. *Politische Kultur in Deutschland*, Opladen.

Berger, Stephen D. 1971. „The Sects and the Breakthrough into the Modern World. On the Centrality of the Sects in Weber's Protestant Ethic Thesis", *Sociological Quarterly* 12, 3, S. 486–499.

Böhme, Klaus 1975. *Aufrufe und Reden deutscher Professoren im ersten Weltkrieg*, Stuttgart.

Bonß, Wolfgang und Rolf G. Heinze (Hg.) 1984. *Arbeitslosigkeit in der Arbeitsgesellschaft*, Frankfurt a. Main.

Born, Karl Erich 1975. *Von der Reichsgründung bis zum Ersten Weltkrieg*, München.

Bornschier, Volker, Christopher Chase-Dunn und Richard Rubinson 1978. „Cross-national Evidence of the Effects of Foreign Investment and Aid on Economic Growth and Inequality. A Survey of Findings and a Reanalysis", *American Journal of Sociology* 84, S. 651–683.

Braunthal, Gerard 1984. *The Social Democratic Party, 1967–1982*, New York.

Brunschwig, Henri 1975. *Gesellschaft und Romantik in Preußen im 18. Jahrhundert*, Frankfurt a. Main.

Bussmann, Walter 1958. „Zur Geschichte des deutschen Liberalismus im 19. Jahrhundert", *Historische Zeitschrift* 186, 4, S. 527–557.

Cabot, Ella Lyman, Fannie Fern Andrews, Fanny E. Coe, Mabel Hill und Mary McSkimmon 1914. *A Course in Citizenship*, Boston.

Caplow, Theodore, Bruce A. Chadwick, Howard M. Bahr und Reuben Hill 1982. *Middletown Families*, Minneapolis.

Chase-Dunn, Christopher 1975. „The Effects of International Economic Dependence on Development and Inequality. A Cross-National Study", *American Sociological Review* 40, S. 720–738.

Cleveland, Frederick A. 1927. *American Citizenship*, New York.

Conradt, David P. 1980. „Changing German Political Culture", in: *The Civic Culture Revisited*, hrsg. von Gabriel A. Almond und Sidney Verba, Boston, S. 212–272.

Conze, Wolfgang und Jürgen Kocka (Hg.) 1985. *Bildungsbürgertum im 19. Jahrhundert*, Stuttgart.

Craig, Gordon 1980. *Deutsche Geschichte 1866–1945*, München.

Craig, Gordon 1982. *Über die Deutschen*, München.

Dahrendorf, Ralf 1965. *Gesellschaft und Demokratie in Deutschland*, München.

Dahrendorf, Ralf 1980. „Im Entschwinden der Arbeitsgesellschaft", *Merkur* 34, 4, S. 749–760.

Dahrendorf, Ralf 1983. „Wenn der Arbeitsgesellschaft die Arbeit ausgeht", in: *Krise der Arbeitsgesellschaft?*, hrsg. von J. Matthes, Frankfurt a. Main, S. 25–37.

Danner, Mark. 2005. „How Bush Really Won", *The New York Review of Books* 11. Januar, S. 48–53.

Devereux, Edward C. Jr., Urie Bronfenbrenner und George Suci 1962. „Patterns of Parent Behaviour in the United States of America and the Federal Republic of Germany. A Cross-national Comparison", *International Social Science Journal* 14, S. 492–508.

Dillenberger, John (Hg.) 1961. *Martin Luther. Selections from His Writings*, New York.

Dilthey, Wilhelm 1971. *Schriften zur Pädagogik*, hrsg. von Hans-Hermann Groothoff und Ulrich Herrmann, Paderborn.

Du Bois, W.E.B. 2003 (1903). *The Souls of Black Folk*, New York.

Dunn, Arthur William und Hannah Margaret Harris 1919. *Citizenship in School and Out*, Boston.

Eisenstadt, Shmuel Noah. 1963. *The Political Systems of Empires*, New York.

Eley, Geoff 1986. *From Unification to Nazism. Reinterpreting the German Past*, Boston.

Elias, Norbert 1969. *Über den Prozess der Zivilisation*, Bern. 1989. *Studien über die Deutschen*, Frankfurt a. Main.

Elias, Norbert 1989. *Studien über die Deutschen*, Frankfurt a. Main.

Engelhardt, Ulrich 1986. *Bildungsbürgertum. Begriffs- und Dogmengeschichte eines Etiketts*, Stuttgart.

Epstein, Klaus 1973. *Die Ursprünge des Konservatismus in Deutschland*, Frankfurt a. Main.

Eschenburg, Theodor 1976. Tocquevilles Wirkung in Deutschland, in: *Über die Demokratie in Amerika*, hrsg. von Jacob P. Mayer, München, S. 879–930.

Etzioni, Amitai (1997). *The New Golden Rule*. New York. [Dt.: *Die Verantwortungsgesellschaft. Individualismus und Moral in der heutigen Demokratie*, übersetzt von Christoph Münz, Berlin 1999.]

Etzioni, Amitai (Hg.) 1998. *The Essential Communitarian Reader*, New York.

Eyck, Erich 1976. *Bismarck und das Deutsche Reich*, München.

Frank, Andre Gunder 1969. *Latin America. Underdevelopment or Revolution*, New York.

Gay, Peter 1989, *Die Republik der Außenseiter. Geist und Kultur der Weimarer Zeit 1918–1933*, Frankfurt a. Main.

Ghosh, Peter 2008. *A Historian Reads Max Weber. Essays on the Protestant Ethic*, Wiesbaden.

Goffman, Erving 1959. *The Presentation of Self in Everyday Life*, New York. [Dt.: *Wir alle spielen Theater. Die Selbstdarstellung im Alltag*, übersetzt von Peter Weber-Schäfer, München 1969.]

Greiffenhagen, Martin 1981. *Die Aktualität Preußens*, Frankfurt a. Main.

Greiffenhagen, Martin und Sylvia Greiffenhagen 1979. *Ein schwieriges Vaterland*, München.

Gutzkow, Karl 1963. „Unterhaltungen am häuslichen Kamin", in: *Facsimile – Querschnitt durch die Gartenlaube*, hrsg. von Heinz Klüter, S. 184–197, München.

Habermas, Jürgen 1962. *Strukturwandel der Öffentlichkeit*, Neuwied.

Habermas, Jürgen 1973. *Legitimationsprobleme im Spätkapitalismus*, Frankfurt a. Main. 1962.

Habermas, Jürgen (Hg.) 1980. *Stichworte zur Geistigen Situation der Zeit*, 2 Bde., Frankfurt a. Main.

Habermas, Jürgen 1986. *Die neue Unübersichtlichkeit*, Frankfurt a. Main.

Hadaway, Mark, C. Kirk, P. L. Marler und M. Chaves. „A Closer Look at United States Church Attendance", *American Sociological Review* 58, 5, S. 741–752.

Hall, Edward T. und Mildred R. Hall 1983. *Hidden Differences*, Hamburg.

Hall, John A. und Charles Lindholm 1999. *Is America Breaking Apart?*, Princeton.

Hamerow, Theodore S. 1958. *Restoration, Revolution, Reaction*, Princeton.

Hartmann, Eduard von 1896. *Tagesfragen*, Leipzig.

Hartz, Louis 1991 (1955). *The Liberal Tradition in America*, New York.

Häsing, Helga, Herbert Stubenrauch und Thomas Ziehe 1980. *Narziss: ein neuer Sozialisationstypus*, Bensheim.

Herf, Jeffrey 1980. „The ‚Holocaust' Reception in West Germany“, *New German Critique* 22, 1, S. 30–52.

Herf, Jeffrey 1984. *Reactionary Modernism*, New York.

Herr, David 1981. *Religion and Political Culture. Ascetic Rationalism and Political Modernization in the Thought of Max Weber*, unveröffentlichte Dissertation, New School for Social Research.

Hill, Christopher 1964. *Puritanism and Revolution*, New York.

Hofele, Karl Heinrich 1956. „Selbstverständnis und Zeitkritik des deutschen Bürgertums vor dem ersten Weltkrieg“, *Zeitschrift für Religions- und Geistesgeschichte* 8, S. 40–56.

Hofstadter, Richard 1955 (1944). *Social Darwinism in American Thought*, Boston.

Holborn, Hajo 1981. *Deutsche Geschichte in der Neuzeit*, Frankfurt a Main.

Jenkins, Craig 1992. „New Currents in Resource Mobilization Theory“, in: *Annual Editions in Sociology*, hrsg. von Mabel Berezin, Thousand Oaks, CA, S. 335–78.

Kaase, Max, Andreas Eisen, Oscar W. Gabriel, Oskar Niedermayer und Hellmut Wollmann 1996. *Politisches System*, Opladen.

Kalberg, Stephen 1981. „Max Webers Typen der Rationalität. Grundsteine für die Analyse von Rationalisierungs-Prozessen in der Geschichte“, in: *Max Weber und die Rationalisierung sozialen Handelns*, hrsg. von Constans Seyfarth und Walter M. Sprondel, Stuttgart, S. 9–38.

Kalberg, Stephen 1985. „The Role of Ideal Interests in Max Weber's Comparative Historical Sociology“, in: *A Marx-Weber Dialogue*, hrsg. von R. J. Antonio und R. M. Glassman, Lawrence, S. 46–67.

Kalberg, Stephen 1987a. „A ‚National Political Identity Crisis' in the Federal Republic of Germany?“, *German Politics and Society* 10, S. 3–8.

Kalberg, Stephen 1987b. Max Webers universalgeschichtliche Architektonik wirtschaftlich orientierten Handelns – eine vorläufige Rekonstruktion“, in: *Marx oder Weber? Zur Aktualisierung einer Kontroverse*. Opladen, 104–138.

Kalberg, Stephen 1989a. „Max Webers historisch-vergleichende Untersuchungen und das ‚Webersche Bild der Neuzeit‘. Eine Gegenüberstellung“, in: *Max Weber heute*, hrsg. von Johannes Weiß, Frankfurt a. Main S. 425–44.

Kalberg, Stephen 1989b. „Vor dem Hintergrund zweier politischer Kulturen. Amerikaner und Deutsche haben ein unterschiedliches Sowjetunion-Bild“, *Beiträge zur Konfliktforschung* 4, S. 45–68.

Kalberg, Stephen 1990. „The rationalization of action in Max Weber's sociology of religion“, *Sociological Theory* 8, 1, S. 58–84.

Kalberg, Stephen 1996. „On the neglect of Weber's ‚Protestant Ethic‘ as a theoretical treatise. Demarcating the parameters of postwar American sociological theory“, *Sociological Theory* 14, 1, S. 49–70.

Kalberg, Stephen 2000a. „Formen der Interaktion von Akademikern. Eine Ebene des strukturierten Missverständnisses“, in: *Die Vermessung kultureller Unterschiede*, hrsg. von Jürgen Gerhards, Wiesbaden, S. 127–140.

Kalberg, Stephen 2000b. „Ideen und Interessen. Max Weber über den Ursprung außerwelt-licher Erlösungsreligionen", *Zeitschrift für Religionswissenschaft* 8, S. 45–70.

Kalberg, Stephen 2001a. *Einführung in die historisch-vergleichende Soziologie Max Webers*, übersetzt von Thomas Schwietring, Wiesbaden.

Kalberg, Stephen 2001b. „Should the Dynamic Autonomy of Ideas Matter to Sociologists? Max Weber on the Origin of Other-Worldly Salvation Religions and the Constitution of Groups in American Society Today", *Journal of Classical Sociology* 1, S. 291–328.

Kalberg, Stephen 2004. „The Past and Present Influence of World Views: Max Weber on a Neglected Sociological Concept", *Journal of Classical Sociology* 4, 2, S. 139–165.

Kalberg, Stephen 2005. „Introduction / On ‚Race‘, the Complexity of the Concept of Ethnici-ty, and Heredity", in: *Max Weber. Readings and Commentary on Modernity*, hrsg. von ders., Oxford, S. 291–295.

Kalberg, Stephen 2006. *Max Weber lesen*, übersetzt von Ursel Schaefer, Bielefeld.

Kalberg, Stephen 2009. „Max Weber's Analysis of the Unique American Civic Sphere," *Jour-nal of Classical Sociology* 9, 1, S. 117–42.

Kalberg, Stephen 2010. „Introduction to *The Protestant Ethic*", in: Max Weber, *The Protestant Ethic and the Spirit of Capitalism with Other Writings on the Rise of the West*, hrsg. und übersetzt von Stephen Kalberg, New York, S. 7–58.

Kalberg, Stephen 2011. „Introduction to *The Protestant Ethic*", in: Max Weber, *The Protestant Ethic and the Spirit of Capitalism*, übersetzt von Stephen Kalberg, New York, S. 8–63.

Kalberg, Stephen 2012. *Max Weber's Comparative-Historical Sociology Today*, Farnham, UK.

Keeter, Larry G. 1981. „Max Weber's Visit to North Carolina", *Journal of the History of Soci-ology* 3, 2, S. 108–114.

Kerr, Clark, John T. Dunlop, Frederick Harbison und Charles A. Myers 1960. *Industrialism and Industrial Man*, Cambridge.

Kocka, Jürgen 1981. *Die Angestellten in der deutschen Geschichte. 1850–1980*, Göttingen.

Kocka, Jürgen und Gerhard Ritter (Hg.) 1974. *Deutsche Sozialgeschichte*, Bd. 2, München.

Konwitz, Milton R. und Gail Kennedy 1960. *The American Pragmatists*, Cleveland.

Kruse, Lenelis 1980. *Privatheit als Problem und Gegenstand der Psychologie*, Frankfurt a. Main.

Kühnhardt, Ludger 1981. *Kinder des Wohlstands. Auf der Suche nach dem verlorenen Sinn*, München.

Lenger, Friedrich 1994. *Werner Sombart, 1863–1914. Eine Biographie*, München.

Lidtke, Vernon 1982. „Social Class and Secularization in Imperial Germany", *Yearbook of the Leo Baeck Institute* 25, S. 21–40.

Lipset, Seymour M. 1963. *Political Man*, New York. [Dt.: *Soziologie der Demokratie*, überset-zt von Otto Kimminich, Neuwied 1963.]

Lipset, Seymour M. 1973 (1963). *The First New Nation*, New York.

Löwenthal, Richard 1970. *Der romantische Rückfall*, Stuttgart.

Lowie, Robert H. 1945. *The German People. A Social Portrait to 1914*, New York.

Löwith, Karl 1970. „Weber's Interpretation of the Bourgeois-Capitalistic World in Terms of the Guiding Principle of ‚Rationalization'", in: *Max Weber*, hrsg. von D. Wrong, Englewood Cliffs, S. 101–122.

Lynd, Robert S. und Helen Merrell Lynd 1956 (1929). *Middletown*, New York.

Lynd, Robert S. und Helen M. Lynd 1937. *Middletown in Transition*, New York.

Lynd, Robert S. 1967 (1939). *Knowledge for What?*, Princeton.

Manasse, Ernst Moritz 1947. „Max Weber on Race", *Social Research* 14, S. 191–221.

Mann, Golo 1975. *Deutsche Geschichte des 19. und 20. Jahrhunderts*, Frankfurt a. Main.

Mannheim, Karl 1984. *Konservatismus. Ein Beitrag zur Soziologie des Wissens*, hrsg. von David Kettler, Volker Meja und Nico Stehr, Frankfurt a. Main.

Maslow, Abraham 1973. *Psychologie des Seins: ein Entwurf*, München.

Matthes, Joachim (Hg.) 1983. *Krise der Arbeitsgesellschaft?*, Frankfurt a. Main.

Mayer, Ernst 1920. *Rede zur Gedächtnisfeier des Stifters der Berliner Universität König Friedrich Wilhelm III.*, Berlin.

Mayer, J. P. 1972. *Alexis de Tocqueville. Analytiker des Massenzeitalters*, München.

McLeod, Hugh 1982. „Protestantism and the Working Class in Imperial Germany", *European Studies Review* 12, 3, S. 323–344.

Mead, Margaret 1965 (1942). *And Keep Your Powder Dry*, New York.

Miller, Perry 1961. *The New England Mind*, Boston.

Mommsen, Wolfgang 1974a. *The Age of Bureaucracy*, Oxford.

Mommsen, Wolfgang 1974b. „Die Vereinigten Staaten von Amerika", in: *Max Weber: Gesellschaft, Politik und Geschichte*, hrsg. von ders., Frankfurt a. Main, S. 72–96.

Mommsen, Wolfgang J. 2000. „Max Weber in America", *American Scholar* 69, 3, S. 103–112.

Moore, Barrington 1966. *The Social Origins of Dictatorship and Democracy*, Boston. [Dt.: *Soziale Ursprünge von Diktatur und Demokratie*, übersetzt von Gerd H. Müller, Frankfurt a. Main 1974]

Moser, Tilmann 1984. *Lehrjahre auf der Couch*, Frankfurt a. Main.

Mosse, George 1979. *Ein Volk, ein Reich, ein Führer. Die völkischen Ursprünge des Nationalsozialismus*, Königstein.

Mosse, George 1991. *Die völkische Revolution. Über die geistigen Wurzeln des Nationalsozialismus*, Frankfurt a. Main.

Münch, Richard 1986. *Die Kultur der Moderne*, 2 Bde. , Frankfurt a. Main.

Muschg, Adolf 1986. *Literatur als Therapie?* Neuwied.

Negt, Oskar und Alexander Kluge 1981. *Geschichte und Eigensinn*, Frankfurt a. Main.

Nelson, Benjamin 1969 (1949). *The Idea of Usury*, Chicago.

Nietzsche, Friedrich 1906. *Der Wille zur Macht. Versuch einer Umwertung aller Werte*, Leipzig.

Offe, Claus 1984. *„Arbeitsgesellschaft". Strukturprobleme und Zukunftsperspektiven*, Frankfurt a. Main.

Parrington, Vernon L. 1954 (1927). *The Colonial Mind*, New York.

Parsons, Talcott 1963. „Introduction", in: Max Weber, *The Sociology of Religion*, Boston, S. xix–lxvii.

Parsons, Talcott 1964. *Beiträge zur soziologischen Theorie*, Neuwied.

Parsons, Talcott 1971a. *The Evolution of Societies*, hrsg. u. eingel. von J. Toby, Englewood Cliffs.

Parsons, Talcott 1971b. „Comparative Studies and Evolutionary Change", in: *Comparative Methods in Sociology*, hrsg. von Ivan Vallier, Berkeley, S. 97–140.

Parsons, Talcott 1972. *Das System moderner Gesellschaften*, München.

Parsons, Talcott 1975. *Gesellschaften: evolutionäre und komparative Perspektiven*, Frankfurt a. Main.

Peterson, Bruce L. 1985. *Codebook for the Combined 1982 General Social Survey and Allgemeine Bevölkerungsumfrage der Sozialwissenschaften (ALLBUS)*, Chicago.

Peukert, Detlev J.K. 1989. *Max Webers Diagnose der Moderne*, Göttingen.

Piven, Frances Fox und Richard Cloward 1979. *Poor People's Movements*, New York.

Plessner, Helmuth 1974. *Die verspätete Nation*, Frankfurt a. Main.

Pohrt, Wolfgang 1982. *Endstation. Über die Wiedergeburt der Nation*, Frankfurt a. Main.

Pross, Helga 1982. *Was ist heute Deutsch? Wertorientierung in der Bundesrepublik*, Hamburg.

Putnam, Robert D. 2000. *Bowling Alone*, New York.

Ragin, Charles und Daniel Chirot 1984. „The World System of Immanuel Wallerstein. Sociology and Politics as History", in: *Vision and Method in Historical Sociology*, hrsg. von Theda Skocpol, Cambridge, S. 276–312.

Richter, Horst 1976. *Flüchten oder Standhalten*, Reinbek bei Hamburg.

Riesman, David 1950 (1961). *The Lonely Crowd*, New Haven. [Dt.: *Die einsame Masse*, übersetzt von Renate Rausch, Reinbek bei Hamburg 1982.]

Ringer, Fritz 1983. *Die Gelehrten. Der Niedergang der deutschen Mandarine*, übersetzt von Klaus Laermann, Stuttgart.

Ritter, Gerhard A. und Jürgen Kocka 1974. *Deutsche Sozialgeschichte*, Bd. II, München.

Rollman, Hans 1993. „'Meet Me in St. Louis'. Troeltsch and Weber in America", in: *Weber's Protestant Ethic: Origins, Evidence, Contexts*, hrsg. von Hartmut Lehmann und Guenther Roth, New York, S. 357–382.

Romoser, George K. und Peter Wallach (Hg.) 1985. *West German Politics in the Mid-Eighties*, New York.

Rosenberg, Arthur 1931. *Imperial Germany*, New York.

Ross, Edward Alsworth 1925. *Civic Sociology*, New York.

Roth, Guenther 1971. „The genesis of the typological approach", in: Bendix and Roth, S. 253–265.

Roth, Guenther 1985. „Marx and Weber on the United States – Today", in: *A Weber-Marx Dialogue*, hrsg. von R.J. Antonio und R. M. Glassman, Lawrence, S. 215–233.

Roth, Guenther 1987. *Politische Herrschaft und persönliche Freiheit*, Frankfurt a. Main.

Roth, Guenther 1993. „Weber the Would-Be Englishman: Anglophilia and Family History", in: *Weber's Protestant Ethic. Origins, Evidence, Contexts*, hrsg. von H. Lehmann und G. Roth, New York, S. 83–122.

Roth, Guenther 1997. „The Young Max Weber. Anglo-American Religious Influences and Protestant Social Reform in Germany", *International Journal of Politics, Culture and Society* 10, S. 659–671.

Roth, Guenther 2001. *Max Webers deutsch-englische Familiengeschichte 1800–1950*, Mohr.

Roth, Guenther 2005. „Transatlantic Connections. A Cosmopolitan Context for Max and Marianne Weber's New York Visit 1904", *Max Weber Studies* 5, 1, S. 81–112.

Roth, Hans-Georg 1985. *25 Jahre Bildungsreform in der BRD*, Bad Heilbrunn.

Rubinson, Richard 1976. „The World-Economy and the Distribution of Income Within States. A Cross-national Study", *American Sociological Review* 41, S. 638–659.

Sau, Ranjit 1978. *Unequal Exchange. Imperialism and Underdevelopment*, Calcutta.

Scaff, Lawrence A, 1998. „The 'Cool Subjectivity of Sociation'. Max Weber and Marianne Weber in America", *History of the Human Sciences* 11, S. 61–82.

Scaff, Lawrence 2005. „Remnants of Romanticism. Max Weber in Oklahoma and Indian Territory", in: *The Protestant Ethic Turns 100*, hrsg. von William H. Swatos und Lutz Kaelber, Boulder, S. 77–110.

Scaff, Lawrence 2011. *Max Weber in America*, Princeton.

Schäfers, Bernhard 1981. *Sozialstruktur und Wandel der Bundesrepublik Deutschland*, Stuttgart.

Schelsky, Helmut 1977. *Die Arbeit tun die anderen*, München.

Schlesinger, Arthur M. 1986. *The Cycles of American History*, Boston.

Schluchter, Wolfgang 1979. *Die Entwicklung des okzidentalen Rationalismus*, Tübingen.

Schoonmaker, Donald 1989. „The Second Bonn Republic at Forty Years", *German Politics and Society* 16, 1, S. 10–21.

Sell, Friedrich 1953. *Die Tragödie des deutschen Liberalismus*, Stuttgart.

Selznick, Phillip 1992. *The Moral Commonwealth*, Berkeley.

Simmel, Georg 1968. *Das individuelle Gesetz*, Frankfurt a. Main.

Simmel, Georg 1971. *On Individuality and Social Forms*, hrsg. und übersetzt von Donald N. Levine, Chicago.

Skocpol, Theda 1979. *States and Social Revolutions*, New York.

Smelser, Neil und Münch, Richard (Hg.) 1993. *Theory of Culture*, Berkeley.

Smith, Joseph Warren 1904. *Training for Citizenship*, New York.

Snedden, David 1932. *Education of Political Citizenship*, New York.

Sombart, Werner 1913. *Die Juden und das Wirtschaftsleben*, München.

Sontheimer, Kurt 1971. *Grundzüge des politischen Systems der Bundesrepublik Deutschland*, München.

Sontheimer, Kurt 1976. *Das Elend unserer Intellektuellen*, Hamburg.

Spengler, Oswald 1923 (1972). *Der Untergang des Abendlandes*, 2 Bde., München.

Spranger, Eduard 1930., „Das Wesen der deutschen Universität", in: *Das akademische Deutschland*, Bd. 3, hrsg. von Michael Doeberl, Berlin, S. 1–38.

Stern, Fritz 1964. *The Politics of Cultural Despair*, New York. [Dt.: *Kulturpessimismus als politische Gefahr*, übersetzt von Alfred P. Zeller, Stuttgart 2005.]

Struck, Karin 1986. *Klassenliebe*, Frankfurt a. Main.

Sumner, William Graham 1906. *Folkways*, Boston.

Szabo, Stephen (Hg.), 1983, *The Successor Generation*, Boston.

Tenbruck, Friedrich H. 1964. „Freundschaft", *Kölner Zeitschrift für Soziologie und Sozialpsychologie* 16, S. 431–456.

Tenbruck, Friedrich H. 1975. „Das Werk Max Webers", *Kölner Zeitschrift für Soziologie und Sozialpsychologie* 27, 4, S. 663–702.

Tenbruck, Friedrich H. 1987, „On the German Reception of Role Theory", in: *Modern German Sociology*, hrsg. von V. Meja und N. Stehr, übersetzt von S. Kalberg und C. Wies-Kalberg, New York, S. 410–445.

Tocqueville, Alexis de 1955 (1856). *The Old Regime and the French Revolution*, New York.

Tocqueville, Alexis de 1959 (1835). *Über die Demokratie in Amerika*, Stuttgart.

Troeltsch, Ernst 1915. *Das Wesen der Deutschen*, Heidelberg.

Troeltsch, Ernst 1916. „Die deutsche Idee von der Freiheit", *Die neue Rundschau* 27, S. 50–75.

Troeltsch, Ernst 1923. *Naturrecht und Humanität in der Weltpolitik. Vortrag bei der zweiten Jahresfeier der Deutschen Hochschule für Politik*, Berlin.

Troeltsch, Ernst 1960 (1911). *Die Soziallehren der christlichen Kirchen und Gruppen*, 2 Bde., Tübingen.

Troeltsch, Ernst 1966 (1925). *Deutscher Geist und Westeuropa*, Aalen.

Veblen, Thorstein 1966. *Imperial Germany and the Industrial Revolution*, Ann Arbor.

Vinocur, John 2003. „German Official Says Europe Must be U.S. Friend, Not Rival", *New York Times*, 18. Juli 2003.

Walker, Mack 1971. *German Home Towns*, Ithaca.

Wallerstein, Immanuel 1974. *The Modern World-System*, New York. [Dt.: *Das moderne Weltsystem*, übersetzt von Angelika Schweikhart, Frankfurt a. Main 1986.]

Wallerstein, Immanuel 1979. *The Capitalist World-Economy*, Cambridge.

Wallerstein, Immanuel 1980. *The Modern World System II.*, New York. [Dt.: *Das moderne Weltsystem*, Bd. 2, übersetzt von Gerald Hödl, Wien 1998.]

Wallerstein, Immanuel 1984. *The Politics of the World-Economy. The States, the Movements and the Civilizations*, Cambridge.

Wallerstein, Immanuel 1989. *The Modern World System III*, New York. [Dt.: *Das moderne Weltsystem*, Bd. 3, übersetzt von David Mayer, Wien 2004.]

Weber, Marianne 1984 (1926). *Max Weber. Ein Lebensbild*, Tübingen.

Weber, Max 1911. [„der Begriffe ‚Rasse'"], in: *Verhandlungen des ersten deutschen Soziologentages*, Tübingen, S. 151–65.

Weber, Max 1936. *Jugendbriefe*, Tübingen.

Weber, Max 1946. „Capitalism and Rural Society in Germany", in: *From Max Weber: Essays in Sociology*, hrsg. und übersetzt von H.H. Gerth und C. Wright Mills, New York, S. 363–385.

Weber, Max 1969 (1910). „Kommentar [über Rasse]", in: Verhandlungen des ersten deutschen Soziologentages vom 19.–22. Oktober 1910, Frankfurt, S. 157–164.

Weber, Max 1973 (1922). *Gesammelte Aufsätze zur Wissenschaftslehre (WL)*, hrsg. von Johannes Winckelmann, Tübingen.

Weber, Max. 1976 (1922). *Wirtschaft und Gesellschaft*, hrsg. von Johannes Winckelmann, Tübingen.

Weber, Max 1985a (1906). „Kritische Studien auf dem Gebiet der kulturwissenschaftlichen Logik", in: *WL*, S. 215–290.

Weber, Max 1985b (1904). „Die ‚Objektivität' sozialwissenschaftlicher und sozialpolitischer Erkenntnis", in *WL*, S. 146–214.

Weber, Max 1985c (1903–06). „Roscher und Knies und die logischen Probleme der historischen Nationalökonomie", in: *WL*, S. 1–145.

Weber, Max 1985d (1917). „Der Sinn der ‚Wertfreiheit' der soziologischen und ökonomischen Wissenschaften", in: *WL*, S. 489–540.

Weber, Max 1986 (1891). *Die römische Agrargeschichte in ihrer Bedeutung für das Staats- und Privatrecht, in: Max Weber Gesamtausgabe I/2 (MWG)*, hrsg. von Jürgen Deininger, Tübingen.

Weber, Max 1988a (1958). *Gesammelte Politische Schriften*, hrsg. von Johannes Winckelmann. Tübingen.

Weber, Max 1988b (1920). „Die protestantische Ethik und der Geist des Kapitalismus", in: *Gesammelte Aufsätze zur Religionssoziologie (GARS)*, Bd. 1, hrsg. von Johannes Winckelmann, Tübingen, S. 17–206.

Weber, Max 1988c (1920/1906). „Die protestantische Sekten und der Geist des Kapitalismus", in: *GARS I*, S. 207–236.

Weber, Max 1988d (1920). „Vorbemerkung", in: *GARS I*, S. 1–16.

Weber, Max 1988e (1918). „Parlament und Regierung im neugeordneten Deutschland", in: *Max Weber Gesamtausgabe Studienausgabe* I/15, hrsg. von Wolfgang J. Mommsen, Tübingen, S. 202–326.

Weber, Max 1988f (1911). „Zu dem Vortrag von A. Ploetz ueber ‚die Begriffe Rasse und Gesellschaft'", in: Gesammelte Aufsätze zur Soziologie und Sozialpolitik, hrsg. Von Marianne Weber. Tuebingen, S. 456–62.

Weber, Max. 1989a (1920). „Einleitung", in: *Die Wirtschaftsethik der Weltreligionen: Konfuzianismus und Taoismus* (*MWG* I/19), hrsg. von Helwig Schmidt-Glintzer, Tübingen, S. 83–127.

Weber, Max 1989b (1920). „Konfuzianismus und Taoismus", in *MWG* I/19, S. 128–478.

Weber, Max 1989c (1920). „Zwischenbetrachtung", in: *MWG* I/19, S. 479–522.

Weber, Max 1990. Briefe, 1906–1908, in: *MWG* III/5, hrsg. von M. Rainer Lepsius und Wolfgang J. Mommsen, Tübingen.

Weber, Max 1992 (1917/1919). Wissenschaft als Beruf / Politik als Beruf, in: *MWG* I/17, hrsg. von Wolfgang J. Mommsen und Wolfgang Schluchter, Tübingen.

Weber, Max 1996a (1920). Die Wirtschaftsethik der Weltreligionen. Hinduismus und Buddhismus, in: *MWG* I/20, hrsg. von Helwig Schmidt-Glintzer, Tübingen Mohr.

Weber, Max 1996b. „Zur Lage der bürgerlichen Demokratie in Russland", in: *Max Weber Gesamtausgabe Studienausgabe* I/10, hrsg. von Wolfgang J. Mommsen, Tübingen, S. 1–104.

Weber, Max 1999 (1922). Wirtschaft und Gesellschaft. Die Stadt, in: *MWG* I/22-5, hrsg. von Wilfried Nippel, Tübingen.

Weber, Max 2001a (1922). Wirtschaft und Gesellschaft. Gemeinschaften, in: *MWG* I/22-1, hrsg. von Wolfgang J. Mommsen, Tübingen.

Weber, Max 2001b (1922). Wirtschaft und Gesellschaft. Religionsgemeinschaften, in: *MWG* I/22-2, hrsg. von Hans G. Kippenberg, Tübingen.

Weber, Max 2004a (1910). „Antikritisches Schlusswort zum ‚Geist des Kapitalismus'", in: *Max Weber: Die protestantische Ethik und der Geist des Kapitalismus* (PEGK), hrsg. von Dirk Kaesler, München, S. 375–429.

Weber, Max 2004b (1910). „‚Kirchen' und ‚Sekten'", in: *PEGK*, S. 309–322.

Weber, Max 2004c (1907). „Kritische Bemerkungen zu den vorstehenden ‚Kritischen Beiträgen'", in: *PEGK*, S. 323–331.

Weber, Max 2005a. *Max Weber: Readings and Commentary on Modernity*, hrsg. von Stephen Kalberg, Oxford.

Weber, Max 2005b (1922). Wirtschaft und Gesellschaft. Herrschaft, in: *MWG* I/22-4, hrsg. von Edith Hanke, Tübingen.

Weber, Max 2005c (1920). Die Wirtschaftsethik der Weltreligionen. Das antike Judentum, in: *MWG* I/21, hrsg. von Eckart Otto, Tübingen.

Weber, Max 2006a (1908). „Agrarverhältnisse im Altertum", in: *MWG* I/6, hrsg. von Jürgen Deininger, Tübingen, S. 320–747.

Weber, Max 2006b (1905). „Der Streit um den Charakter der altgermanischen Sozialverfassung in der deutschen Literatur des letzten Jahrzehnts", in: *MWG* I/6, hrsg. von Jürgen Deininger, Tübingen, S. 240–299.

Weber, Max 2010 (1922). Wirtschaft und Gesellschaft. Recht, in: *MWG* I/22-3, hrsg. von Werner Gephart und Siegfried Hermes, Tübingen.

Weber, Max 2011 (1923). Abriß der universalen Sozial- und Wirtschaftsgeschichte. Mit- und Nachschriften 1919–1920, in: *MWG* III/6, Rekonstruktion von S. Hellmann und M. Palyi (1923) und hrsg. von Wolfgang Schluchter, Tübingen.

Weiß, Johannes 1986, „Wiederverzauberung der Welt? Bemerkungen zur Wiederkehr der Romantik in der gegenwärtigen Kulturkritik", in: *Kultur und Gesellschaft*, hrsg. von F. Neidhardt, M. R. Lepsius und J. Weiß, S. 286–301, Opladen.

Weiß, Johannes (Hg.) 1989. *Max Weber heute. Erträge und Probleme der Forschung*, Frankfurt a. Main.

White, Morton 1957 (1947). *Social Thought in America*, Boston.

Wilms, Bernard 1982. *Die deutsche Nation*, Köln.

Winter, Elke 2004. *Max Weber et les relations ethniques. Du refus du biologisme racial a l'Etat multinational*, Montreal.

Anhang

Anhang I
Die Amerikareise: Beobachtungen und Auswirkungen[1]

Im Sommer 1904 erhielt Weber die Einladung, auf dem berühmten „Congress of Arts and Science" zu sprechen, der zeitgleich mit der Weltausstellung in St. Louis stattfand. Begleitet von seiner Frau Marianne landete er am 30. August an Amerikas Küste. Ihr Schiff hatte die Freiheitsstatue passiert und die Webers gingen im unteren Manhattan an Land, mitten hinein in den Lärm und das Gewusel, in den ‚kapitalistischen Geist' der Neuen Welt. Es war der Auftakt zu einer hektischen, elfwöchigen Reise. Wie aus Mariannes Bericht hervorgeht, stürzte sich Weber begeistert in das soziale Leben dieser „modernen Wirklichkeit" und saugte von überall her Informationen ein. Er hörte gut zu, erzählte häufig Geschichten, verkehrte ungezwungen mit Leuten aus allen möglichen Schichten und stellte unaufhörlich Fragen.[2]

Webers deutsche Reisebegleiter bemerkten, sogar sein Schritt sei schneller geworden. Die Dynamik von New York und der ‚unerhörte Strom' in diesem Moloch verzückten ihn. Er zeigte lebhaftes Interesse und unersättliche Neugier und weigerte sich, in die Nörgelei mehrerer seiner deutschen Reisebegleiter einzustimmen (siehe Rollman 1993: 367f., 372ff.) Weber war, schrieb er seiner Mutter, in eine unkultivierte, raue und ungehobelte Gesellschaft, aber an der Spitze der modernen Welt, eingetaucht. Er „will alles liebend verstehen, sich möglichst viel einverleiben" (Marianne Weber 1984: 294; siehe 294ff.).[3] Einer seiner Mitreisenden, der bekannte Theologe Ernst Troeltsch, vermittelt uns einen Eindruck davon, wie sehr Weber New York bewunderte:

> Weber ist großartig. Er [...] redet viel und bildet mich ununterbrochen auf sehr interessante Weise. Es ist von großem Nutzen dieses umtriebige Land mit ihm zu sehen. Auch er lernt beständig von dem, was er sieht, und versucht sich einen Reim darauf zu machen. Da er dabei jedoch *laut* denkt, hilft es mir. (Rollman 1993: 368; siehe 372)

Der Aufenthalt in New York dauerte zehn Tage. Er verbrachte ihn mit Besichtigungstouren durch die brodelnde Metropole und intensiven Diskussionen mit Familien-

---

[1] Übersetzt von Christiana Goldmann; durchgesehen vom Verfasser.

[2] Dieser Abschnitt stützt sich größtenteils auf Marianne Webers Reiseschilderung. Siehe 1984: 292–317; siehe auch die interessanten Studien von Roth (1985), Rollman (1993), Scaff (1998, 2005) und Mommsen (2000). Die maßgebende Arbeit zu Webers Reise ist das hervorragende Buch von Scaff (2011).

[3] Die Zitate stammen, soweit nicht anders angegeben, aus Marianne Webers Buch.

freunden, entfernten Verwandten und vielen neugewonnenen Bekannten.[4] Nach einer langen Zeit der Depression fühlte Weber sich geistig wieder angeregt. Das reiselustige Ehepaar fuhr dann am Hudson River entlang nach Norden zu den Niagarafällen und von dort aus weiter nach Chicago.

In dieser Stadt, die Marianne Weber den „Kristallisationspunkt amerikanischen Geistes" nennt (Marianne Weber 1984: 298), nahmen sie an einem Bankett an der University von Chicago teil und lernten im Hull House die Sozialreformerinnen Jane Adams und Florence Kelley kennen. Es entspann sich ein lebhaftes Gespräch, das sich neben vielen anderen Themen um den Widerstand kapitalistischer Unternehmer gegen Arbeitsschutzbestimmungen und den negativen Einfluss der massiven Einwanderung auf die Stärke der Gewerkschaften drehte. Marianne bezeichnet Kelley, die Gewerbeinspektorin für Illinois von 1893 bis 1897, als „die weitaus bedeutendste Gestalt", die den Webers in Amerika begegnet ist (siehe Marianne Weber 1984: 315; Rollmann 1993: 369f., 375f.; Scaff 2011: 43–48).[5]

In seinen Briefen, in denen sich Ehrfurcht mit Abscheu mischt, schildert Weber Chicago als eine Stadt der ethnischen Schichtung. Hier, vor allem in den Schlachthöfen, liegen die ‚Gedärme' des modernen Kapitalismus offen zutage:

> Rasend ist das Durcheinander der Völker: Die Griechen putzen, Straße auf Straße ab, den Yankees die Schuhe für 5 Cts. – die Deutschen sind ihre Kellner, die Iren besorgen ihnen die Politik, die Italiener die schmutzigsten Erdarbeiten. Die ganze gewaltige Stadt – ausgedehnter als London! – gleicht, außer in den Villenvierteln, einem Menschen, dem die Haut abgezogen ist, und dessen Eingeweide man arbeiten sieht. (Max Weber in Marianne Weber 1984: 299)

> Überall fällt die gewaltige Intensität der Arbeit auf: Am meisten in den Stock yards mit ihrem ‚Ozean von Blut', wo täglich mehrere tausend Rinder und Schweine geschlachtet werden. Von dem Moment an, wo das Rind ahnungslos den Schlachtraum betritt, vom Hammer getroffen zusammenstürzt, dann alsbald von einer eisernen Klammer gepackt, in die Höhe gerissen wird und seine Wanderung antritt, geht es unaufhaltsam weiter, an immer neuen Arbeitern vorüber, die es ausweiden, abziehen usw., immer aber, im Tempo der Arbeit, an die Maschine gebunden sind, die es an ihnen vorbeizieht. Man sieht ganz unglaubliche Arbeitsleistungen in dieser Atmosphäre von Qualm, Kot, Blut und Fellen, in der ich mit einem boy, der mich gegen $^1/_2$ Dollar führte, herumbalanzierte, um nicht im Dreck zu ersaufen – und wo man das Schwein von der Kofe bis zur Wurst und Konservenbüchse verfolgt. (Max Weber in Marianne Weber 1984: 299f.)

---

[4] Zum Besuch in New York, insbesondere zu Webers Beziehungen zu seiner weitläufigen Familie, siehe Roth 2005; Scaff 2011: 25–38.

[5] Kelley wurde in Amerika die Redakteurin des von Weber mitherausgegebenen *Archiv für Sozialwissenschaft und Sozialpolitik*.

Eine „großartige Wildheit", schreibt Marianne über Chicago, bestehe zusammen mit einer „modernen Wirklichkeit", die „alles Einzelne gleichgültig verschlingt". Es gebe aber auch „milde Züge von Liebeskraft, Güte, Gerechtigkeit, zähen Willen zur Schönheit und Geistigkeit" (Marianne Weber 1984: 300).[6]

In St. Louis hielt Weber vor einem kleinen Kreis seinen Vortrag „Kapitalismus und Agrarverfassung in Deutschland".[7] Seine Frau atmete auf: Seine erste öffentliche Vorlesung in mehr als sechs Jahren war ausgezeichnet vorgetragen und gut aufgenommen worden (Marianne Weber 1984: 303).[8] Bei dieser Gelegenheit erneuerte Weber seine Bekanntschaft mit W.E.B. DuBois, dem amerikanischen Soziologen und Bürgerrechtsreformer, der in den frühen 1890er Jahren bei Weber in Berlin gehört hatte. Ein paar Jahre später bezeichnete er DuBois „als den bedeutendsten sozialwissenschaftlichen Gelehrten in den gesamten Südstaaten, mit dem sich kein weißer Gelehrter messen kann" (1969: 164).[9]

Weber reiste dann allein mit dem Zug in die „indianischen Gebiete".[10] In Oklahoma untersuchte er, hauptsächlich indem er Gespräche führte, die fortschreitende Aufteilung der von den Ureinwohnern besiedelten Gebiete und er wurde Zeuge, wie die Dampfwalze des amerikanischen Kapitalismus unmittelbar den Westen bedrohte und überrollte.

> Es gab hier vieles, was Weber brennend interessierte: [D]ie Eroberung der Wildnis durch die Zivilisation; eine werdende Stadt und der werdende Staat Oklahoma, auf dem bis vor kurzem den Indianern vorbehaltenen Gebiete. Hier kann man noch die waffenlose Unterjochung und Aufsaugung der ‚niederen' durch die ‚höhere', intelligentere Rasse beobachten, die Verwandlung indianischen Stammes- in Privateigentum, die Eroberung des Urwalds durch die Kolonisten. Weber wohnt bei einem Halbblut-

---

[6] Eine schöne Schilderung des Aufenthaltes in Chicago findet sich bei Scaff (2011: 39–53).

[7] Diese Vorlesung ist zusammengefasst bei Ringer (2004: 132f.), Scaff (2005: 38f.; 2011: 60–66) und Ghosh (2008: 75–118). Unter einem neuen Titel ist sie in voller Länge herausgegeben und veröffentlicht in Weber 1946 und gekürzt in 2005a: 142–46. Zur Tagung im Allgemeinen siehe Rollman (1993), Scaff (2011), und Ghosh.

[8] Mommsen meint, dies sei Webers „erstes öffentliches Auftreten seit über vier Jahren" gewesen (2000: 103).

[9] Weber ermunterte DuBois, einen Aufsatz für seine Zeitschrift zu schreiben. Sein Bemühen, DuBois' „glänzendes Werk" *The Souls of Black Folk* (2003) übersetzen und veröffentlichen zu lassen, blieb trotz Webers Plan, „eine kurze Einleitung zur Negerfrage und Literatur zu schreiben" fruchtlos. Er beabsichtigte außerdem, einen Aufsatz über „die neueren Veröffentlichung zur Rassenfrage in Amerika" zu verfassen. Siehe dazu Webers auf Englisch geschriebenen Brief an DuBois (Aptheker 1973: 106). Siehe auch Scaff 1998; 2011: 98–117. Zu Webers Ansichten über Rasse siehe 1969, 1988f, 2005a: 297–314; Manasse 1947; Peukert 1989; Scaff 1998: 69–73; Winter 2005; Kalberg 2005.

[10] Marianne Weber blieb in St. Louis. Mit dem Zug reisend trafen sie sich später auf dem Weg nach New Orleans in Memphis.

Indianer. Er sieht, hört, verwandelt sich in seine Umwelt und dringt so überall zum Kern der Dinge vor. (Marianne Weber 1984: 303f.)[11]

Die Ungezwungenheit und Freundlichkeit der Amerikaner beeindruckten ihn immer wieder, aber auch ihr unbeugsamer Individualismus, ihr gegenseitiger Respekt vor einander sowie die Haltung „du kannst es schaffen", mögen die Schwierigkeiten noch so unlösbar erscheinen. Die „rasende Hast" der kapitalistischen Umwandlung der Prärie schien Weber unaufhaltsam zu sein:

> ‚Zivilisation' ist hier [in McAlester, Oklahoma] mehr als in Chicago, es ist ganz falsch zu glauben, man könne sich benehmen, wie man wolle: die Höflichkeit liegt bei der freilich sehr kurz angebundenen Rede im Tonfall und Haltung, und der Humor ist geradezu köstlich, – Schade: in Jahresfrist sieht es hier aus wie in Oklahoma [City], d. h. wie in jeder anderen Stadt Amerikas. Mit geradezu rasender Hast wird alles, was der kapitalistischen Kultur im Wege steht, zermalmt. (Max Weber in Marianne Weber 1984: 305f.)

Die Suche nach den Ursprüngen des schnellen Pulsschlags amerikanischen Lebens führte ihn als nächstes nach New Orleans. Die Webers beobachteten unmittelbar die Beziehungen zwischen Schwarzen und Weißen. Max sollte sich später, 1911 auf einer Tagung in Deutschland, an seine Erfahrungen und Erlebnisse erinnern und im Rückgriff darauf denjenigen entgegentreten, die eine Überlegenheit ‚der europäischen Rasse' proklamierten (siehe 1969; 1988f; siehe Winter 2005).

Anschließend besuchten die Webers das Tuskegee Institut in Alabama.[12] Es folgte ein bewegender Rundgang durch das College für Schwarze: „Was sie fanden, war wohl der ergreifendste Eindruck der Reise – das nationale Riesenproblem: die Auseinandersetzung zwischen der weißen Rasse und ihren früheren Sklaven, die in allem amerikanischen Leben mitklingt, kann hier bis zum Kern erfaßt werden" (Marianne Weber 1984: 307f.).[13] Für Weber sind die Amerikaner dennoch „ein wunderbares Volk, und nur die Frage der Neger und die entsetzliche Einwanderung bilden die großen schwarzen Wolken" (Max Weber in Marianne Weber, S. 315). Seine allgemeine Einschätzung gab er wenig später in einem Brief an DuBois ab: „Ich bin völlig davon überzeugt, dass die Diskriminierung aufgrund der Hautfarbe hier und

---

[11] Siehe dazu die fesselnde Schilderung dieser Seite von Webers Reise bei Scaff (2005: 85–109; 2011: 73–97).

[12] Sein Leiter Booker T. Washington war leider zur Zeit des Besuchs auf Reisen. Weber kannte Washingtons Hauptwerke und später traten die beiden in einen Briefwechsel ein. Siehe Scaff 1998: 69f.; 2011: 108ff.

[13] „Dabei verbluten sich die Weißen durch diese als ‚Rassenschutz' gedachte Absperrung, und der einzige Enthusiasmus, der im Süden zu finden ist, ist bei jener [oft zu neun Zehnteln weißen] Oberschicht von Negern, – bei den Weißen nur planloser ohnmächtiger Haß gegen den Yankee" (Max Weber in Marianne Weber 1984: 309).

allerorten die entscheidende Frage der Zukunft sein wird."[14] Webers Hoffnung auf eine ‚baldige Wiederkehr', die er bei seinem Abschied vom Süden äußerte, sollte sich nicht erfüllen.

Danach besuchte man entfernte Verwandte, die in Mount Airy am Rande der Blue Ridge Mountains im Bundesstaat North Carolina lebten. Während sie einer Baptistentaufe beiwohnten, spöttelte einer von Webers Cousins, als ein junger Mann seiner Bekanntschaft vortrat. Auf Nachfrage erklärte Webers Cousin, dass die Motive des Taufanwärters verdächtig seien: Er wollte ein neues Geschäft in der Gegend eröffnen (Weber 1988c: 209f.). Die Zugehörigkeit zur Kirche, die erst nach einer Durchleuchtung von ‚Charakter und Wandel' des Kandidaten gewährt wurde, galt als solider Beweis seiner Vertrauenswürdigkeit – und Kaufleute, die im Ruf stehen, faire Geschäfte zu machen und gerechte Preise zu nehmen, werden gegenüber anderen von der ganzen Gemeinschaft bevorzugt.[15]

Es folgten Stippvisiten nach Washington, Baltimore und Philadelphia. Auf dem Weg besuchten sie Gottesdienste der Quäker, Presbyterianer, Methodisten, der weißen und schwarzen Baptisten und der Christian Science (Marianne Weber).[16] Mariannes Verwandte beherbergten die Reisenden in einer nördlich gelegenen Vorstadt von Boston, ihr bescheidenes Haus liegt in einer ruhigen Straße.[17] Sie durchstreiften die Stadt und sahen das Footballspiel Harvard gegen Yale (siehe Marianne Weber 1984: 314).[18] Weber traf vermutlich Harvards berühmten Psychologen William James.[19] Amerikas Colleges, „Welten für sich", beeindruckten die Gäste,[20] die hier „die Überlieferung der Pilgrimväter" beobachteten (Marianne Weber 1984: 301).

---

[14] Brief an DuBois vom 17 November 1904 (zitiert in Scaff 1998: 72). Wie Scaff anmerkt (S. 70f.), war dies die schon früher ausgesprochene Position von DuBois. Weber hatte die Hauptwerke von DuBois gelesen (siehe Scaff: 69ff.; 2011: 100–08).

[15] Verwandte, die sich noch an Webers Besuch erinnerten, sind vor nicht allzu langer Zeit interviewt worden (siehe Keeter 1981). Mariannes allgemeiner Kommentar trifft ins Schwarze: „Unerwartet bieten sich auch hier Eindrücke, die Webers Arbeit Anschauungsstoff liefern: alte und neue Formen sozialer Gliederung der demokratischen Gesellschaft. In urwüchsiger Gestalt zeigt sich ihm die lebenprägende Wirkung religiöser Sekten [...]" (Marianne Weber 1984: 311; siehe auch Webers Brief zitiert auf S. 301f.).

[16] In einem langen Brief kommentiert Weber im Detail den Gottesdienst der Christian Science. Siehe Scaff, 1998: S. 67f.; 2011: 164–68.

[17] Wyoming, heute Malden, in Massachusetts.

[18] Mit ihren Gastgebern saßen die Webers in einem Wagen am Rande des Spielfeldes. Sie langweilten sich aber, und fuhren zur Halbzeit weg.

[19] Max besuchte kurz Bibliotheken und Archive der Columbia und Harvard Universität sowie des Haverford Colleges.

[20] Weber suchte fast alle bedeutenden Universitäten an der Ostküste auf, darunter den Campus von Yale, Johns Hopkins, Brown und Harvard.

Der ganze Zauber der Jugenderinnerung liegt allein gerade auf dieser Zeit. Massenhafter Sport, hübsche Formen der Geselligkeit, unendliche geistige Anregung, dauernde Freundschaften sind der Ertrag, und vor allem wird weit mehr als bei unsren Studenten die Gewöhnung zur Arbeit erzogen. (Max Weber in Marianne Weber 1984: 301)

[Die] Überlieferung der Pilgrimväter bindet [noch] die Jünglinge an das Ideal der Keuschheit, verpönt Zoten und bildet dem jungen Mann ein Maß von Ritterlichkeit gegen die Frau an, wie sie unsre Durchschnittsgesittung nicht kennt. (Marianne Weber 1984: 301)

Am Abend vor ihrer Rückreise nach Deutschland am 19. November besuchten die Webers noch ein Theaterstück, das in jiddischer Sprache in einem jüdischen Viertel von New York aufgeführt wurde.

Seit seinen Jünglingstagen war Weber ein enthusiastischer Tourist.[21] Er hatte miterlebt, wie das Eisenbahnnetz in Europa immer dichter wurde, und seine vielen Reisen führten ihn über den ganzen Kontinent vom Süden Italiens bis in den Norden Schottlands. Die Vereinigten Staaten hinterließen jedoch einen unauslöschlichen Eindruck. In seinen öffentlichen Vorlesungen und in seinen Schriften bezog er sich in späteren Jahren häufig auf seine persönlichen Beobachtungen.[22]

Die meisten von Webers deutschen Kollegen waren überzeugt, dass der amerikanische Kapitalismus die moralische Rechtschaffenheit der einzelnen bedrohte, die Arbeiter systematisch ausbeutete und tragfähige soziale Bindungen zerstörte, was die Menschen haltlos machte und ‚atomisierte'.[23] Weber hingegen ließ sich von den Vereinigten Staaten faszinieren, er nahm ihre Verschiedenartigkeit in sich auf, und erblickte in den festen moralischen Maßstäben dieser Nation, eine Offenheit und eine in Europa fehlende Zielstrebigkeit: „[...] denn ebenso ungebrochen wie das Böse waltet ja die jugendfrische zuversichtliche Energie zum Guten" (Marianne Weber 1984: 315).[24] Tatsächlich wollte er den in Deutschland weitverbreiteten Klischees entgegentreten.[25] Gleichwohl sah er langfristig einen Schwund des Wirt-

---

[21] Zum höchst weltbürgerlichen Charakter von Webers weit gestreuter Familie siehe Roth 2001, 2005.

[22] Zu Webers Ansichten über die Vereinigten Staaten im Allgemeinen siehe Mommsen 1974; Roth 1985; Scaff 1998, 2011; Berger 1971; Rollman 1993. Zum Einfluss des amerikanischen Unitarismus und der Social-Gospel-Bewegung auf den jungen Weber siehe Roth 1997. Zu Webers Lektüre über die Vereinigten Staaten siehe Scaff 2005: 80f.; 2011; Roth 2005: 35f. Webers Interesse für Amerika reicht bis in seine Jugendjahre zurück (siehe Weber 1936: 29).

[23] In den Briefen, die Werner Sombart, Webers Freund und Reisegefährte in New York, nach Hause schrieb, beklagt er „diese grauenhafte Kulturhölle" und „die Götterdämmerung der Kultur" (Lenger 1994: 148).

[24] Dieser Satz stammt von Marianne Weber.

[25] Nichtsdestoweniger beschreibt Weber wiederholt die weit verbreitete Korruption in der „Parteimaschine" der großen amerikanischen Städte. Siehe 1988e: 220f.; 1992: 212–18; Marianne Weber 1984: 315.

schaftswachstums und eine allmählich Bürokratisierung der politischen Parteien, der Wirtschaftsorganisationen und des öffentlichen Dienstes voraus. Diese zukünftige „Europäisierung" würde, so fürchtete er, zu weniger Gleichheit, starreren sozialen Hierarchien und geringerer Dynamik führen.

Diese elfwöchige Reise wirkte sich nicht nur beträchtlich auf Webers Analyse der politischen Kultur in Amerika aus, sondern auch auf seine verschiedenen Schriften zur Religionssoziologie, zur politischen Führung, über Bürokratien, Demokratie, Stände, Schichtung im allgemeinen sowie Rasse und Volkszugehörigkeit. Außerdem gewann er ein besseres Verständnis davon, wie vergangene Entwicklungen im Bereich der Religion weiterlebten und in säkularisierten und quasi-säkularisierten Formen in die Gegenwart eindrangen. Und schließlich sah er klarer, wie sich moderne industrialisierte und urbanisierte Gesellschaften von einander unterscheiden. Ohne Zweifel wuchsen infolge der Kenntnisse, die er im Laufe seiner Reise gewonnen hatte, seine Einsichten in die Eigentümlichkeit – und die Schwächen – der politischen und ökonomischen Kultur in Deutschland.[26]

---

[26] Webers Begriff einer „plebiszitären Demokratie", den er in Deutschland einführen wollte, und der die politischen Parteien europäischen Stils mit ihrer Verwurzelung in einer Ideologie den Parteien amerikanischen Stils mit ihrer Bindung an die Faszination einzelner Führungsgestalten gegenüberstellen sollte, scheint unmittelbar dem amerikanischen Vorbild entnommen worden zu sein.

Anhang II
Das amerikanische Weltbild[1]

Sind Ideen für *heutige* Soziologen noch von Bedeutung? Spielen sie für die Bildung sozialer Gruppen noch eine Rolle? Haben Ideen, statt einfach verbannt zu sein, bloß ihren *Ort* vom ‚Jenseits' ins ‚Diesseits' verlegt? Ankern sie nun in politischen und sozialen Problemen, Dilemmata und ‚Ungerechtigkeiten' – sind sie also, wenngleich in abgeschwächter Form und kaum sichtbar, in der Bildung von Gruppen, in sozialen Bewegungen und im sozialen Wandel allgemein am Werk? Weber hat eine eindeutige Antwort auf die Frage, ob die Soziologie heute solch einer unorthodoxen Kausalkraft ihre Aufmerksamkeit widmen sollte:

> Allein die historische Macht der Ideen ist für die Entwicklung des Soziallebens eine so gewaltige gewesen und ist es noch, dass unsere Zeitschrift sich dieser Aufgabe niemals entziehen, deren Pflege vielmehr in den Kreis ihrer wichtigsten Pflichten einbeziehen wird. (1985b: 151; siehe 1988b: 204ff.)

Unterscheiden sich zeitgenössische Gesellschaften trotz der nivellierenden Strukturzwänge, die vom Industrialismus und Postindustrialismus ausgehen, von einander und zwar in Hinsicht auf a) den Inhalt ihrer vorherrschenden Ideenkonstellationen und b) das Ausmaß, in dem innere Widersprüche für diese Konstellationen charakteristisch sind? Erste Antworten auf diese Fragen lassen sich aus einer kurzen Betrachtung des amerikanischen Weltbildes gewinnen.

Welche Ideenkonstellation ist für das amerikanische Weltbild bestimmend? Stehen die Ideen zueinander in Widerspruch und Gegensatz oder sind sie symmetrisch und harmonisch? Sollte das erste zutreffen, neigt die erlebte kognitive Spannung dann dazu, eine dynamische Eigenbewegung hervorzurufen und in Gang zu setzen, so dass sogar ein beträchtlicher Schub zur Bildung von Gruppen, zu sozialen Bewegungen und zum sozialen Wandel klar zutage tritt?

Eine große Bandbreite von Ideen zeichnet das amerikanische Weltbild aus[2]: Selbstbestimmung, individuelle Rechte, persönliche Freiheiten, individuelle Leis-

---

[1] Dieser Anhang ist ein Auszug aus einem Aufsatz, der Webers Begriff der Eigengesetzlichkeit religiöser Ideen untersucht; siehe Kalberg 2001b: 310–13. Zu einer gekürzten, auf Deutsch erschienenen Version siehe 2000b. Übersetzt von Christiana Goldmann; durchgesehen vom Verfasser.

[2] Wohlgemerkt, ich verzeichne hier Ideen. In welchem Ausmaß sie empirisch wirksam sind, hängt von vielen Faktoren ab. Darüber hinaus ist der Einschluss und der Ausschluss bestimmter Ideen

tung, Verdienst (merit), Führungsstärke und Eigenverantwortung; die Gleichheit aller vor Recht und Gesetz sowie eine Hochachtung vor dem Gesetz; verantwortungsvolle Teilnahme an und Einsatz für eine bürgerliche Vereinigung, die der öffentlichen Moral und dem öffentlichen Vertrauen Bedeutung verleihen; das Zusprechen von Legitimität an bürgerliche Verbände aller Art und ein entsprechendes Misstrauen gegenüber staatlicher Macht; ein dezentralisierter und eingeschränkter Staat, dem es an der Autorität fehlt, Reichtum in größerem Maße umzuverteilen; Trennung von Kirche und Staat; ein normativer Glaube an die Gleichheit aller und an einen gesellschaftlichen Egalitarismus (sichtbar zum einen in nicht-hierarchischen und nicht-exklusiven Sitten, Konventionen und Höflichkeitsregeln und zum anderen in einer Feindseligkeit gegenüber jeglichem Elitedenken); ein weitgehender Konformismus; ein Glaube an Chancengleichheit und Aufstiegsmöglichkeiten – gestützt auf die Vorstellung, dass Ziele durch harte Arbeit verwirklicht werden können; ein pragmatischer, zupackender Umgang mit Aufgaben, Zielen, Herausforderungen und Hindernissen; eine Überzeugung von den wohltätigen Wirkungen harter Arbeit (die sich in der engen Verbindung von Berufstätigkeit und Selbstwertgefühl äußert); eine starke, optimistische Ausrichtung auf die Zukunft und nur eine zögerliche Anerkennung, dass die Vergangenheit und Traditionen der Gegenwart und dem eigenen Handeln Grenzen setzen; ein Glaube an die Fähigkeit der Individuen, ihr Geschick durch nutzenorientierte, zielgerichtete *und* ethische Entscheidungen zu gestalten und dadurch immer wieder in neue Bahnen zu lenken; eine Überzeugung, dass durch gemeinschaftliche Anstrengung und bürgerliches Engagement, die eigene Gemeinschaft, ja die ganze Nation, reformiert und verbessert werden kann; eine positive Bewertung offener Märkte und eine eindeutige Haltung zum wirtschaftlichen Wettbewerb, zu Risikobereitschaft und Unternehmergeist – der in der Überzeugung wurzelt, dass rein strategische und zweckrationale Überlegungen am Ende durch ethische Werte reguliert werden; ein Vertrauen in das Urteil und die grundlegende Vernunft des Durchschnittsmenschen (Populismus); ein Sinn für Fairness, Aufrichtigkeit und ethische Verantwortung, die auch im nicht intimen Umgang mit anderen als Ideale gelten; die öffentliche Sphäre, berufliche Beziehungen eingeschlossen, sind weitgehend von wechselseitigem Vertrauen geprägt; eine muntere Freundlichkeit; eine Erwartung, dass öffentliche Personen (auch in der Wirtschaft) sich ethisch und aufrichtig verhalten; und schließlich die Vorstellung von einer deutlichen Providenz, die den USA einen ‚besonderen Platz‘ in der Welt verleiht, eine Fähigkeit, sowohl nach

---

[2] hier nur auf der Grundlage übernationaler, vergleichender Analysen gerechtfertigt; ein absoluter Maßstab – „die Tolerierung unterschiedlicher Meinung gibt es immer" – kann kein Einschlusskriterium abgeben, denn ein solcher ist utopisch. Siehe die vergleichenden Studien in der nachfolgenden Fußnote.

innen als auch nach außen ethische Feldzüge zu führen und wenig Duldsamkeit mit Verhaltensweisen, die man als übel wahrnimmt.[3]

Obwohl viele dieser Ideen auch in anderen modernen Nationen häufig anzutreffen sind, treten sie gemeinsam und in einer spezifischen Verbindung einzigartig im amerikanischen Weltbild auf. Bei näherer Untersuchung unterscheiden sich andere postindustrielle Gesellschaften beträchtlich hinsichtlich ihrer Weltbilder. Viele enthalten markante Hinterlassenschaften aus dem Feudalismus, wie etwa Elitedenken, Klassenbewusstsein und hierarchische Gesellschaftskonventionen, die zum Gleichheitsprinzip, zum Universalismus und einem Ethos der Chancengleichheit in einem größeren Spannungsverhältnis (etwa in Frankreich und England) stehen, als dies im amerikanischen Weltbild der Fall ist (siehe Lipset 1963; Münch 1986). Zum Teil aufgrund ihrer weitaus größeren Zwiespältigkeit gegenüber dem Kapitalismus und weil es an Eigenverantwortung als Hinterlassung eines asketischen Protestantismus fehlt, sprechen andere moderne Nationen dem ‚starken Staat‘ eine eindeutige Legitimation zu und sehen es als eine seiner Hauptaufgaben, gegen die Ungleichheiten und Ungerechtigkeiten dieses Wirtschaftssystems anzugehen (siehe Kapitel 5). In solchen Ländern (etwa in Schweden und Deutschland) wird eine Vielzahl wohlfahrtsstaatlicher Programme sehr wahrscheinlich bereitwilliger als gerecht und angemessen betrachtet, als es in den USA zu beobachten ist (siehe Münch 1986; Elias 1989). Die Weltbilder wieder anderer Nationen räumen dem Streben nach Sicherheit Vorrang gegenüber individueller Leistung, Verdienst und Aufstiegsmöglichkeiten ein. In diesen Nationen (etwa in Deutschland) sind die Vorstellungen von einem krisensicheren Beruf und von ‚Verwurzelung‘ verbreiteter, und ein häufiger Berufs- und Ortswechsel wird eher gescheut (siehe Münch 1986; Walker 1971; Schäfers 1981).

Trotz großer, auf Nivellierung hinwirkender Strukturzwänge lassen sich in verschiedenen postindustriellen Gesellschaften spezifische Ideenkonstellationen – oder Weltbilder – ausfindig machen. Eine jede lässt sich nicht bloß in Bezug auf einen eigentümlichen substantiellen Inhalt bestimmen, sondern auch hinsichtlich des Grades, in dem diese Ideen entweder symmetrische und harmonisch oder in dem sie untereinander spannungsreich sind. Wird diese Spannung offensichtlich, entsteht eine einzigartige der Ideen, die auf den besonderen, der Ideenkonfiguration des Weltbildes innewohnenden Widersprüchen und Schwierigkeiten beruht (siehe Kalberg 2000b, 2001b).

---

[3] Auch wenn der Sinn dafür heute selten vorhanden ist, wird dieses Weltbild stark von den Erbschaften eines asketischen Protestantismus durchzogen. Siehe Kalberg 2004. Die Quellen für diesen Abschnitt sind weit gestreut. Siehe z. B. Adams 1918; Bellah at al. 1985; Hall und Lindholm 1999; Hartz 1955; Hofstadter 1944; Konwitz und Kennedy 1960; Lipset 1963; Lynd 1929, 1939; Mead 1942; Miller 1961; Parrington 1927; Riesman 1950; Sumner 1906; Tocqueville 1976; Weber 1988c, 2004b; White 1947.

Die amerikanische Ideenkonfiguration verfügt über eine pulsierende Energie, die sich nicht zuletzt den „gegensätzlichen Spielregeln" (Lynd 1939: 59) und den kognitiven Problemen verdankt, die dem amerikanischen Weltbild eigen sind. Sind diese Ideen imstande gewesen, in den USA einen hintergründigen Impuls und eine Rechtfertigung für die Entstehung sozialer Gruppen bereitzustellen. Oder sind sie in Amerika ausschließlich das Produkt pragmatischer und struktureller Handlungsorientierungen, von Netzerwerken, Macht- und Interessenverbänden?

Die Ideen im amerikanischen Weltbild verhalten sich äußerst widersprüchlich zueinander. Das Gleichheitsprinzip wird hochgehalten, aber auch Führungsstärke, Kreativität, individuelle Leistung und die Kultivierung des ‚einzigartigen Selbst' *(unique self)*. Individualismus, persönlicher Ehrgeiz, das Streben nach Reichtum und Eigenverantwortung werden aufs Podest gehoben, aber auch Verantwortung für die Gemeinschaft, Philanthropie, Engagement in der Gemeinde und die Kultivierung des Ethos ehrenamtlicher Arbeit *(service ethos)*. Es herrscht normalerweise eine stark optimistische Haltung, was die Zukunft und ihre ‚Chancen' betrifft, aber auch ein mächtiger Pragmatismus, der an überkommen Sitten, Gewohnheiten und Handlungsorientierungen festhält. Eine beträchtliche Risikobereitschaft wird gepflegt, aber auch ein vorsichtiges Herangehen. Ehrlichkeit, Aufrichtigkeit und ethisches Verhalten werden geschätzt, aber auch Scharfsinn und ein pragmatischer Umgang mit Problemen, der praktischen Interessen eine große Bedeutung einräumt. Soziale Konformität ist ausgeprägt und allgegenwärtig, wie Tocqueville mit seiner These von der ‚Tyrannei der Mehrheit' herausstellt, aber auch ein ‚robuster Individualismus', der Wille, ‚den eigenen Weg zu gehen', Eigenverantwortung, eine vergleichsweise große Toleranz für verschiedene Lebensstile und eine kräftige Skepsis gegenüber Autorität.[4] Das Streben nach Reichtum wird gepriesen, doch selbst großer Besitz rechtfertigt es nicht, sich anderen gegenüber als grundsätzlich überlegen zu sehen. Und eine allgemeine Chancengleichheit ungeachtet der ethnischen Herkunft, der Hautfarbe oder des Glaubensbekenntnisses ist ein zentrales Ideal, obgleich eine Spannung hinsichtlich von Ideen, die dieses Ideal gefährden – Wettbewerb, Verdienst und individuelle Leistung – auf niedrigem Niveau bestehen bleibt.

Abhängig von einer Reihe politischer, wirtschaftlicher, sozialer und kultureller Kräfte, sowie ihrer Wechselwirkung in bestimmten Kontexten, machen sich diese Widersprüche mehr oder weniger stark bemerkbar. Allerdings schlummern diese Spannungen selten. Sie tragen vielmehr zu einer Eigenschaft der amerikanischen

---

[4] Tocquevilles These lässt völlig eine im amerikanischen Leben herausragende Tradition außer Acht, die dem in dieser ‚Tyrannei' implizierten repressiven Konformismus entschieden entgegentritt: der Individualismus der ‚Weltbeherrschung' mit seinen Wurzeln in der protestantischen Askese. Siehe dazu Kapitel 4.

Gesellschaft bei, die alle europäischen Beobachter, schon vor Tocqueville, bemerkt haben: ihre ruhelose, pulsierende und dynamische Tatkraft.

Noch wichtiger ist hier jedoch, dass ideelle Triebkräfte freigesetzt werden, wenn Personen mit diesen Spannungen und ‚Ungerechtigkeiten' kämpfen und versuchen, ihre widersprüchlichen Bestandteile mithilfe der Vernunft zusammenzubringen – Triebkräfte, die an der Bildung verschiedener politischer, sozialer, ethnischer und geschlechtsspezifischer Gruppen beteiligt sind. Auf je eigene Weise suchen sie alle, Widersprüche im amerikanischen Weltbild anzugehen, Programme und politische Maßnahmen zu formulieren, die für eine Milderung der Spannungen – oder für ‚Gerechtigkeit' – sorgen sollen.

Der Widerspruch beispielsweise zwischen der Idee individueller Leistung und der ‚Verantwortung für das Gemeinwesen', die alle Bürger aufruft, in ihrem Handeln über ihre unmittelbaren Interessen hinauszugehen und sich für die Verbesserung ihrer Gemeinschaften einzusetzen, hat wiederholt zur Entstehung verschiedener Bürgerrechtsbewegungen beigetragen, denn er wird zum einen durch die Ideale der sozialen Gleichheit, des Universalismus und der Chancengleichheit unterstützt und zum anderen durch den Optimismus hinsichtlich der Fähigkeit des einzelnen verstärkt, seine Umwelt zu beeinflussen.

Aus dieser Dynamik heraus – nachdrücklich formulierten, aber empirisch uneingelösten Idealen, im Verbund mit Idealen, die Individuen universell befähigen, ihr eigenes Geschick und das ihrer Gemeinschaften zu gestalten – hat sich ein bestimmter Impuls kristallisiert. Diese Triebkraft lieferte den Hintergrund für die Legitimation der Bildung vielfältiger Gruppen, die alle Gestalt annahmen, sobald politisch, ökonomische, rechtliche und soziale Kräfte zu der Erfahrung führten, dass sich eine akute Kluft zwischen Idealen und empirischer Wirklichkeiten aufgetan hatte: Beispiele sind die Abolitionisten in 30er und 40er Jahren des 19. Jahrhunderts, die National Association for the Advancement of Colored People um die Jahrhundertwende, die Bürgerrechtsbewegung in den 50er und 60er Jahren des 20. Jahrhunderts, die Kampagnen für das Frauenwahlrecht zu Beginn des 20. Jahrhunderts, die Frauenbewegung in den 1970er Jahren, die Bewegung für die Rechte von Homosexuellen und Behinderten in den 80er und 90er Jahren des 20. Jahrhunderts.

Charismatische Gestalten und Führungseliten haben die vielen kognitiven Widersprüche im amerikanischen Weltbild besonders in den Blick genommen und sich darüber den Kopf zerbrochen. Diese Personen haben zum Teil, wie es scheint, schlicht als Reaktion auf diese Spannungen und Ungerechtigkeiten, schlagkräftige Forderungen aufgestellt, wo immer die dafür nötigen ökonomischen, politischen, rechtlichen und sozialen Entwicklungen sich kristallisierten. Die ideelle Schubkraft des Weltbilds wurde so soziologisch von Bedeutung. Fachleute – Bürgerrechtsanwälte, Sozialwissenschaftler, politische Aktivisten usw. – traten hervor und wurden zu institutionellen Trägern dieser Ideen. Dies spielte sich in etwa so ab wie in früheren Zeiten Priester und Mönche im Gefolge von Propheten aufgetreten sind: Charismatische Gestalten sprachen die Widersprüche an, um dann konstruktive Lösungen vorzuschlagen, und ihre Schüler brachten ihre Botschaft anschließend in ein System und fungierten als ihre sozialen Träger.

Webers Soziologie bekräftigt, dass die Ideen eines Weltbildes (siehe 1989a:101), insbesondere die Frage seiner inneren Konsistenz, nicht vernachlässigt werden darf (siehe Kalberg 2000b, 2001b, 2004). Sie fordert den Wissenschaftler auf, die Fähigkeit von Ideenkonfigurationen als kausale Triebkraft für die Bildung von Gruppen zu beurteilen. So würde beispielsweise eine Untersuchung über die Entstehung von Bürgerrechtsorganisationen nicht *ausschließlich* pragmatische, interessegeleitete Überlegungen, Ambivalenzen im sozialen Status (status inconsistencies), rationale Entscheidungen und Nutzenkalküle zum einen, ökonomische Klasseninteressen, Staatsinteressen, Wahlstrategien politischer Parteien (siehe Piven und Cloward: 1979) und Mobilisierungskraft (resource mobilization) (siehe Jenkins 1992) zum anderen thematisieren – wie unerlässlich die Betrachtung dieser Faktoren auch sein mag. Ökonomische, politische und Standesinteressen sowie die Konflikte im Alltagsleben können für sich genommen, wie Webers Untersuchungen anmahnen, selbst in einer säkularen Epoche nicht die Bildung von Gruppen erklären. Ebenso wenig wird sozialer Wandel nicht *ausschließlich* aus der Gegenüberstellung von interessegeleitetem Handeln mit Rollenkonflikten, abweichender Sozialisation, sozialen Netzwerken und strukturellen Differenzierungsprozessen resultieren.

Anhang III
Stephen Kalbergs Schriften über Max Weber

Bücher

In Vorbereitung

Max Weber's Sociology of Civilizations.

2014

La Sociología de Max Weber: Temas Fundamentales, Procedimientos de Investigación y Aplicaciones de su obra en el análisis de la Modernidad, übersetzt von Yuri Contreras Véjar, Mexico City.

2013

Max Weber on America, ins Türkische übersetzt von Ibrahim Mazman, Ankara.

Searching for the Spirit of American Democracy: Max Weber's Analysis of a Unique Political Culture, Past and Present, Boulder, CO.

Französisch: *A la recherche de l'esprit de la démocratie: Max Weber et la culture politique américaine d'hier et d'aujourd'hui*, übersetzt von Philippe Chanial, Paris 2014.

2012

Max Weber's Comparative-Historical Sociology Today: Major Themes, Mode of Causal Analysis, and Applications, Farnham Surrey, UK.

2010

Les Valeurs, Les Idées et Les Intérêts: Introduction à la Sociologie de Max Weber, mit einem Vorwort von Alain Caillé und Philippe Chanial, übersetzt von Philippe Chanial, Paris.

2006

Max Weber lesen, übersetzt von Ursel Schäfer, Bielefeld.

Gekürzte Fassung in: *The Blackwell Companion to Major Social Theorists*, hrsg. von George Ritzer, Oxford 2000, 2003, S. 144–205.

Spanisch: *Max Weber, Principales dimensiones de su obra*, übersetzt von Eduardo Weisz, Buenos Aires 2008.

Italienisch: *Leggere Max Weber*, übersetzt von Claudia Poggi, Rom 2008.
Türkisch: *Max Weber'i Anlamak*, übersetzt von Bedri Gencer, Istanbul 2009.
Portugiesisch: *Max Weber: Uma Introducão*, übersetzt von Vera Pereira, Rio de
Janeiro 2010. Juni 2010. „Interview mit dem Autor", www.Zahar.br.
Japanisch: Übersetzt von Tadabumi Kuroda. In Vorbereitung.
Chinesisch: Übersetzt von Su Guoxun. In Vorbereitung.

1994

Max Weber's Comparative-Historical Sociology, Oxford und Chicago.
Japanisch: Übersetzt von Kobe Max Weber Study Group, Kyoto 1999.
Deutsch: *Einführung in die historisch-vergleichende Soziologie Max Webers*,
übersetzt von Thomas Schwietrein, Opladen 2001.
Französisch: *La sociologie comparative de Max Weber*, mit einem Vorwort von Alain
Caillé, übersetzt von Hervé Maury, überarbeitet von Alain Caillé, Paris 2002.
Türkisch: In Vorbereitung (2014), Ankara.

Herausgebertätigkeit

2005

Max Weber: Readings and Commentary on Modernity, New York.

Herausgeber- und Übersetzertätigkeit

2011

Max Weber: The Protestant Ethic and the Spirit of Capitalism, New York (durch-
gesehene und erweiterte Ausgabe).

2009

*Max Weber: The Protestant Ethic and the Spirit of Capitalism with Other Writings on
the Rise of the West*, New York.

2002

Max Weber: The Protestant Ethic and the Spirit of Capitalism, Los Angeles.
Chinesisch: Beijing: *Social Sciences Academic Press* 2010.

Aufsätze in Zeitschriften und Sammelbänden

2012

„Misticismo, ascetismo e azione nella sociologia della religione die Max Weber: Una ricostruzione", *Etnografia e Ricerca Qualitativa* 5, 2 (Juni), übersetzt von Stefania Palmisano, S. 163–83.

2011

„Max Weber", in: *The Wiley-Blackwell Companion to Major Social Theorists*, hrsg. von George Ritzer und Jeffrey Stepnisky, Malden, MA, S. 305–73 (erweiterte Fassung der Aufsätze 2000 und 2003 aus *The Blackwell Companion to Major Social Theorists*, hrsg. von George Ritzer, Oxford).

2009

„Max Weber's Analysis of the Unique American Civic Sphere: Its Origins, Expansion, and Oscillations", *Journal of Classical Sociology* 9, 1 (Februar), S. 117–41. Sonderheft „American Exceptionalism".

    Online pdf: American Institute for Contemporary German Studies (März 2009): www.info@aicgs.org.

    Spanisch: *Sociológica* 72 (März–April 2010), übersetzt von Yuri Contreras Véjar, S. 229–66.

    Italienisch: *La Critica Sociologica* 175 (Frühjahr 2010), übersetzt von Alessandra Bissacco, S. 19–42.

    Französisch: *Revue du MAUSS* (im Druck), übersetzt von Philippe Chanial.

2008

„Macro Comparisons in Max Weber's Sociology: Precautions, Possibilities, Achievements, and Limitations", *Eurostudia: Transatlantic Journal for European Studies* 4, 2. Online: http://www.cceae.umontreal.ca/-revue-Eurostudia. http://www.erudit.org/revue/euro/2008/v4/n2/index.html (wiederabgedruckt in 2012).

„The Perpetual and Tight Interweaving of Past and Present in Max Weber's Sociology", in: *Max Weber Matters: Interweaving Past and Present*, hrsg. von David Chalcraft, Fanon Howell, Marisol Lopez Menendez und Hector Vera, Burlington, VT, S. 273–88 (wiederabgedruckt in 2012).

2007

„Max Weber, sobre el protestantismo ascético y las asociaciones civiles. Exporando los orígenes de la integración social y los estándares éticos de la efera publica en los Estados Unidos", in: La vigencia del pensamiento de Max Weber a cien años de „La ética protestante y el espíritu del capitalismo", hrsg.von Eduardo Weisz und Perla Aronson, übersetzt von Mariele Ferrari, Buenos Aires, S. 157–75.

2006

„Ascetic Protestantism and American Uniqueness: the Political Cultures of Germany and the United States Compared", in: *Safe-Guarding German-American Relations in the New Century: Understanding and Accepting our Mutual Differences*, hrsg. von Hermann Kurthen, Antonio V. Menendez-Alarcon und Stefan Immerfall, Lanham, MD, S. 231–48 (wiederabgedruckt in 2012).

2005

„The Role of Moral Values in the American Presidential Election", *American Sociological Association Society of Religion Section Newsletter* (Herbst), S. 2–7.
    Französisch: *Revue du MAUSS* 25, 1 (April 2005), übersetzt von Philippe Chanial, S. 227–40.
    Italienisch: *La Critica Sociologica* 156 (Januar 2006), übersetzt von Alessandra Bissacco, S. 21–32.
    Deutsch und Englisch: American Institute for Contemporary German Studies. http://www.aicgs.org (Washington D.C.), März 2006, März 2007.
    Spanisch: *Sociológica* 62 (September–Dezember 2006), übersetzt von José Hernández Prado, S. 227–43.

„Utilizing Max Weber's ‚Iron Cage' to Define the Past, Present, and Future of the American Political Culture", in: *The Protestant Ethic Turns 100*, hrsg. von William H. Swatos und Lutz Kaelber, Boulder, CO, S. 191–208.
    Spanisch: in *Enal centenariod de La ética protestante y el espíritu del capitalismo*, hrsg. von Javier Rodriguez Martinez, übersetzt von María Teresa Casado, Madrid, S. 263–82.

2004

„The Past and Present Influence of World Views: Max Weber on a Neglected Sociological Concept", *Journal of Classical Sociology* 4, 2 (Juli), S. 139–65 (wiederabgedruckt in 2012).
    Japanisch: in *Historical Sociology and Max Weber*, hrsg. von Takeji Ibaraki, Tokio 2002, S. 161–90.
    Französisch: *Revue du MAUSS* 30, 2 (Sommer 2007), übersetzt von Philippe Chanial, S. 197–228.
    Spanisch: *Sociológica* 74 (September–Dezember 2011), übersetzt von Yuri Contreras Véjar, S. 207–46.

2003

„The Influence of Political Culture Upon Cross-Cultural Misperceptions and Foreign Policy: The United States and Germany", *German Politics and Society* 21, 3 (Herbst 2003), S. 1–24 (wiederabgedruckt in 2012).

Französisch: *Revue du MAUSS* 25, 1 (April 2005), übersetzt von Philippe Cha-
nial, S. 207–27, 238ff.
Italienisch: *La Critica Sociologica* 156 (Januar 2006), übersetzt von Alessandra
Bissacco, S. 1–21.
Online: American Institute for Contemporary German Studies http://www.aicgs.org
(Washington D.C.); März 2006, März 2007 (Deutsch und Englisch).
Spanisch: *Sociológica* 21, 62 (September–Dezember 2006), übersetzt von José
Hernández Prado, S. 199–226.

2001

„Should the ‚Dynamic Autonomy' of Ideas Matter to Sociologists? Max Weber on the
Origin of Other-Worldly Salvation Religions and the Constitution of Groups in Amer-
ican Society Today", *Journal of Classical Sociology* 1, 3 (Dezember), S. 291–327
(wiederabgedruckt in 2012).
Japanisch und Englisch (gekürzte Fassung): *Bulletin of the Seigakuin University
General Research Institute* (März 1996), S. 4–41.
Deutsch (gekürzte Fassung): *Zeitschrift für Religionswissenschaft* 8, 1 (2000),
übersetzt von Herbert Otto-Arase, Christa Broermann und Stephen Kalberg,
S. 45–70.
Spanisch: *Estudios Sociológicos* xxvii, 80 (2009), übersetzt von José Hernández
Prado und Yuri Contreras Véjar, S. 349–92.

„The Modern World as a Monolithic Iron Cage? Utilizing Max Weber to Define the
Internal Dynamics of the American Political Culture Today", *Max Weber Studies* 1,
2 (Mai), S. 178–95.
Gekürzte Fassung: *Partisan Review* lxiv, 2 (April 1997), S. 196–205.
Französisch: *Revue du MAUSS* 16, 2 (Dezember 2000), übersetzt von Philippe
Chanial und Alain Caillé, S. 375–90.
Italienisch: *Studi di Sociologia* xliii, 1 (Januar–März 2005), übersetzt von
Alessandra Bissacco, S. 19–34.
Spanisch: *Sociológica* 19/56 (September–Dezember 2005), übersetzt von José
Hernández Prado, S. 173–96.

„The ‚Spirit' of Capitalism Revisited: On the New Translation of Weber's *Protestant
Ethic* (1920)", *Max Weber Studies* 2, 1 (November), S. 41–58.
Gekürzte Fassungen: *The International Sociological Association Research Com-
mittee for the History of Sociology Newsletter* (Januar 2001), S. 2ff.
Perspectives – The ASA Theory Section Newsletter (Winter 2001), S. 1f., 4.

1999

„Max Weber's Critique of Recent Comparative-Historical Sociology and a Recon-
struction of His Analysis of the Rise of Confucianism in China", in: *Current
Perspectives in Social Theory* (Bd. 19), hrsg. von Jennifer Lehmann, Stamford, CT,
S. 207–46 (wiederabgedruckt in 2012).

1998

„Max Weber's Sociology: Research Strategies and Modes of Analysis", in: *Reclaiming the Argument of the Founders*, hrsg. von Charles Camic, Cambridge, MA, S. 208–41.

1997

„Tocqueville and Weber on the Sociological Origins of Citizenship: The Political Culture of American Democracy", *Citizenship Studies* 1 (Juli), S. 199–222.

> Gekürzte Fassung: in *Max Weber: Democracy and Modernization*, hrsg. von Ralph Schroeder, London 1998, S. 93–112.

> Japanisch: *Bulletin of the Seigakuin University General Research Institute* 15 (März 1999), S. 140–77.

> Französisch: *Revue du MAUSS* 14, 2 (Dezember 1999), übersetzt von Herve Maury, S. 302–24.

> Italienisch: *La Critica Sociologica* 141 (Frühjahr 2002), übersetzt von Alessandra Bissacco, S. 1–23.

> Spanisch: *Sociológica* 19, 56 (September–Dezember 2004), übersetzt von Oscar Cuellar, S. 227–63.

1996

„On the Neglect of Weber's *Protestant Ethic* as a Theoretical Treatise: Demarcating the Parameters of Post-War American Sociological Theory", *Sociological Theory* 14, 1 (März), S. 49–70.

> Japanisch und Englisch (gekürzte Fassung): *Bulletin of the Seigakuin University General Research Institute* (März), S. 42–91.

1994

„Max Weber's Analysis of the Rise of Monotheism: A Reconstruction", *The British Journal of Sociology* 45, 4 (Dezember), S. 563–83 (wiederabgedruckt in 2012).

1993

„Albert Salomon's Interpretation of Max Weber", *International Journal of Politics, Culture and Society* 6 (Sommer), S. 585–94.

„Cultural Foundations of Modern Citizenship", in: *Citizenship and Social Theory*, hrsg. von Bryan S. Turner, London, S. 91–114 (wiederabgedruckt in 2012).

> Japanisch (erweiterte und überarbeitete Fassung): *Bulletin of the Seigakuin University General Research Institute* 26 (März 2003), S. 11–32.

1990

„The Rationalization of Action in Max Weber's Sociology of Religion", *Sociological Theory* 8, 1 (Frühjahr), S. 58–84 [„Theory Prize" der American Sociological Association, Sektion ‚Sociological Theory'].

1989

„Max Webers historisch-vergleichende Schriften und das ,Webersche Bild der Neuzeit'. Eine Gegenüberstellung", in: *Max Weber heute. Erträge und Probleme der Forschung*, hrsg. von Johannes Weiß., übersetzt von Johannes Weiß und Stephen Kalberg, Frankfurt, S. 425–44.

1985

„The Role of Ideal Interests in Max Weber's Comparative-Historical Sociology", in: *A Marx-Weber Dialogue*, hrsg. von Robert J. Antonio und Ronald M. Glassman, Lawrence, S. 46–67.

1983

„Max Weber's Universal-Historical Architectonic of Economically-Oriented Action: A PreliminaryReconstruction", in: *Current Perspectives in Social Theory*, hrsg. von Scott G. McNall, Greenwood, CT, S. 253–88.

    Deutsch: in *Marx oder Weber? Zur Aktualisierung einer Kontroverse*, hrsg. von Johannes Weiß und Stefan Böckler, übersetzt von Klaus Lichtblau und Johannes Weiß, Opladen 1988, S. 104–38.

1980

„Max Weber's Types of Rationality: Cornerstones for the Analysis of Rationalization Processes in History", *American Journal of Sociology* 85, 5 (März), S. 1145–79 (wiederabgedruckt in 2012).

    Deutsch: in *Max Weber und die Rationalisierung sozialen Handelns*, hrsg. von Constans Seyfarth und Walter M. Sprondel, übersetzt von Claudia Wies-Kalberg und Constans Seyfarth, Stuttgart 1981, S. 9–38.

    Japanisch und Englisch (gekürzte Fassung): *Bulletin of Nagoya City University College of Nursing* 2 (März 1990), S. 167–75.

    Spanisch: in *Sociedad y religion: un siglo de controversias en torno a la noción weberiana de racionalización*, hrsg. von Perla Aronson und Eduardo Weisz, übersetzt von Benjamin Juárez, überarbeitet von Perla Aronson und Eduardo Weisz, Buenos Aires 2005, S. 73–117.

1979

„The Search for Thematic Orientations in a Fragmented Oeuvre: the Discussion of Max Weber in Recent German Sociological Literature", *Sociology* 13, 1, S. 127–39.

Lexikonartikel

„The Protestant Ethic and the Spirit of Capitalism", in: *Sociology of Work: An Encyclopedia*, hrsg. von Vicki Smith, Los Angeles 2013, S. 726–28.

„Max Weber: ‚Wirtschaft und Gesellschaft' und ‚Die protestantische Ethik und der Geist des Kapitalismus'", in: *Hauptwerke der Emotionssoziologie*, hrsg. von Konstanze Senge und Rainer Schützeichel, übersetzt von Frank Brockmeyer, Opladen 2012, S. 359–68.

> Englisch: in *Max Weber's Comparative-Historical Sociology Today*, 2012, S. 291–300.
>
> Französisch: *Revue du MAUSS* 40 (Nov. 2012), übersetzt von Philippe Chanial, S. 285–99.
>
> Spanisch: *Sociológica* 78 (Jan.–April 2013), übersetzt von Eduardo Weisz.

„The Protestant Ethic", in: *The International Encyclopedia of the Social Sciences* (zweite Auflage), hrsg. von William A. Darity Jr., Detroit 2008, S. 566–69.

„Max Weber", in: *The World Book Encyclopedia*, hrsg. von Mike Noren, New York 2007, S. 176.

„The Protestant Ethic" und „Max Weber", in *The Routledge Encyclopedia of Social Theory*, hrsg. von Austin Harrington, Barbara I. Marshall und Hans-Peter Müller, London 2005, S. 477 ff. und 670 f.

„Max Weber", in: *The Social Science Encyclopedia* (dritte überarbeitete Auflage), hrsg. von Adam und Jessica Kuper, London 2004. S. 1059–64 (erste Auflage 1985; zweite überarbeitete Auflage 1997).

„Max Weber", in: *Making History: A Global Encyclopedia of Historical Writing*, hrsg. von D. R. Woolf, New York 1998, S. 936 f.

Nachweise

Kapitel 1
Geschichte und Gegenwart im Werk Max Webers: Begriffe und Forschungsstrategien. S. 76–115, in: *Soziologie und Geschichte. Die Bedeutung der Geschichte für
die soziologische Theorie*, hrsg. von Frank Welz und Uwe Weisenbacher, Opladen
1998.

Kapitel 2
Ursprung und Ausbreitung von Kulturpessimismus in Deutschland am Anfang des
20. Jahrhunderts. *Sociological Theory* 5, 2 (Herbst 1987), S. 150–64.

Kapitel 3
Kultur und der Ort der Arbeit im heutigen Deutschland und Amerika. S. 324–65, in:
Theory of Culture, hrsg. von Neil J. Smelser and Richard Münch, Berkeley 1992.

Kapitel 4
Tocqueville und Weber: Zu den soziologischen Ursprüngen der Staatsbürgerschaft –
die politische Kultur der amerikanischen Demokratie. *Soziale Welt* 51, 1 (März
2000), S. 67–85.

Kapitel 5
Der Einfluss der politischen Kultur auf Fehlwahrnehmungen von Verbündeten und
auf die Außenpolitik. *Sociologica Internationalis* 44, 1 (Herbst 2006), S. 85–107,
120–22.

Kapitel 6
Die Rolle moralischer Werte in der amerikanischen Präsidentschaftswahl 2004.
Sociologica Internationalis 44, 1 (Herbst 2006), S. 107–22.

Kapitel 7
Die amerikanische politische Kultur heute: Ein „stahlhartes Gehäuse?" *Sociologia
Internationalis* 36, 1 (Februar 1998), S. 1–14.

Anhang I
Die Amerikareise: Beobachtungen und Auswirkungen. S. 183–90, in: Max Weber:
The Protestant Ethic and the Spirit of Capitalism. Übersetzt und eingeleitet von
Stephen Kalberg. New York 2011.

Anhang II
Das amerikanische Weltbild. *Journal of Classical Sociology* 1, 3 (Dezember
2001), S. 310–13.

Sachregister

230 Sachregister

Ethik, öffentliche 140f., 152, 158, 167, 180f., 186, 188
Evolution, evolutionär, Evolutionstheorie 11f., 15, 19, 23, 25, 32–36, 41f., 49f., 74, 102, 144

Fairness/fair play 44, 66f., 69, 72, 139f., 151–153, 155, 186f., 214
Familie 9, 17, 32f., 44, 55f., 60, 66, 76, 78, 81, 86f., 95f., 102f., 105–107, 113–115, 117, 130f., 138–140, 152, 156, 161, 176, 182, 185
–, siehe auch Sphäre, private
Feudalaristokratie 33, 40, 67, 91, 102
Feudalismus, feudal 33, 38f., 46, 52, 70, 94f., 127, 131, 133f., 153, 160, 215
Forschungsstrategie 12f., 15, 17, 19, 23, 27, 41, 50f., 116, 120
–, multikausale 19
Freiheit, persönliche/individuelle 99, 111, 152, 156, 160, 181, 213
Freiheitsrechte 98, 104f., 107, 148–150, 156
Führer, charismatischer 15, 17–19, 24, 29, 41, 50f., 182

Gehäuse, stahlhartes 14f., 120, 179–183, 187, 190
Gemeinschaft 19, 23, 49f., 69, 87, 94, 96, 99, 106f., 113, 127f., 131, 140, 149–151, 169, 171–174, 184–187, 189
–, ethische 137–141
Gerechtigkeit 99, 105, 152, 155, 171, 207, 217
–, soziale 149f., 156, 172
Geschichte 12, 15–20, 25, 33f., 42, 46, 49, 51–53, 61, 148, 154f., 166, 189
–, Vergangenheit und Gegenwart 10, 12, 13, 15–20, 29–32, 35f., 41f., 44f., 49–52, 55f., 61, 87f., 90, 100f., 109, 117, 127, 183, 214
Geschichte (Disziplin) 20, 22–24, 26, 29
Gesellschaft, feudale 103, 123f.
–, siehe auch postindustriell, postindustrielle Gesellschaft
Gesellschaft, Gesellschaftstheorie 16, 19, 23, 27, 29, 31f., 36, 41f., 49f., 55, 60–62, 71f., 79, 86–89, 182, 189

Gesellschaftstheorien, holistische 19f., 27, 31

Handeln 13, 23–25, 29, 33, 35f., 38, 46–48, 52, 55, 60f., 68, 75, 86, 107, 124, 129–131, 136, 139–141, 143, 145, 152f., 173, 214, 217f.
–, (subjektiv) sinnhaftes 23–25, 28, 52f.
–, ethisches 44, 77, 93, 130, 138, 145, 150, 152, 167, 187f.
–, ethisch–politisches 14, 120, 147, 150, 152–158, 161–164, 167, 177f.
–, regelmäßiges/Handlungsregelmäßigkeiten 11, 15f., 24–36, 38f., 41–45, 49, 51, 53, 86, 88, 115
–, soziales 19, 23f., 33–36, 43f., 48f., 51–53, 128, 142, 194
–, traditionales 19, 24f., 43, 50f., 53, 88
–, wertrationales 25, 34, 48, 83–85, 88, 112, 116
–, wirtschaftliches 28, 35, 92, 97, 164, 194
–, zweckrationales 24f., 28, 34, 43, 48f., 51, 53, 83f., 88, 93, 95, 97, 104f., 112
Handlungsmuster 11, 13, 15f., 45, 60–62, 71, 79, 86–89, 108, 115, 117, 144
Handlungsorientierungen 11, 16, 23–29, 33, 36, 39–44, 46, 51, 55, 62, 74f., 88–90, 108f., 112, 114, 117, 183, 216
–, regelmäßige 16, 23, 27, 51, 87, 89, 91
Handwerk, handwerkliche Arbeit 64, 66, 68, 72, 91, 94f.
Herrschaft 29, 33f., 38, 40, 67f., 70, 72, 74, 86, 105, 140, 180, 190
–, bürokratische 12, 17f., 24, 33, 40, 45, 75
–, charismatische 12, 18, 33f., 41, 50
–, feudale 38, 64, 67, 72, 75, 94, 103
Hinterlassenschaften (historische) 18, 30, 36–39, 41, 49, 180, 189, 215

Idealismus, idealistisch 12, 16, 19
–, missionarischer 164f., 177
Idealtyp, idealtypisch 12, 15, 19f., 22–36, 39, 41f., 49f., 52, 55, 60, 88, 148f.
Idee, Ideen 15, 19, 30, 34, 42, 46–50, 132, 179, 181, 213, 215–218
Ideenkonstellation, Ideenkonfiguration 213, 215f., 218

The manufacturer's authorised representative in the EU is Springer
Nature Customer Service Centre GmbH, Europaplatz 3, 69115 Heidelberg,
Germany. If you have any concerns regarding our products, please
contact ProductSafety@springernature.com

Printed and bound by CPI Group (UK) Ltd, Croydon, CR0 4YY

27/04/2026

02097620-0002